이병준 제3작품집

님 떠나신 자리 맴도는 그리움
(속, 어머니 봉양일기 완결편)

진원 수필선 37

이병준 제3작품집

세계문학상 대상
수상작가

문학세계
문학상 대상
수상작가

님 떠나신 자리 맴도는 그리움

속, 어머니 봉양일기 완결편

도서출판 진원

작가의 글

《님 떠나신 자리 맴도는 그리움》 세번째 작품집을 상재(上梓)하며

　나의 첫 작품집 〈내 마음자리에 그대가 머물고〉에서 "나에게 있어 글쓰기란 내 어머니에 대한 불효의 마음을 풀어내는 살풀이 춤사위"라고 했다. 두 번째 작품집〈어머니 봉양 일기〉에서 "나는 이 책에서만은 나를 숨기고 어머니 모습만 보이는 글을 쓰고 싶다고. 회한의 눈물, 참회의 통곡으로 원고지를 흠뻑 적셔낸 글이기 때문"이라고 심경을 밝혔다.

　이 세상에서 가장 위대한 사람이었던 어머니, 이 세상에서 가장 아름다운 이름이었던 어머니. 소천하신 지 만 1년 11개월 만에 어머니를 모셨던 봉양 2년 중 제2집〈어머니 봉양 일기〉에 미처 싣지 못했던 그 마지막 영결식 날까지의 일기를 종결편으로 상재한다. 곁들여 (사)전주이씨대동종약원 문화부 위원으로서, 종묘 사직 환구 능제향 종합전승자 교육 종합 2기 수료생으로서, 숭조 돈종 활동에서 경험한 일들과 이제는 고희를 넘긴 작가로서, 대한민국 국민의 한사람으로서, 시국과 나라 걱정에 대한 글, 내 고향 청정 봉화(奉化)에 대한 글도 피력해 보았다.

　몽테에뉴는 "나는 나에 관해서 쓴다"라고 했다. 수필은 자신의 얘기를 쓰는 독백의 문학이다. 그러나 필자의 체험과 관찰과 사색에서 우러나오는 것인 만큼 필자의 향취(香趣)가 짙게 풍겨지는, 극히 개성적이어야 한다는 생각이다. 그러므로 다른 문학보다 더 개성적이며 심경(心境)적이며 경험적(김광섭 /수필문학소고)이라야 한다.

내가 책을 읽고 글을 쓰는 것은 '나'라는 감옥, 고독이라는 감옥, 불행이라는 감옥에서 벗어나기 위한 방편일 수도 있다. 더 궁극적으로는 진정한 '나'에게로 가는 길을 찾기 위해서, 타인의 것을 빼앗지 않고도 혼자 충분히 행복할 수 있다는 사실을 깨달았기 때문이다. 작가란 '책을 쓰는 존재이기 이전에 먼저 책을 읽는 존재이다' 나는 숨쉬고 있는 한 끝없이 사유하며 그 정수(精髓)를 책으로 엮어낼 것이다.

지속적인 독서를 통해 감각을 벼리고, 개성을 풍성하게 일구며, 단단한 감성의 근육을 만들지 못한다면, 어찌 작가의 길을 갈 수 있겠는가.

우리에게는 행복을 꿈꿀 권리와 함께 행복할 의무도 있다고 생각한다. 우리가 열심히 일하는 것도 다 행복을 거머쥐려는 열망이기 때문이다. 그러나 나는 그 열망을 글쓰기에 집중할 생각이다. 행복은 결코 잉여가치가 아니라 필요 가치이기 때문이다.

행복은 반드시 자기 삶을 톺아보고 받아들이며 보듬는 시간, 자기만의 행복이 무엇인지를 찾아가는 시간을 필요로 한다. 나를 행복으로 이끄는 것은 글을 쓰는 시간이 유일하다는 자각이다. 내게 있어서 글쓰기란 스스로를 성찰하는 계기가 되고, 글을 써야 한다는 생각이 내 내면의 감정을 일깨우는 사색으로 삶을 이끄는 중요한 활동이라 믿기 때문이다. '한 권의 책은 메마른 고독을 견디고, 공허와 불확실함에 맞서 싸워서 얻은 전리품이다.'

이젠 누구에게 보이기 위한 목적으로 글은 쓰지 않으리라. 칭찬받기 위해서도 쓰지 않으리라. 오직 피 흘리기 위해 쓰리라.

그리하여 더 좋은 문장, 더 매혹적이고 살아있는 글을 쓰기 위해 내 자신이 쓴 글을 듣는 '마음의 귀'를 닦고 연마해 가리라.

'작가는 천부적 재능의 결과가 아니라 자기 의지에 따른 선택의 결과이다. 타고난 작가는 없다. 재능은 스스로 키워나가야 하는 것이다. 나이를 먹는 데도 꿈이 있다는 건 아름다운 일이다. 삶을 만드는 건 우리가 걸어온 길이다. 허나 진짜로 우리 마음을 끌고 가는 건 가보지 못한 그 많은 길들이 아니던가' (장석주, 〈글쓰기는 스타일이다〉)

앞으로 나이를 먹는 데도 마음껏 꿈꿀 수 있는 글쓰기에 더욱 절차탁마하리라. 살아남아 자신의 글을 끝내는 것이 작가에겐 가장 어려운 점이지만 해 내리라. 주어진 시간이 비록 짧게 남아 있을지라도.

2024년 11월

두산 이병주

목 차

1부 속 어머니 봉양일기(완결편)

- 13 (2020.10.10.) 이승의 마지막 삶, 어머니의 회한
- 15 (2021.7.15.) 신부님으로부터 영성체를 받은 날
- 18 (2021.8.25.) 어머니의 치매 현상의 저지레
- 20 (2021.10.6.) 여동생 내외가 다녀간 날의 엄마의 말씀
- 22 (2022.4.2.) 어머니 장록 속 숨겨둔 고운 옷 쓰다듬어 보며
- 25 (2022.2.23.) 마음 준비, 어떻게 하는 건데?
- 27 (2022.3.25.) 갈등, 봉양이냐 요양병원이냐?
- 30 (2022.3.27.) 요양병원 과장님에게 메시지 띄우다
- 31 (2022.3.28.) 어머니를 요양병원에 고려장 시키고
- 33 (2022.4.20.) 요양병원에서 병원으로 다시 옮기고
- 36 (2022.5.17.) 어머니 콧줄 빼고 입으로 시음하다
- 39 (2022.5.18.) 어머니 코의 고무호스 제거한 날, 참회의 기도를 드린 날
- 41 (2022.6.5.) 어머니 요양병원 면회한 날
- 43 (2022.8.6.) 어머니를 비대면 면회한 날, 슬퍼서 한없이 울었다
- 46 (2022.10.7.) 면회한 날의 단상
- 49 (2022.11.7.) 귀향, 인천으로 요양병원을 옮기며
- 51 (2022.11.8.) 엄마의 수의를 챙기며, 원죄를 인식한 날
- 53 (2023.1.6.) 둘째 아들과 요양병원 어머니를 면회하고
- 55 (2023.1.26.) 영결사
- 58 最終 (2023.1.27.) 포천〈평화묘원〉에 봉안하다

2부 수필

- 63 추억 속 고향집, 그리운 님 어머니
- 67 죽음에 대한 묵상(默想)
- 70 손녀, 도연이와 첫 번째 대화 (1)
- 74 도연이와 두 번째 대화 (2)
- 77 도연이와 대화 (3)
- 78 1950년 12월 흥남 철수 작전 회고
- 82 행복한 웃음 웃게 만든 님
- 84 효불효교(孝不孝橋)와 실천적 효
- 88 수오지심(羞惡之心)과 견공오륜(犬公五倫)에 대하여
- 91 배려의 기쁨 (1)
- 93 배려의 기쁨 (2)
- 95 백선엽 장군을 추도하며
- 97 그리움의 저편
- 101 우리 할아버지도 시인인데요
- 104 결혼기념일에 시각장애인을 만나다
- 107 독서에서 정도(正道)란?
- 108 내가 요양병원 가는 날에는 이렇게 하리라
- 111 인사 한번 잘못, 평생의 한이 되다
- 113 구공탄의 삶, 어머니의 삶
- 115 잊지 못할 그리움의 향수
- 118 청정한 마음, 부처님을 닮으리라
- 120 프란치스코의 메시지에 답하다
- 123 내 뜨락에서의 명상
- 125 남의 단점을 함부로 말하지 말자

126　내 주례사의 일부
127　불교적 세계관까지 통합한 교황의 메세지
129　신비하고 절묘한 은유의 말씀
130　사명대사와 가등청정(加藤淸正)
131　어느 노인의 마지막 유언
134　한시 한 수를 감상하며 (1)
136　한시 한 수를 감상하며 (2)
138　보이는 것만이 진실은 아니다.
140　우체국 창구에서 있었던 일
142　목숨도 바꾸는 참 우정
145　박정희 대통령 〈대국민 담화문〉을 오늘에 되새겨보며
147　내가 행복감으로 존재할 수 있는 이유
149　믿음과 의심의 경계
151　한. 아. 비를 아시나요?
153　아! 백두산이여!
156　낭만법석(浪漫法席), 善思人 동인 송년 모임
159　〈소나기〉의 어원에 대해
162　역사적 사건인 8월 18일, 도끼 만행사건 회고
166　이순신 장군의 재발견
169　썩어빠진 정신
171　슬픔 속에도 절반의 행복이 있다
173　우정산책(58년 전 고교 교우지 〈中央〉에 게재된 글)
175　시 감상(58년 전 고교 교우지 〈中央〉에 게재된 글)
177　한밤중에 문득 깨어 두 손 합장하고
179　고백의 마음, 들어주는 그 마음
182　친구 프란시스코(정진명)에게

184 위대한 품격 나희필 장군이여!
189 운명을 바꾼 책 한 권 이야기
191 고약한 말세의 병, 오미크론
194 전교조 교사 전체를 대속한 성스러운 눈물
196 남북 이산가족 실태조사서를 받고
199 죽음의 준비와 열반
203 윤여정의 청룡상 시상식 인사말 듣고
205 거짓말하는 정치, 내 나라 맞습니까?
207 멋진 시대 풍자 유머

3부 특집(I)

213 남북 이산가족 상봉기

4부 특집(II)

231 〈제22회 문학세계 문학상〉 수필 부문 대상 수상작
235 〈제22회 문학세계 문학상〉 수필 부문 대상 수상소감
236 〈제12회 세계 문학상〉 수필 부문 대상 수상작
241 〈제12회 세계 문학상〉 수필 부문 대상 수상소감
242 書評(1) 『내 마음자리에 그대가 머물고』를 읽고 / 曉山·李鐘彬
245 書評(2) 『내 마음자리에 그대가 머물고』를 읽고 / 강병원
247 書評(3) 『어머니 봉양일기』를 읽고 / 주정자
250 書評(4) 『어머니 봉양일기』를 읽고 / 이상주

5부 선조의 얼

253　松月齋 문집 국역 발간 의의
256　덕수궁 돈덕전, 1백 년 만에 새로 개관
259　무풍군 이총(李摠)평전 출판의 의의

6부 내 고향 유향(儒鄕), 청정 봉화(奉化) 이야기

263　목재 문화재 수리 재료 센터 건립의 의의
266　은둔과 현자의 땅, 봉화 정자문화생활관
270　그리워라, 국립백두대간수목원
274　봉화(奉化)에서 신종(新種)식물발견
276　봉화 소태산(小太山)과 황전마을
278　내 고향 봉화 사투리 말
280　봉화 북지리 석조반가상
281　어머니 비밀함의 비밀
285　봉화 우곡 성지답사
290　백두대간수목원에서 며느리 배꼽을 본 날의 단상

7부 서간문

297　형수님 전상서
300　叙愚 아우님께-주정(酒情)을 얘기하다
303　큰형님이 동생(병연)에게 보내 온 편지(1)
306　해외에서 온 형님 편지 (제1신)
308　해외에서 온 형님 편지 (제2신)

8부 독후감

- 313 권정생 님의 소설 『몽실언니』를 읽고
- 315 세상에서 가장 아름다웠던 한국의 풍경 (펄 벅 여사의 회상기)
- 317 『무탄트 메시지(말로 모건 지음)』를 읽고
- 321 『원칙너머(Beyond Principle), 임종득 지음』을 읽고

9부 이게 정말 우리나라냐?

- 329 공관병의 갑질 논란
- 331 망국의 탈원전 정책에 허상
- 332 도를 넘은 역사 왜곡의 이적행위
- 333 국회의 역할을 다시 생각하다
- 335 김정은을 위한 문재인의 역할
- 337 좌파의 본능적 자본 정서
- 338 탈원전 정책이 끌고 온 재앙
- 339 금시일야방성대곡(今是日也放聲大哭) [제1곡]
- 342 금시일야방성대곡(今是日也放聲大哭) [제2곡]
- 344 금시일야방성대곡(今是日也放聲大哭) [제3곡]
- 347 금시일야방성대곡(今是日也放聲大哭) [제4곡]

1부

속 어머니 봉양일기
(완결편)

어머니 봉양일기 1 (2020.10.10.)
- 이승의 마지막 삶, 어머니의 회한

단 한 가지의 긍정적 바람도 희망도 가져보지 못한 삶이었다. 이제야 소망이라 기어이 이름 붙인다면 어느 때 어떤 모습을 하고 내가 이승을 떠나게 될까. 그때는 내가 자식에게 남겨야 할 말이라도 남아 있을까. 아들 딸 며느리 손자들에게 남긴다 한들 내 말이 무슨 의미가 있겠는가. "아들 딸아, 너희 남매는 내 생(生)에 유일의 희망이요, 생명의 빛이요, 등댓불이었으니 고맙다."

열일곱에 시집와서 서러운 서른한 살에 청상이 되어 홀로 한 많은 예순다섯 해(年)를 버티며 이제 아흔여섯의 나이에 이르렀구나.

생(生)의 마감을 앞두고 가지가지 겪어온 회한이 이루 헤아릴 수가 없구나. 이젠 오직 바라는 게 있다면 그저 자식들에게 폐 안 끼치고 곱게 숨 거두면 얼마나 좋으랴마는 날마다 다르게 변해 가는 자신의 모습, 그 환형(換形)을 바라보며 흉몽(凶夢)을 꾸다 가위눌림 잠에 놀라 깬 것처럼 허망(虛妄)한 하루하루다.

　무엇을 더 바랄 수 있으리오
　무엇을 더 꿈꿀 수 있으리오
　무엇을 더 회고할 수 있으리오

그야말로 허덕거리며 생명줄 이어온 한뉘의 삶이 궁핍과 곤고함이었으니 부(富)·귀(貴)·영(榮)· 화(華) 중 한 가지도 온전히 누려보지 못한 삶에 반백(半百)을 넘겨 반백(班白)이 된 지금, 유일한 자식 남매를 바라보며 어미로서 제대로 해주지 못한 게 많아 마음에 밟히니 아직은 이승에 머물러 무망의 세월을 바라보는 망연자실의 내 마음을 자식인들 어찌 헤아릴 수가 있으랴.

  가까스로 14년의 부부 인연을 전주이씨 가문에다 거미줄로 얽어놓고 이르지도 않은 때(時)를 앞당겨 "주사 잘못 놓아 날 죽게 한 내 친구를 허물하지 말라"는 황당한 말씀을 유언이라 남기시고 소천하신 부군(夫君)은 생전에 어찌 그리도 냉정하셨는지 윤감에 걸려 환자로 누워있는 내 안방에는 출입 말라고 장자(長子)에게 엄명을 내리시더니 윤감 없는 천국 바삐 먼저 가시고 난 뒤엔, 내 생전 꿈에서도 한번 뵙지 못하는구나. 이제 하늘나라에 간들 늙어버린 내 모습 어찌 알아볼 수 있으리오. 나오느니 한숨이요 눈물뿐이다. 서서히 빠져나가는 내 얼의 환상에 슬픔은 물기마저 메말라 간다.

  이승의 바다 영결의 나룻배 타고 피안으로 건너는 꿈 이루는 날 내 꿈 내 청춘은 애시당초 단풍 물이 여지없이 들어 이 세상에 태어난 몸이었으니 배다른 삼형제를 받들며 살라고 전생 인업에 천형(天刑)으로 받은 삶, 이젠 천주님의 딸 마리아 대보살로서 부처님 전에 받쳐지는 한 송이 청정한 연화심(蓮華心)으로 죽음도 염화의 미소로 맞으리라.

  부질없는 삶 돌아본 들 무엇하랴. 생각도 한 조각 구름이요, 꿈도 잠시 생각이 머문 환영인 것을. 이제는 깨끗이 기억으로 접어 석양 노을빛에 곱게 간직하고 저 건너 피안의 세계로 가야 하리라. 거리낌 없이 가리라. 무념무상(無念無想)의 경지로 입멸해 영원한 묵상에 들리라.

어머니 봉양일기 2 (2021.7.15.)
– 신부님으로부터 영성체를 받은 날

　오늘 프란시스코 생일모임(서울 강서구 가양동)에는 부쩍 극성스러워진 코로나19도 문제지만 세 시경 봉화성당 신부님께서 영성체를 가지고 집을 방문한다고 해서 오늘 서울행은 포기하기로 했다. 프란시스코는 친구로서 생일도 중요하지만 나는 나름대로 여름철이니 부채작품 몇 점 선물해 주려고 했는데 염수정 추기경님, 유흥식 대주교님께 드릴 부채에다 직함을 넣어 써달라는 주문이 있었고 고(故) 황인학 선생 부조 작품 2점을 부산 모화랑에 매도하겠다고 했더니 그 값보다는 좀 더 줄 테니 친구가 자기에게 주라고 해서 가지고 갈 작정이었으나 마음을 바꾸기로 했다. 날씨도 너무 덥고 저녁 술자리도 피하는 게 좋을 듯 해서 이삼일 늦춰서 가기로 마음을 정했다.
　요양보호사님이 12:20에 돌아가고 점심 식사 후에 시간 여유가 좀 있어서 오랜만에 심방하시는 신부님께 부채라도 한 점 써드려야겠다고 생각하고 사랑방에 나가 비망록을 펼쳐 적당한 성경 문구를 찾으려는데 마침〈성모송〉이 있길래 이 글을 쓰기로 했다.
　〈성모송 – 은총이 가득한 마리아님, 기뻐하소서. 주님께서 함께 계시니 여인 중에 복되시며 태중에 아들 예수님 복되시나이다. 천주의 성모 마리아님, 이제 와 저희 죽을 때에 저희 죄인을 위하여 빌어 주소서. 아멘〉
　세 시경에 신부님께서 수녀님과 함께 도착하셨다. 간단한 기도와 함께 영성체(떡)를 어머니에게 드시게 하고 머리에 손을 얹으시고 축도해 주셨다. 영성체란, 단어의 의미 그대로 예수님의 몸체, 그 신체의 일부를 나눠서 먹음으로써 인간의 죄에 대한 거룩한 희생, 그 대속의 의미를 되새기고 영적으로 거듭남과 깨끗한 삶, 믿음의 삶, 구원의 삶을 지향해 가겠다는 신을 향한 자신의 약속을 서약하고, 지극한 사랑 깊은 은총의 의미를 새기는 일이다. 약 삼십 년 전 부산 남구 대연동 성당에서 아녜스가 영세 받을 적에 나는 예배에 부군으로서 동참은 했지마는 미영세자라서 영성체를 하사받지 못해 섭섭했던 그때의 기억이 잠깐 스쳐 지나갔다.

그간의 거리 간격 두기 때문에 신부님께서도 근 일 년여 이상 심방을 오시지 못했고 어머니도 성당 신축 이전 기념식 미사를 마지막으로 뵙지 못했다고 신부님께서 설명하시고 난 뒤, 잠깐 사이에 어머니께서 느닷없이 어느 절에서 오셨느냐고 묻는 바람에 황당한 순간이 연출됐으나 곧 기억의 파장이 연결되어 대화를 계속할 수 있었다. 지극히 짧은 한순간 어머니가 성당을 깜빡 절(寺)로 착각을 하신 모양이다. 5급 초기 치매 현상이 크게 표시는 안 내면서 현재도 진행형임을 실감하는 순간이었다.

그렇게 심하시지는 않지만 수시로 "내 나이가 몇 살이고?" "너는 애가 몇이나 되노?", "자귀목 나무 꽃이 작년에는 안 피더니 금년에는 피네." 사그라져가는 애처로운 어머니 그 모습을 지켜보며 측은지심의 눈물샘이 마를 날이 없다. 요즘 원기가 조금 회복되는 듯하니 또 정신없이 밭에 풀 뽑기 밭매기 작업이다. 과유불급을 누누이 설명해도 막무가내다. 에어컨 틀어 냉방 만들어 놓았는데 휑하니 밀창 열어 놓고 밭에 나가신다. 요양보호사 플로라 님도 "할머니, 풀뽑기를 계속하시면 우선 할머니 건강도 염려가 될 뿐만아니라 아드님 욕먹이는 일이 돼요. 백세 되신 어머니 혹사시키고 자기는 책이나 보고 글쓰고 놀고 있다고요" 그래도 막무가내다. 조금 움직임이 여

의하니 더 이상 힘을 써보려고 하는게 문제가 발생하게 되는 것이다. 작년을 가늠해보며 밭일을 다리 운동 삼아 하시려는데 여간 무리가 되는 게 아니다. 작년에는 안 그랬는데 하시면서도 무리하시니 문제다.

어머니 봉양일기 3 (2021.8.25.)
- 어머니의 치매 현상의 저지레

오늘은 코로나 방역 2차 주사 예약일이다.

앞집 호필 아우가 2시, 나는 3시로 통보받아서 호필 아우 차에 동승해 출발해 봉화 해성병원에 1시 45분에 도착했다. 문진표를 간단히 작성해서 접수하고 줄 서서 주사 맞고 30분 대기했다가 이상이 없으면 귀가하라고 했으나 식자재 마트에 가서 반찬거리도 사야 하고 농협에 통장 정리도 해야 하므로 대기 시간 절약하고 곧바로 식자재 마트에 들러 찬거리 (무, 대파, 꽈리고추, 콩나물) 사고 법전 농협으로 가서 호필 아우는 보험 업무 보고 나는 통장 정리를 마치고 귀가했다.

가을 장맛비 속에 찬거리 산 박스를 안방 문 앞에 두고 어저께 어머니가 풀을 뽑은 꽃밭을 살펴보니 참으로 기막힌 결과가 나타나 있다. 요양보호사가 자기 집에서 가져와 심어 놓은 몇 종류의 꽃과 2년 전에 후배가 와서 이식해 잘 자란 꽃잔디와 금잔화를 깨끗하게 뽑아버렸으니 기가 막히는 일이나 어쩔 수가 없다. 저번 주 내가 백두대간 수목원을 다녀온 날은 호박 넝쿨에서 내년에 씨앗 하려고 남겨둔 호박을 따서 껍질을 깎고 속을 다 파내서 국거리로 장만해 놓으셨다. 본인이 저지른 일들이 잘못된 것이란 사실을 인지하지 못해서 일어나는 일이니 어쩔 수가 없는 노릇이다. 울타리 대용으로 심어 3년간 잘 자란 연산홍 나무를 약 2m 구간을 모조리 꺾어 놓으셨다. 그 꽃나무를 왜 꺾으셨느냐고 여쭤보니

"나는 풀인 줄 알고 꺾었고, 꽃나무를 거기 심었다고 네가 내한테

그 얘기를 안 해줘서 나는 몰랐다." 고 대꾸하시는데 큰일은 아니나 소소하게 일어나는 어머니의 저지레가 앞으로 계속해서 이어질 전망이다.

  점심 식사 후 사랑마루에서 독서 중에 친구 백정흠 부인(최재분)이 전화를 했다. 남편이 병원에 입원을 했는데 약 먹는 걸 거부하고 식사도 안 먹으러 억지를 부리고 그저 조용히 죽게 놔두라는 말만 자꾸 되풀이한다는 전언이다. 기가 막히는 일이다. 내 삶 속에 가장 절친의 소중한 친구인데 착잡해진다. 친구의 환우 소식이 나의 아픔으로 곧바로 전이되는 순간이다. 즉시 다녀와야 할 일로써 내일 오전에 봉화에서 출발하는 대구행 버스로 다녀와야겠다는 생각을 정했다.

어머니 봉양일기 4 (2021.10.6.)
– 여동생 내외가 다녀간 날의 엄마의 말씀

여동생 내외가 다녀갔다. 포도 네 송이, 주꾸미 한 묶음, 사과와 배 5개, 빵 3개를 싸서 가지고 왔다. 점심 먹을 시간도 없이 한 시간 조금 지나서 돌아간 듯하다. 둘째 딸 은희 결혼 앞두고 어려움이 좀 있었으나 들어보니 그렇게 우려할 사항은 아닌 듯하다. 신랑의 사업 내용을 신부로서 좀 디테일하게 체크해서 개선할 점을 지적하고 구체적으로 제시하다 보니 다소의 실랑이가 있었던 모양이나 시기적으로 좀 이른 감은 있으나 결과는 생산적인 효과를 거둔 듯하다. 앞으로 신부가 아내로서의 역할을 지혜롭게 이끌어 가야 할 것 같은 생각이 든다.

  요즘 부쩍 어머니가 나와 동갑내기인 장손 조카 "덕재는 애비 얼굴도 못 보고 애미도 일찍 죽고 불쌍하니 잘 지내도록 해라. 아버지 제사 때는 대구 가서 참석 하도록 하고."

  "어머니, 죄송해요. 조카가 고향에 발길 끊은 지가 10여 년도 넘었고요, 형수님 산소 벌초하러도 오지 않고 제가 전화해도 받지도 않고 연락도 안 주고 그러네요. 아버지 오 형제분 중 아래로 사 형제분 직계 후손들은 모두 여러 남매 형제간이 다 우애롭게 잘 지내잖아요. 그런데 유독 우리집만 맏집으로서 아버지 자신도 일찍 55세에 졸(卒)하시고 그 직계 후손인 나도 조카도 혈손 가족이 참으로 불행한 경우를 우리만 당하고 겪는 것 같아서 억울하고 슬퍼져요."

  요즘 부쩍 "어제 뒷산에서 주워 온 밤을 누가 준거냐."고 여러 번 묻기도 하고, 셋째 삼촌이 돌아가셨는데도 객지 나간 후로 소식이

끊겼다고도 말씀하신다. 최근의 기억은 오히려 금방 잊어버리고 아주 오래전 직계 가족과 사촌 오촌들 간에 있었던 일을 내가 기억도 못하는 깜짝 놀랄만한 내용들을 얘기해 주신다. 기억 속에 내재하는 추억, 추억 속에 내재하는 기억들, 추억이 어찌 아름다운 추억만 있으랴. 아름다운 추억은 그 시절을 되돌아 새겨볼 뿐 돌아갈 수 없는 게 안타까움이고, 아픈 추억은 그 나름대로 인내하고 슬기롭게 지나온 것에 대한 다행한 맘으로 돌아볼 수도 있을 것이다. 그래서 추억은 모두 아름답다고 했는데 울어매는 아프고 슬픈 추억만 고스란히 가슴에 가득 채워서 넘칠 텐데 스스로 곰삭혀 녹여낸 가슴이 겉으로 보기에 아직도 멀쩡한 것은 그야말로 기적에 가까운 일이다. 그 한 생의 한 맺힌 고난의 삶, 그 신산의 고통과 아픔, 쓰라림이 심장 속에서 사리로 자라고 있지나 않은지 이승을 하직하는 날에는 행여나 사리라도 나올지 다비식이라도 해봐야겠다는 생각이 가끔 들곤 한다.

어머니 봉양일기 5 (2022.4.2.)
- 어머니 장롱 속 숨겨둔 고운 옷 쓰다듬어 보며

　오늘은 오래전부터 벼르던 어머니 장롱을 정리하기로 마음먹고 아침 식사 후에 시작했다. 겨울옷, 봄·여름옷, 내복, 바지, 원피스 몇 벌과 내복 양말 등 우선 외형상 낡아서 못 쓰게 된 것과 해진 것들, 빛이 바랬거나 너무 오래된 것들을 구분 분류해서 정리하고 버릴 것은 별도 보자기에 싸서 사랑마루로 이동해 두었다. 그중에서도 고운 색상의 유명 업체 옷들은 소중한 인연의 서울 길상초 대보살 누님이 자기 동생 것과 함께 가져온 것이 대부분이다. 거의 새것이나 진배없이 색상이 곱고 좋다. 차마 버릴 수가 없기에 차곡차곡 옷마다 단추 다 채워서 잘 접어 개어 별도로 보관했다.
　옷장 장롱을 정리하던 중에 아주 소중하게 싸놓은 보자기가 두 개 있었다. 궁금해서 펼쳐보았다. 한 보따리는 어머니께서 40년도 전에 마련해 놓은 고운 명주 수의였다. 작년 이맘때쯤 어머니께서 여동생과 남매 앞혀 놓고 풀어헤쳐서 보여주시면서 신신당부를 하신 그 수의다. "일 당해서 바쁜 촉망 중에 잊어버리지 말고 내 수의는 장의사 것 쓰지 말고 꼭 이것으로 입혀서 보내도록 해라. 준비해 놓은지 한 사십여 년은 넘은 듯하구나." 눈물이 핑 돌았다. 본래 옛날 어른 분들은 자기 수의를 미리 마련해 둔다는 얘기는 가끔 들었지마는 죽음의 준비를 이렇게도 용의주도하게 미리 할 수 있는 건가 하는 생각이 들었다.
　어머니께서 마지막 수의마저도 자식에게 신세 지지 않으려고 미리 마련하신 듯 죽음의 준비가 너무 철저해서 순간적으로 야속한 생각이 들었다. 열일곱 살에 마흔한 살의 아버지 재취로 시집와서 만 14년 만에 부군을 사별하고 난 3년 뒤에 시어머님(조부)사별하고 그 2년 후에 시아버님(조모) 사별하셨으니 세 분의 죽음을 생생하게 목격하고 겪으셨으니 죽음에 대한 대비는 이력이 나셔서 남다를 수도 있겠지만 나는 보따리를 풀어 놓고 망연자실 나오는 눈물을 주체할 수가 없었다. 내가 태어날 적에는 괴로움 모르고 태어났는데 보내드리는 절차마다 슬픔과 아픔이 배어져 나오니 죽음이 정녕 고(苦)일진대 생(生)함을 어찌 낙(樂)이라고 할 수 있으랴. 단지 그 순간 괴롭다는 느낌을 세상의 모든 어머니만 느끼고 자식은 못 느끼고 태어났을 뿐이다. 인간은 성장하면서 삶 그 자체가 고(苦)라는 걸 서서히 인식해 가는 것이다.

 또 한 개의 보따리가 매우 궁금했다. 과연 뭘까 하고 풀어보니 5년 전 2017년 8월 17일 남북 이산가족 상봉 때 입으셨던 빛깔 고운 모시 저고리와 속옷, 진보라색 바지까지 일체 한 벌이었다. 순간 어머니는 다시 상봉을 꿈꾸시며 한 번 더 입을 기회가 오려나 하고 기대하셨을까, 아니면 생전 처음 입어보는 색상의 고급 옷이라서 사주신 분이 눈물 나도록 고마워서 잊을 수 없어서일까. 순간적으로 만감이 교차함을 느꼈다. 요양병원에 모셨으니 한 번 들어가면 돌아서 나오길 어려운 곳이라고들 하는데 우리집 철쭉 담장 꽃과 옥매화 만발할 적에 기적처럼 단 하루만이라도 퇴원하셔서 고향집을 다녀갈 수만 있다면 오 년 전 상봉하던 그때 그 옷 한번 꺼내서 입어보시고 행복한 추억 속에 떠나시면 얼마나 좋을까를 상상해 보았다. 흐르느니 눈물이요. 지난 세월 불효에 가슴을 친다. 왜 진즉에 깨닫지 못하고 늦게 이렇게 아프게 가슴 치며 후회해야만 하는가. 어찌해 볼 도리가 없는 현실 앞에서 참회의 괴로운 마음뿐이다.

하느님!

결코 동행할 수 없는 운명의 이 길, 왜 만드셨나요? 남는 자식 가슴에 남겨서 파고드는 이 애절한 아픔, 비통한 슬픔도 가져가시게 하면 정녕 안 되는 일인가요? 이 세상에 올 적에 모든 사람이 축복 속에 고통을 못 느끼고 왔듯이 그렇게 환희심으로 보내드릴 수는 정녕 없는 일인가요? 전지전능하신 하느님이시여! 말씀 한마디 해주소서.

어머니 봉양일기 6 (2022.2.23.)
- 마음 준비, 어떻게 하는 건데?

 아, 내 심경이 좌불안석이다. 어머니가 입원 중인 봉화 해성병원에 코로나 확진 환자 발생으로 25일까지는 면회가 불가한 실정이다. 어머니는 양성반응으로 격리했었으나 지금은 해제되었고, 비록 코로 연결된 튜브를 통해 식사를 잘 하시고 있고 말씀도 잘하시고 있다는 간호사의 전언이다.
 다행스러운 일이다. 지금 병원에 가서 면회하려면 오미크론 예방주사를 맞아야 하고 방역복을 입고 면회해야 한다고 하니 일단은 25일까지는 기다려 보고 면회를 위한 귀향을 결정하는 것이 좋겠다는 생각이 든다. 신경이 온통 입원 중인 어머니 걱정에 밥맛도 잃어버리고 식사시간도 제대로 챙겨지지 않고 제때 제대로 안 먹어도 배고픈 줄도 잘 모르겠다.
 그저 먹먹한 상태가 다시 버린 느낌이다. 다행히 워낙 성품이 깔끔하시고 영리하신 분이라 허술히 마음 놓으실 분은 아니시나 워낙 나이가 고령이라서 걱정이다. 봉화해성병원 입원 환자 중 최고령자라고 한다. 퇴원을 정상으로 할 수 있을는지 현 상황에서 가늠할 수 없을뿐더러 퇴원은 억지로라도 가능할는지는 몰라도 과연 내 혼자 봉양해낼 수 있는 정도의 건강 상태를 유지해 주실지도 장담할 수 없는 상황이다. 특별히 하는 일도 없는데도 불구하고 내 마음이 안정을 못 찾겠다.
 마음 준비라는 것도 뭘 어떻게 해야 과연 마음 준비를 잘하는 것인지도 실상은 감이 잡히지 않는다. 산소 석물 일체를 다 맞춰놓고 상석에 글자 새기는 것만 남겨두었다. 묘지는 서당골 조부 양위분 산소가 있는 옛날 밭 갈아 농사짓던 곳으로 지금은 묵혀서 산이 되다시피 한 곳이지마는 양지바르고 노루가 실제로 잠자고 가는 곳으로 좋은 터를 잡아놓은 상태이다.

  이 또한 그 터에 매장해서 모시는 일도 시대 흐름을 고려해 봐야 할 문제로서 마냥 옛날 방식을 내 단독 고집으로 시행할 일은 아닌 듯 사료된다. 이미 예정한 터에 모시더라도 평장으로 모시는 게 보기에도 좋고 관리에도 편할 것 같으나 내 사후에 아이들이 고향이라고 살뜰히 내왕하며 산소 참배 및 관리가 이루어지겠는가. 인천 지금 아이들이 살고 있는 가까운 곳 납골당에 모시는 것이 현실적 대안이 될 수도 있겠다는 생각을 해본다.

  아이들 형제와 긴밀히 의논해 볼 과제란 생각이 든다. 아직은 유서 깊은 고향에 가옥이 그대로 유지되고 있고 논마지기도 있으니 이 점을 너무 간과할 수 없을 것 같다. 단순히 그까짓 것 팔아치우면 되지라고 소홀하게 생각해 처리할 일은 더욱 아닌 듯한 생각이다. 이런 경우에는 의논할 형제들이 많은 게 좋겠다는 생각이 절실하게 들며 순간적으로 참 외롭다는 느낌이 왈칵 든다.

어머니 봉양일기 7 (2022.3.25.)
- 갈등, 봉양이냐 요양병원이냐?

오늘 아침 식사 후에 봉화해성병원 간호사로부터 전화를 받았다. 어머니가 지난달 25일에 입원했으니 꼭 한달 만이다. 전번 인천집으로 귀경하던 날 담당 의사인 신성철 과장은 폐 쪽에 가래가 차인 영상을 보여주며 초진해서 걷어내고 난 뒤, 마지막 상태로서 세 번에 걸쳐서 촬영한 것을 보여주며 치료 처치한 결과는 양호하여 일주일 후에 요양병원으로 옮겨서 식사하기 위한 코로 연결된 튜브와 소변을 위해 연결한 튜브를 동시에 제거하고 식사를 시도해 보고 가래가 고이는 현상이 없으면 튜브는 다시 사용할 필요는 없으나 그래도 집에 모시고 가서 직접 수발하며 모시기에는 어려울 것이라고 했다. 이래저래 집에서 봉양은 힘들 것이라고 예견해서 하는 조언이다.

처음 경험하는 일이지만 병원이란 곳이 참으로 묘한 한계가 있음을 체험했다. 엄동 삼 개월이 끝날 때쯤이면 엄마는 어김없이 짧게는 일주일, 길게는 2주간 정도 입원해서 영양 보충으로 기력을 회복해서 퇴원하시곤 했다. 내가 봉양을 시작한 첫해인 작년은 병원 신세 안 지고 잘 넘겼는데 금년은 당초 감기 증세가 있어서 삼 일 분 약을 지어 드시게 했지만 별 효과를 못 보고 더욱 심해져서 119차로 이동해 입원하게 된 경위이다.

첫날 코로나 간편 검사를 하고 CT, 심전도검사, X-ray 찍고 난 뒤 진단 결과는 가래를 뱉어내지 못하여 고여있는 상태로서 이것을 제거하는 응급처치를 해야 한다고 진단이 나왔다. 이층 응급실로 옮겨 맨처음 실시하는 내용이 이미 입원 중인 환자들과 똑같은 취급의 기본 조치가 시작됐다. 그 첫 번째가 무조건 기저귀를 채우는 일인데, 어머니는 집에서 대·소변은 가리셨다. 때문에 기저귀에 싸본 경험이 없기도 하지만 대·소변 가리던 습성의 의지가 남아 있어서 대뜸 하시는 말씀이 "왜 화장실도 없는 병원에 데리고 왔느냐. 집에 데려다 다오. 나하고 같이 집에 가자."라고 하시는데 어렵지마는 할 수 있는 의지가 살아 있는데도 병원 근무 환경이 손이 모자라니 아예 일방적이고 인위적 방식으로 포기하게 만들어버리는 것이다. 식사도 집에서는 군대에서 하는 식사 시간만큼이나 제시간에 정량의 식사를 꼬박꼬박 잘 드셨는데도 코로 튜브를 연결해서 일방적으로 음식과 약을 드시게 조치해 버린 것이다. 한가지 병증을 치료하기 위해서 두 가지 정상적인 행동 기능을 강제적으로 제어해 버린 셈이다. 어쩔 수 없는 조치라고 여기고 억지로 이해는 하려고 애를 써보지마는 납득이 잘되지 않는다.

모레 월요일 귀향해서 해성병원은 퇴원 수속 조치를 끝내고 요양병원 병실로 우선 옮겨 놓고 요양병원 담당 의사와 면밀하게 상담 협의해서 결정을 봐야 할 일이다. 착잡한 이 심경을 지금은 절대 벗어날 수가 없다. 어떻게 하는 것이 최선의 방법이며 바른 조치인지 종잡을 수가 없다. "이제는 너무 직접 봉양하려고만 집착하지 말아라. 무리해서 생명연장 조치도 하지 말아라. 환자(어머니)의 속뜻도 원하지 않은 일일 것이다."

주변에 친한 지인들의 진지하고 성심 어린 조언이다. 맞는 말이나 그게 어찌 쉽게 이해가 되고 받아들여지겠는가. 이론상으로는 맞는 말이다. 아직은 참으로 난감하다는 생각뿐이고 모레 병원에 가서 부닥쳐 봐야 뭔가 방책이 잡힐지 모르겠다. 참으로 못 할 짓을 나도 결국엔 해야 할지도 모른다는 걱정이 앞선다.

아, 어머니. 홀로 남겨두고 차마 발길이 떨어지겠는가. 비정하게 돌아서 나와야 만 하는 길밖에 도리가 없는가. 그렇게 남들과 똑같이 나도 한치 다름없는 비정한 인간이 되고 마는 그 길밖에 없는가. 이건 길이 아니라고 한없이 되뇌고 다짐해 보건만 명쾌한 결론이 내려질 일이 아닌 듯싶다. 어떻게 해야만이 인간으로서 이전에 자식으로서 참바른 길(道)이요 참도리라 하겠는가. 하느님이시여! 답해 주소서.

어머니 봉양일기 8 (2022.3.27.)
- 요양병원 과장님에게 메시지 띄우다.

　내일 어머니 봉화해성병원 퇴원과 동시에 요양병원으로 이동해야 하는 문제가 걸려있다. 인천 버스터미널에서 9시발 영주행 버스로 출발해 영주터미널에 12시에 도착했다. 택시로 장춘당약국 앞까지 가서 봉화행 버스를 타려고 내려서 기다렸더니 금방 버스가 왔다. 환승해서 타고 봉화 내리니 12시 45분이다. 점심 식사 후에 춘양행 버스 시간표를 보고 해성병원 간호사실에 전화해서 어머니 면회를 좀 할 수 있겠느냐고 물어봤더니 담당 과장님도 안 계시고 내일 오전에 오면 좋겠다고 해서 그렇게 하겠다고 답하고 전화를 끊었다.
　식자재마트에 들러서 상추와 깻잎, 잔마늘, 청양고추를 사고 봉화발 1시 40분발 춘양행 버스를 타고 갈방역에 2시에 내려서 걸어 집에 도착하니 2시 20분이다. 우선 방청소하고 어머니가 깔고 덮으시던 요와 이불을 세탁기에 돌려 마당 빨랫줄에 걸어서 널었다. 나머지는 방안에 빨래 건조대를 설치해 널었다. 저녁 먹고 봉화해성병원 신성철 과장님께 메시지를 넣었다. 그 내용은 『과장님, 고맙습니다. 제 어머니 병환 치유해 주셔서 감사합니다. 어머니께서는 입원 전날까지 세끼 식사를 제시간에 정량으로 꼬박꼬박 하시고, 대소변도 구분하셨기에, 요양병원에 모시더라도 정상적인 방식의 식사에 기저귀 착용 상태로 계실 수 있도록 최선의 길을 열어 주시길 엎드려 간청드립니다. 적응 테스트를 꼭 한 번 실시해 주시길 간청드리옵니다.
　내일 오전에 찾아 뵙겠습니다.
　-권석님의 아들 이병준 拜上

어머니 봉양일기 9 (2022.3.28.)
- 어머니를 요양병원에 고려장 시키고

　세상이 뭐 이래. 울어매는 한 백년이야 거뜬히 사실 줄 알았는데 요양병원이 웬말인가. 아들아, 너도 별수 없이 내가 가는 순서대로 따라서 걸어갈 티이니 잘 보란 듯이 병상 침대에 누워 꼼짝도 하지 않고 다정한 인사 안부 한마디 묻지도 못하고 죄인처럼 누워서 요양병원으로 입원하시네. 어이하리야. 어쩌면 기약 없는 이별 마지막 장면이 될 수도 있는 이 순간을 어찌하리야.
　"어매, 내 왔어요" 감았던 눈 떠서 하실 말씀 하고도 많을 텐데 반가운 듯 실눈 뜨시어 감지를 못하시는데 울어매 두 손 감싸서 잡아 보니 그 따스한 체온 울어매 분명한데 사르르 심장에 녹아들어 눈물이 되네.
　아는 척 기척도 제대로 못 하시며 겨우 병원에서 퇴원 수속하고 요양병원으로 이동하는 난간에서 한 달 하고도 사흘만의 모자상봉에 침상에 누운 어머니 옛모습 그대로이나 코와 입으로 연결된 고무튜브에 생명을 의지했으니 숨 멈추는 날만 기다리는 자식 꼴에다 요양병원에 고려장 시켜 놓고 돌아서는 꼴 이 꼴만은 내 죽어도 선택하지 않겠다고 그렇게 다짐하고 다짐했는데 내가 내 자신의 맹세를 깨고 돌아서 배신하고 마는구나. 드디어 대역 불효 죄인이 되고 마는구나.
　어머니! 오늘 어머니가 평소 쓰시던 안경 매일 아침 세안용으로 닦으시던 흰 수건, 읽다가 접어놓으신 책 '숙향전', 틀니 닦으시던 칫솔과 틀니 보관 통 등을 드리려고 가져갔으나 말도 꺼내지 못하고 되가져 가면서 병원문 앞 정원목에 기대어 목이 메어 한없이 울었습니다. 버스터미널에서 쓰레기통에 버리려다가 생각을 바꾸어 집에 가져와 본래 제자리에 그대로 두었습니다. 잠시 자리 옮긴 건 어머님일 뿐 언젠가는 돌아오시리란 믿음으로 그렇게 모두 제자리에 두겠습니다. 머리맡에 좌변기도 제자리에, 네발 운동기구도 제자리에, 저녁에 주무시던 이부자리도 항상 먼저 펴 드리고 제자리를 펴겠습니다. 그래서 항상 제 곁에 함께 머물러 계시는 양 그렇게 살아보겠습니다. 아무 일도 없는 양 그렇게 살아보겠습니다. 어머니. 김실이가 소식 듣고 먼저 울어버렸어요.

　엄마, 저는 절대 울지 않을래요. 죽어도 아니 눈물 흘릴래요. 엄마, 그러니 엄마도 절대 울면 안 돼요. 하늘나라 함께 모여 그때 울기로 해요. 엄마, 이제사 사랑한다는 말 평생 처음 드리며 울음을 참습니다. 그런데 태어나서 처음 느끼는 슬픔과 아픔이 쓰나미로 몰려오네요. 어떡하라고요. 어찌하고 살라고요. 아, 어머니! 끝까지 아니 울고 견딜 자신이 없어요.

어머니 봉양일기 10 (2022.4.20.)
- 요양병원에서 병원으로 다시 옮기고

    오늘 인천집 떠날 때 계획된 목적지는 대구였다. 지난 3월 11일 별세한 절친 백정흠의 49재 6회차 제사가 내일이다. 막제가 다음 주 28일(목)이라서 그날 참석하기로 당초 약속했었다. 태종대왕 서거 600주년 기념 책자 발간, 선사인(善思人) 동인 제2집 출간 원고 제출 건 등 일정이 빡빡하게 잡혀있어서 한 주 앞당겨 다녀오려고 인천 버스 터미널에 도착해서 예약된 대구행 버스 대기 중인데 봉화 해성요양병원 간호사가 전화를 해와서 회진 중인 과장님을 바꿔주었다.
    "어머니께서 입원 당시부터 설사가 있어 1차 치료해서 낫은 듯했는데 다시 재발해서 치료 항생제 약이 있는 병원으로 이동 입원해야 제대로 치료가 가능하므로 옮겨서 치료받게 해서 나은 뒤에 그때 다시 요양병원으로 이동 재입원해야 한다"고 했다. 보호자가 내려와서 퇴원·입원 수속을 해야 한다고 하니 대구행 버스 예약을 취소하고 인천발 영주행 10시 20분으로 변경해서 병원 도착은 출발 전에 약속한 대로 오후 3시에 도착할 수 있었다.
    원무부장이 옮길 걸 예상해서 병원비 정산 준비를 하고 있어 퇴원 병원비는 오늘까지 분을 청산했다. 어머니는 다시 입원하기 위한 간단한 심전도검사와 X-ray 촬영을 끝내고 내과 과장과 면담 진료가 있어 내과 앞에서 대기했다. 24일 만에 모자상봉이다. 아직 정신이 있으나 자식을 알아보는지 모르는지 전혀 표정이 없으시다. 그래도 알아보시는 것 같았다. 식사를 입으로 못하시니 튜브를 입에 연결해 놓아 말할 수가 없는 상태이다. 갑자기 주체할 수 없는 눈물이 쏟아졌다. 눈물 안보이려고 참았는데 어쩔 수 없이 터진 것이다. 야위었지만 그 고우시던 양손이 퉁퉁 부었고 팔에는 주사 자국인지 멍든 자국도 있고 가슴이 미어지는 것 같았다. 어머니 양손을 계속 어루만지고 있으니 간병인 아주머니께서 좀 딱하게 지켜봤는지 "누구라도 조심해야 해요" 하며 어머니 양손에 소독액을 흠뻑 발라주었다.

"제 어머닌데 전염이 좀 되면 어때요. 괜찮아요."라고 말하고 손밖에 잡을 곳이 없으니 계속 만지작거리고 있었다. "어머니, 조금만 참고 견뎌요. 곧 나으면 집으로 모실게요. 조금 지나면 면회도 자유로워지면 자주 보러 올게요" 가망 없는 말을 이렇게 버젓이 드리고 있는 내가 너무나 자괴스럽고 아팠다. 이층 204호실로 입실하고 돌아서는데 그때의 슬픔은 그야말로 단장의 아픔이다. 누구나 다 이렇게 괴로운 모습을 거쳐서 이승을 떠나야 한다는 생각에 미래의 내 모습 또한 똑같은 형태의 모습을 거쳐야 한다는 게 순간 두려운 느낌으로 와닿았다.

점심은 거른 채 식자재마트에 들러 반찬 세 가지를 사고 봉화 터미널에서 4시 40분 버스로 출발해서 갈방에 내려 집 도착하니 5시 30분이다. 두 끼니분 쌀을 밥솥에 앉쳐놓고 방청소하고 난 뒤에 저녁은 6시 30분에 마쳤다. 저녁 티비 연속극을 끝으로 9시 뉴스를 보고 잠시 누웠다가 깜빡 잠이 들었다 깨어나니 11시 30분이다. 긴장했던 탓인지 세 시간 반의 버스로 이동이 고단했던 모양이다. 평소 제대로 효도를 다 하지 못한 후회와 닥쳐올 일들에 대한 두려움 등 온갖 생각들이 뒤범벅되어 걱정과 괴로움으로 뒤척이는 잠 못 이루는 밤이 되고 말았다. 불 끄고 누워서 "어머니, 죄송하고 미안해요. 불효자식을 용서하세요." 오직 죄스러운 마음 하나 뿐, 베갯잇을 적시며 흘러내리는 눈물을 가눌 수가 없었다. 보내드리는 길이 이 방법밖에 다른 길은 정녕 없단 말인가! 아, 하느님이시여!

어머니 봉양일기 11 (2022.5.17.)
- 어머니 콧줄 빼고 입으로 시음하다

  오늘은 이승훈 조카의 봉화군 의원 선거사무소 개소식이 10시에 있기 때문에 5시에 일어나서 세면하고 준비해서 인천 터미널로 나가 카톡으로 예약한 인천발 6시 40분 안동행 버스를 탔다. 세 시간 10분 소요 예상 시간을 대비해 계산해 보면 영주 도착 시각이 9시 50분이니 정시에 개소식에 참석하기는 불가함을 인식했다. 화분 사는 것보다는 적절하게 금일봉을 준비했다. 역시 내 예상이 맞았다. 선거사무소 입구부터 대형 삼단 화환에서부터 사무소 이층 계단 양쪽으로 빼곡하게 놓인 화분이 너무나 많았다. 예를 벗어나지 않는 범위 내 인정 표시는 미풍양속이 아니겠는가. 아침을 안 먹었기에 차려놓은 떡과 과일로 배를 채우고 대추차도 맛있게 후식으로 들었다. 허기는 좀 면한 셈이다.

  분주한 사무실은 비켜주는 게 예의라 생각되어 인사하고 사무실을 나와서 봉화 해성요양병원에 입원해 계시는 어머니 상황을 좀 살펴보려고 병원으로 갔으나 점심시간이어서 병원 앞 식당에서 간단히 식사를 마치고 병원에 들어가니 병원 직원 식사 시간이어서 가정의학과 앞에 가서 기다렸다. 1시 30분인데 점심시간인 모양이다. 정신신경과장실 옆 가정의학과 과장님 면담하려고 기다리다 간호사와 통화하다. 마침 어제 전화로 내게 예고 통보해 준 간호사와 통화가 됐다. 다행하게도 오전에 두유와 깨죽을 입을 통해 식사하는 것을 시도했는데 우려했던 것보다는 양호하게 잡수시더라는 전갈이다. 내가 바라는 최소한의 소원이 이루어진 셈이다. 아직도 면회는 불가한 상태이고 과장님 면담은 원하면 할 수 있다고 하나 별 의미가 없을 것 같아 그냥 귀가하기로 마음먹었다. 영주역으로 가서 기차 출발 시각을 체크해 보니 3시 25분발 청량리행이 있었다. 약 40분을 기다려 누리호(옛날 완행)에 탑승했다.

열차 차창 밖으로 눈에 띄게 들어오는 정경이 아카시아와 이팝나무의 꽃들 향연이다. 이팝나무와 아카시아 나무가 어찌나 흐드러지게 피었는지 산과 철로 변에도 지천으로 피었다. 얼마나 이 나라에 못 사는 시절이 있었기에 꽃나무 이름을 이팝(밥)나무, 조팝(밥)나무로 명명했을까. 아카시아는 천하에 쓸데없는 나무로 천시받는 나무이다. 생명력이 어찌나 강한지 산소 면례 이장하려고 파봉해 보면 관을 통째로 감싸거나 뿌리가 관을 뚫고 들어갈 정도이다. 산소 부근에 아카시아는 그야말로 후손들이 벌초하면서 원수처럼 여기는 대표적 나무이다. 칡넝쿨도 마찬가지 대접 받기 십상이다.

그래도 아카시아는 흐드러지게 함박꽃을 피워 우리 인간들에게 향기를 무한 선사하고 꿀벌에게 꿀을 제공하니 막무가내로 몹쓸 나무로 매도하면 아카시아도 다소는 억울하겠다는 생각이 든다. 이팝나무 조팝나무는 내 어린 시절 1960년대 그 찢어진 가난과 빈궁의 시대 우리의 선조들은 나무 이름을 부르고 바라보며 이(쌀)밥과 좁쌀밥을 연상하며 배고픔을 달랬을 걸 상상하니 너무나 안쓰럽고 슬프다. 그때 그 시절과 지금을 비교해 보면 상전벽해와 같은 격세지감이 느껴진다.

국가를 부강하게 만든 애국 애족 애민의 위대한 건국 대통령 이승만과 산업보국으로 부국강병의 선진국 대열로 성큼 다가서게 만든 혜안의 지도자 박정희 대통령의 은혜를 지금 누리고 있는 온전한 정신의 국민이라면 어찌 잊을 수가 있으리오. 자유민주주의 이념의 바탕 위에 건국한 자유 대한민국 건국 대통령 이승만, 전(戰)후 황폐한 국토 최빈국의 나라를 일시에 경제 대국으로 일으켜 세운 선지자적 통찰력을 지닌 위대한 대통령 박정희가 있었기에 오늘의 번영을 누리는데 그걸 모른대서야 어찌 이 나라 국조 단군의 후손이라 일컬을 수 있으랴. 제나라 역사를 제대로 가르치지 아니한 주사파 전교조 교사들이 후세대들의 역사적 가치관을 전도시켜 놓았다. 제나라 역사를 바르게 인식해야 그 나라의 미래를 열어갈 수 있는 것이다. 온통 국가 장래가 걱정이다.

어머니 봉양일기 12 (2022.5.18.)
- 어머니 코의 고무호스 제거한 날, 참회의 기도를 드린 날

　내 어머니도 늙어가시는 사람인 줄 미처 알지 못했습니다. 내 어머니는 젊음이 멈춰져 있는 존재인 줄 알았습니다. 내 어머니는 멋진 옷을 입으시면 안 되는 줄 알았습니다. 내 어머니는 쓴맛도 그저 달달한 맛으로 식사를 하고 계시는 줄 알았습니다. 흐르는 세월이 어머니를 늙으시게 만들며 지나가고 있는 걸 알지 못했습니다. 한뉘의 세월을 그저 잘 지내시는 줄 너무나 무심하게 지나쳤습니다. 나는 호의호식하면서도 내 어머니 사시사철 나물 반찬으로 식사하시는 것도 알지 못했습니다. 보고 싶은 것 다 보고 가고 싶은 곳 다 다니면서도 울어매는 가고 싶은 곳이 없어 아무 말씀 없으신 줄 그렇게 어리석게 살아온 세월이었습니다.
　아흔여덟의 나이 될 때까지 단 한 번도 외롭다고 말씀하신 적 없으셨으니, 울어매는 그저 외로움도 못 느끼시고 사시는 분인 줄 아는 저는 세상에서 가장 미련하고 못난 놈이었습니다. 때 늦은 그것도 한참이나 늦은 나이에 아직도 철이 덜 든 저는 새까맣게 타버린 어머니 앙가슴이 마냥 포동포동 우윳빛으로 유지되는 줄 아는 아둔하고 미련한 곰탱이 같은 놈이었습니다. 불평불만 한마디 내색 않으시는 엄마는 마냥 행복한 마음으로 매일을 사시는 줄 아는 철이 덜 든 우매한 자식이었습니다. 체백으로 영원히 누우실 자신의 영지(靈地)가 뉘 집 땅인지 좀 알아보라고 하실 적까지도 울어매 깊은 속 허망과 서글픔의 깊이를 눈치 채지 못한 참으로 아둔하고 미련한 인간이었습니다.

이제는 제가 어머니의 아들로서 해드릴 일조차 점점 없어져 가니 망연자실 뼈저린 참회 속에 내 가슴이 미어터집니다. 보내드리고 난 뒤 불효한 죄책감을 저 스스로 어찌 감당하고 녹여갈 것인지 마냥 두려운 생각뿐입니다. 어머니 홀로 견뎌내신 예순여덟 해(年), 청상의 세월이 천형의 세월이었음을 이제야 깨닫고 통곡하는 참으로 미련하고 못난 자식입니다. 어머니 장기가 튼실해서 한번 바꿔드릴 기회도 가져보지 못한 참회의 눈물이 세월의 장막을 피눈물로 물들이네요.

 아! 어머니, 불효한 이 자식을 결코 용서하지 마시옵소서.

 아직은 참회할 제시간이 다하지 못했음을 스스로 인식하게 하소서. 어머니에게 보다는 불효한 죄 하느님에게 속죄받을 때까지 빌고 또 빌게 하소서. 불효막심의 죄, 이승에서는 용서받지 못한 채 떠나야 할 운명적인 무서운 일임을 깨달아 인식하게 하소서. 모자지간의 참 아름다운 인연 영원한 아픔으로 기억 속에 각인하고 이승을 떠나야 할 인간의 운명임을 자각하게 하소서. 지금 저의 이 아프고 쓰라린 간절한 참회의 마음이 내 자식에게도 전수되고 있는 숙업(宿業)임을 온전히 인식하게 하소서.

 하느님! 제가 어찌 불효한 저의 죄를 벌써 사해달라고 감히 기도드릴 수 있겠습니까?

 더욱더 괴로운 마음, 가책을 느끼며 참회의 마음으로 제 양심의 바닥이 보일 때까지 아픔으로 견디게 하소서. 죄 사함을 간구하다가 그 자리에서 까무러쳐 차라리 제 생이 끝나게 하소서. 그러면 제 마음이 조금은 편안해질 듯 해서 드리는 간구이옵니다. 이 피맺힌 간절한 참회의 기도가 이승에서 제 마지막 기도가 되게 하소서.

어머니 봉양일기 13 (2022.6.5.)
- 어머니 요양병원 면회한 날

　제천서 여동생 내외가 10시 반경 도착했다. 월여 전에 척추 수술한 김실이는 얼굴이 수척해 보이고 체중도 준 듯 보인다. 안쓰러운 느낌이 들었다. 병원 신세는 안 지는 게 행복한 일인데 인간사 사람의 마음대로 움직여지는 게 뭐가 있을까. 토란밭 옆에 미나리 싹이 좋으니 김실 내외가 한 아름 정도 잘라서 다듬어 챙겼다. 김실이는 참나물을 채취하려고 집 뒤안길로 두루 살펴보더니 "오빠는 참나물 채취는 어지간히 알뜰히도 했네!"라며 좀 섭섭한 느낌이 역력하나 인천집에 가서 아들 형제에게 조금씩 나눠주려고 싸놓아서 줄 수가 없었다. 참나물 하나도 촌에서는 쉽게 채취해 먹을 수 있으나 도시에서는 봄나물로서는 독특한 향 때문에 반찬 재료로서 존귀한 대접을 받는 나물이다.
　봄철의 느낌은 매화, 산수유, 목련, 벚꽃, 개나리, 진달래 등 꽃들이 피어나므로 계절을 실감하는 게 인간의 정조(情調)이다. 꽃이 시각과 향기로 사람의 마음을 사로잡는다면 채취할 적에 코끝을 스치는 알싸한 향기와 조리해서 입맛으로 느끼게 되는 봄철의 참맛은 단연 쑥과 참나물이 단연 우위다. 어머니는 봄철에 채취한 쑥과 참나물을 살짝 데쳐서 냉동 보관했다가 정월 초이틀, 내 생일날에 미역국과 함께 끓여주시곤 해서 깜짝 놀라게 하기도 한다.
　인천집에 갈 준비를 하고 매제 차에 동승해서 봉화읍에 갔다. 평소 어머니 모시면서 시장 보러 다닐 때 먹어보고 눈여겨 봐두었던 이북 출신 셰프의 평양 냉면집 칠보각으로 안내해서 여름 별식인 냉면을 그것도 이북 출신 셰프의 솜씨로 맛보게 되어서 기분이 좋았다. 카운터에 계산하면서 셰프인 주인장에게 "평양냉면을 남한에서 이북 출신 셰프의 손으로 직접 조리한 그 맛을 제대로 맛보게 되어 기쁩니다. 열심히 하시라"는 말을 전하고 명함 한 장을 드렸더니 자기 점포에 기자, 군수, 가수 등 많은 분들이 다녀갔지만, 시인은 처음이라며 기쁘다는 인사를 받았다.

 식사를 끝내고 어머니 면회하려고 봉화 해성요양병원으로 갔다. 원무과 접수에 방문목적을 얘기했더니 담당자가 요양병원으로 전화해서 어머니와 면회 예약된 사실을 확인하고 면회신청서를 작성하라고 해서 작성 접수하고 기다렸다. 예약된 시각 2시 30분에 6층 병동 면회실로 들어가니 어머니는 침대에 누운 채 상체를 절반 정도 당긴 상태로 계셨다. 몸은 야윌 대로 야위었고 눈은 초점에 힘이 다 빠진 듯한 모습에 솟구치는 눈물을 억지로 삼키고 "엄마, 저 알아보시겠어요, 누군지요?." "아들, 병준이" "예, 맞아요" 김실이 김 서방, 딸과 사위를 차례대로 알아보는 데는 수 초간의 기다림이 있었으나 아직까지 인지기능은 양호해서 안도의 한숨으로 돌릴 수 있었다.

 약 십 분간의 짧은 면회가 끝나고 가려고 인사드리니 영결 인사하듯 "이제 가면 언제 또 오노?" "엄마, 그동안 면회가 금지되어 자주 못 왔어요. 앞으로 자주 올게요." 엉거주춤 지키지도 못할 거짓말을 천연덕스럽게 하고 그렁그렁 고여서 어머니 눈꼬리로 흘러내리는 눈물을 하염없이 바라보며 속수무책의 마음으로 돌아서 나올 수밖에 없었다. 병실을 되돌아 나오는 심경은 겪어보지 않은 이는 감히 얘기할 수가 없는 거다.

어머니 봉양일기 14 (2022.8.6.)
- 어머니를 비대면 면회한 날 /슬퍼서 한없이 울었다

 오늘은 요양병원에 계시는 어머니를 뵙는 날이다. 아침 5시에 일어나서 마당 텃밭에 다섯 골 감자를 캐야 한다. 우선 빨랫거리가 양은 적지마는 물의 양을 좀 작게 조절해서 세탁기를 돌려놓고 긴바지에 남방셔츠 차림으로 감자밭을 들어서야 한다. 풀이 내 키만큼이나 자라서 감자싹 자체가 오리무중인 상태다. 근 한 달 만에 고향집에 왔으니 그동안 장맛비에 자랄 만큼 자란 것이다. 우선 내 키만 한 풀부터 제거해야 감자 썩은 줄기라도 볼 수 있으니 감자골 있는 곳을 대충 어림잡아서 풀을 뽑아내어 뿌리에 붙은 흙은 털어서 거름더미에 버려야 하는데 거름더미 위치를 가늠하기도 어려울 정도로 풀이 자라버렸으니 밭 복판쯤에다 거름더미 자리를 다시 만드는 수밖에 없었다. 거름더미 자리를 만들고 나니 풀을 뽑고 뜯어서 버리기는 수월케 되었다. 달리지 않은 호박넝쿨과 키만 장승같이 커서 버티고 있는 아욱 등을 모조리 먼저 뽑아버리고 비름나물은 뿌리가 깊이 박혀서 힘을 제법 쏟아야 뽑을 수가 있었다.
 대충 키가 큰 풀부터 제거하고 나니 감자 심은 골과 죽은 감자 줄기가 어설프게 보이기 시작했다. 얼굴 드러낸 감자가 햇볕에 노출되어 진초록색으로 변한 게 몇 개 보였다. 속살을 드러낸 감자가 어찌나 반갑던지 전율이 일어나는 느낌이었다. 앞집 호필 아우가 자기 밭에 심고 남은 감자씨라고 갖다준 건데 그때 조금 골아 있어서 괜찮으려나 걱정하며 심었는데 생각보다는 동글동글한 게 잘 여물어 보여서 속으로 안도하며 감자를 캐기 시작했다. 역시 흙을 두텁게

골 지은 곳에는 감자가 튼실하게 열매를 맺었는데 흙이 두텁지 못한 골의 감자는 열매가 작을 수밖에 없는 이치대로 잔감자가 생산된 것이다. 내년에는 제대로 된 감자 농사 한번 지을 수 있겠구나 하고 속으로 다짐했다. 그럭저럭 다 캐고 나니 사과 박스에 반 정도밖에 안 되는 양이지만 참으로 흐뭇하고 기뻤다. 감자 캐기는 끝났고 이제 요양병원에 11시 엄마 면회 신청을 어제 귀향 길에 봉화에 내려 해놓았기에 시간 맞춰서 가야 한다. 앞집 호필 아우 차로 부탁해서 10시에 출발해 봉화 요양병원으로 가서 원무과에 면회신청서를 접수하고 기다리니 여직원이 요양병원을 빙 돌아서 건물 뒤편 비대면 면회실로 안내 해주었다. 준비한 커피와 두유를 들고 비대면 면회실에 들어가서 에어컨을 켜고 앉아있으니 약 5분 후에 어머니가 휠체어를 타고 면회실에 들어오셨다. 요양보호사가

"할머니 누군지 알겠어요?"

"모르겠는데-"

"할머니 아들이잖아요?"

대뜸 어머니는

"우리 아들이 병준인데 내가 공부를 대학까지 시켰어야 했는데 그걸 못해서 미안하게 생각해요."

"아들, 알아보시겠어요? 아들 대학 안 나왔어도 훌륭하게 되셨잖아요. 은행 지점장도 하시고 시인도 되셨잖아요."

"응, 글은 잘 써."

"엄마, 저 알아보시겠어요? 엄마 아들." 안다고 대답하셨다. 쏟아지는 눈물을 지체할 수가 없었다. 살이 빠질 대로 빠져서 홀쭉하신데도 찬찬히 살펴보니 참으로 고운 얼굴이었다.

"요양보호사님, 내 지금 당장 엄마 대신 죽으라고 하면 죽을 수도

있는 심정입니다. 잘 좀 돌봐주세요."

　어제 제 작품집 『어머니 봉양일기』를 보여드렸느냐고 물어봤더니 드렸고 표지에 실린 어머니 얼굴도 알아보시더라는 전언이다.

　어머니께서 평소에 딱 두 가지를 말씀하셨다. "너는 그 좋은 머리로 공부(대학)를 더 해야 하였는데, 장가는 내가 빨리 가라고 한 적 없는데 뭐가 급해서 그리도 빨리 갔노?" 라고 딱 한 번 말씀하신 적이 있다. 못내 아쉬우신지 느닷없이 그 말씀을 오늘 요양보호사님 두 분과 함께 면회하는 자리에서 되뇌시니 아들이 대학 안 한 게 자기가 시켰어야 하는데 못해 주신 양 새삼 한스럽게 느껴지시는 모양이다.

　대면 면회로 완화되면 즉시 연락을 좀 주시라고 요양보호사님께 부탁하고, 면회실 바깥으로 나와서 벚꽃 나무에 기대어 한참을 울었다. 준비해 가지고 간 코비드 - 19 홈 테스트는 비대면 면회라서 사용하지도 못하고 그대로 다시 가방에 넣어서 돌아왔다.

어머니 봉양일기 15 (2022.10.7.)
- 면회한 날의 단상

  비대면 면회가 해제되었다는 소식을 듣고 어머니 면회 날짜를 잡았다. 오늘 아침 인천 버스터미널에서 출발하는 영주행 7:45 차를 어저께 카톡으로 예약을 했다. 아침 5:50 알람을 장치해 놓았기에 신호음에 깨어 일어나 머리 감고 샤워하고 아침은 사과 두 개를 깎아서 먹고 바쁘게 인천버스터미널에 가서 7:45 영주행 버스를 탔다. 날씨가 우려되는 건 단양을 지나니 구름이 아주 낮게 깔려서 바쁘게 몰려 지나가며 비가 뿌리다가 말다가 하더니 고속버스 유리창의 윈도부럿쉬가 바쁘게 움직이길 시작하는 걸 보니 비가 오는 모양이다. 걱정이다. 우산도 없이 여간 귀찮아지는 일이 아니니까.
  다행히 영주터미널에 내려 버스편으로 봉화 가는 약 20분 동안에 제대로 한번 쏟아질 듯하던 비는 말끔히 그치고 햇볕이 났다.
  봉화 병원 도착이 거의 12시가 되어야 도착할 것 같아서 봉화 요양병원에 전화해서 오후 2시로 면회 시간을 조정했다. 봉화 터미널에 내려 점심 식사를 간단히 하고 약국에 가서 마스크와 코로나19 항원 자가검사 셀프 테스트기기를 사서 대면 면회 준비를 마쳤다. 봉화해성병원 원무과에 도착해 1시 45분에 면회신청서를 작성하고 2층 요양병원으로 들어가 입구에 대기했다. 약 5분 뒤에 간호사가 와서 비닐 장갑을 끼게하고 마스크를 차게 한 뒤에 간이 코로나 검사를 실시하고 음성반응 결과에 따라 면회장으로 입장해서 대기했다. 금방 어머니를 휠체어에 타인 채로 모시고 들어왔다. 그래도 얼굴은 알아 보시는 것 같았다. "김실이(여동생)가 같이 올려고 했는데 건강이 여의치 못해서 혼자서 왔어요" 라고 미안해서 말을 둘러댔지만 별 반응이 없으시고, 뜬금없이 "장손 덕재는 어디서 잘 크고 있느냐?" 고 엉뚱한 질문을 하신다. "어머니, 덕재는 저하고 동갑이고 지금 대구에서 잘 지내고요, 아이들도 3남매 다 성가해서 별 탈없이 잘 지내고 있어요" 라고 말씀 드렸으나 내 말을 알아 들으셨는지 전혀 반응이 없으시다. 귀가 많이 안좋아 지신 모양이다. 본인 말씀만 하시고 입을 닫으신다. 항상 나와 동갑내기 조카 장손의 안위가 못내 마음에 걸려 걱정이시다. 눈 감으실 적에도 아마 내려놓지 못하시고 갈 이복의 큰아들, 그의 핏줄로서 유일한 장손이니 그 안위가 항상 떠나지 못하는 어머니 가슴속에 맺힌 큰 걱정거리다. 6.25사변에 큰형님께서 행방불명(이북에 거주사실이 아주 늦게 확인됨)이 되었으니 조카는 1949년생으로 그 당시는 갓 돌을 지나지도 못한 상태로 아버지 얼굴도 모르는 유복자처럼 생을 살며 고희를 넘긴 나이가 되었으니 심장에 숯검뎅이 같은 차돌 하나를 박아 놓고 한맺힌 생을 영위해 온 셈이다. 형수는 중학교 때 돌아가셨고 그 어려운 보릿고개 시절에도 조카는 삼남매 모두 대학을 시켜냈으니 비록 찢어지게 가난은 했으나 교육을 제대로 시켰으니 부모 노릇은 다한 셈이다.

그러나 유복자 같은 삶에 형수마저 일찍 졸(卒)하실 적에 임종도 못하였고 이산가족 상봉때는 연락을 했으나 응답이 없었다. 지금까지도 전화 한 통없이 지내고 있는데 어머니는 줄기차게도 그 조카가 맘에 걸리시는지 수시로 안부를 물으시나 나는 답변을 해줄 처지가 못되는어 내 마음도 안타깝기가 그지없다. 한생 삶, 가족이라는 것, 혈손이라는 게 이렇게 끈질긴 뿌리, 족보에 얽매인 삶이 아니라고 단언할 수 있겠는가. 개도 혈통을 중시하고 그 혈통증명서에 의해 애완견도 개값이 정말 그냥 개값이 아니다. 친구가 자기 집 애완견 맹장 수술에 80만 원이 들었다는 말을 20여 년 전에 처음 들었을 때 나는 기절할 듯 놀란 적이 있다.
  비닐 장갑을 낀 어머니 손이 너무 싸늘했다. 생전에 잡아 드릴 적엔 따뜻했는데, 다리를 만져보니 뼈만 남아 날카롭고 앙상하게 잡힌다. 발바닥과 발등을 곱게 조심스레 주물러 드렸다. 쏟아지는 눈물을 억지로 참고 막상 드릴 말씀도 딱히 없고 말씀드려도 제대로 알아들으시지도 못하시는데 참으로 짧은 면회 시간에 만감이 교차하는 느낌이다. 시간은 15분이 훌쩍 흘러 면회 시간이 다 지났다고 독촉을 한다. 아쉽지만 발길을 돌려야 한다. 아! 이 참회와 자괴감이여.

어머니 봉양일기 16 (2022.11.7.)
- 귀향, 인천으로 요양병원을 옮기며

   12:30 발 영주행 버스를 탔다. 아주 우연한 기회에 아녜스가 어머니를 봉화 요양병원에서 인천 가까운 병원으로 옮겨 놓는 게 좋지 않겠느냐고 건의를 해왔다. 평소 같으면 대수롭지 않게 흘러들었을 텐데 그 말을 좀 심사숙고해 봐야겠다는 생각이 들었다. 2주 전에 봉화 병원에 보름 동안 입원해서 가래가 차여 숨차다는 현상은 치료하고 퇴원하여 같은 병원 건물 내 요양병원으로 다시 입원할 적에 면회해서 바라본 어머니의 상태가 참으로 바라보기가 민망할 정도로 살이 빠지고 쇠약해지신 것은 물론 손을 잡아도 온기가 전혀 느껴지지 않고 싸늘했고 다리도 뼈만 앙상하게 만져지니 발바닥만 잡고 만지작거려 주물러 드릴 수 밖에 달리 신체 접촉을 할 수가 없다. 대책 없는 절대 무망(無望), 무의식의 표정을 바라보고 있으려니 가슴이 따갑게 아파져 오고 측은한 맘에 견딜 수가 없었다. 신(神)이 허락한 시간의 임계점에 거의 다다른 느낌이다.
   어떻게 보내드려야 이승에 조금은 더 머물러야 하는 자식으로서 마지막 올바른 도리일까? 도무지 감이 잡히지 않는다. 어머니를 어찌 지금의 이런 모습으로 보내드릴 수 있으랴.
   그렇게 밖에 보내드릴 수 없는 처지가 고만 확 미쳐버릴 것만 같다. 보내드리고 얼마를 더 견뎌본들 어머니 생전 모습이 지워질 일은 본시 아니니 이 일은 어찌해야 할까?
   우선 집 가까운 요양병원으로 옮겨 어머니 휘하의 며느리, 손자, 손자며느리와 증손자, 증손녀도 한 번쯤 생전에 보도록 하는 게 도리일 수도 있겠다는 결론에 이르게 된 것이다. 내일 봉화 해성요양병원에서 아침 9시 30분 출발 앰뷸런스 예약도 마쳤다. 고향집에서 하룻밤을 자고 내일 앰뷸런스에 동승해서 인천에 〈행복마을 요양병원〉으로 이송해야 한다. 수간호사가 전화가 와서 어머니 쓰시던 안경과 7월 출간한 내 책 〈어머니 봉양일기〉 책은 꼭 챙겨달라고 부탁했다.

　책은 조금만 더 일찍 서둘러 출간했으면 어머니가 읽어 보시고 이승을 떠날 수도 있었을 텐데 너무나 아쉽다. 수간호사는 내일 병원에 올 적에 어머니 내복 한 벌 챙겨오라고 해서 그렇게 하겠다고 약속했다. 가까이 모시자고 아녜스가 권유하고 장남이 인천집과 제 직장인 길병원에서 가까운 곳을 물색해 협조해 주니 내 마음 걱정이 다소 분산되는 느낌이 든다. 나 홀로 걱정 근심하던 일에 가족이 동참한다는 생각에 역시 가족으로서 고맙기도 하지만 진작에 의논하고 도움을 청할 건 청하고 했어야 할 걸 그랬구나 하는 생각이 다소 들기도 했다. 이제는 사소한 일도 특히 어머니 보내드리는 일부터 자세하게 의논해서 공감대를 만들고 나 홀로 할 근심도 조금씩 벗어나야 하겠다는 생각이 든다.

어머니 봉양일기 17 (2022.11.8.)
- 엄마의 수의를 챙기며, 원죄를 인식한 날

 손수 예비하신 수의 입고 가시겠다고 고집하시는 어머니 자식은 서러워서 웁니다.
 이승에서 영결의 그 길, 마지막 가시는 길에 옷 한 벌도 못 해 드리게 하시니 야속하고 서러워서 웁니다.
 고향의 요양병원에서 어머니 직계 열 식구가 사는 인천〈행복마을 요양병원〉으로 옮기려고 귀가했다. 제일 먼저 챙긴 것이 어머니가 40여 년 전에 손수 마련해 놓은 수의다. 유언하듯 신신당부하신 일이니 소홀히 할 수는 없으나 섭섭하고 가슴이 아프다.
 마지막 가시는 길 수의 한 벌도 못 해 드리는 불효자식이 돼버릴 가능성이 크기 때문이다.
 오늘에서야 돈오의 큰 깨달음 하나를 지득하는 느낌이다. 성경 속 원죄의 말씀을, 나는 항상 "왜일까?"라는 생각으로 화두처럼 심사숙고 곱씹으며 사유해 온 풀 수 없는 일생일대의 난제였는데 쾌도난마처럼 해득되는 순간이다. 그 말씀이 원초적인 진리의 말씀이란 걸 확철대오 하는 느낌이다. 태어나면서부터 부모에게 희생적인 노고와 노역을 시키는 셈이고 성장해 가며 알게 모르게 부모 뜻에 거슬리고 거역도 하고 철이 덜든 저지레도 무수히 많이 하면서 끝까지 불효의 죄를 짓지 않고는 벗어날 수가 없는 숙명의 삶이니, 아하! 이게 원죄의 뿌리요, 근본이구나. 이건 인간이 숙명적으로 타고 나왔고 그 굴레를 벗어날 수가 없기에 이제야 그 말씀의 진리를 깨달은 셈이다. 불효하며 살수 밖에 없는 인간의 숙명 삶이 어찌 원죄가 아니라 부정할 수 있으랴.

 나도 어느날 때가 되면 본의는 아니게 타야 할 119 앰뷸런스에 엄마와 함께 동승해 인천요양병원으로 이동하면서 가족 모두가 사는 인천집 가까이 모시게 되니 살가운 가족의 정이 느껴져 번민의 일부가 누그러짐을 깨닫게 되니 돈오의 자각이요, 회오에 대한 속죄요. 불효에 대한 스스로 참회의 번뇌로 가슴이 아프다. 어머니 편하게 하신 게 아니고 내가 편해지려고 옮겼으니 이 또한 불효한 셈이다.

어머니 봉양일기 18 (2023.1.6.)
- 둘째 아들과 요양병원 어머니를 면회하고

  면회를 위한 간편 방호복을 입고 칸막이 안경을 끼고 비닐장갑을 끼고 엄마의 병실 102호실을 민우와 함께 들어섰다.
  "엄마, 저, 아들 왔어요."
  흠칫 놀란 기색으로 실눈을 잠깐 뜨시더니 "춥다."라고 말씀하셔서 이불을 덮어 주게 했다. 한겨울에 하얀 홑이불을 덮고 있으니 추울 수밖에. 둘러보니 모든 환자분이 얇은 하얀색 홑이불에다 병실 문은 개방되어 있었고 요양보호사나 간병인도 보이지 않았다. 입원 당시 분주하게 쫓아다니며 근무하던 여러 명의 직원은 보이지 않고 조용한 느낌이었다. 이 분위기는 입실해 있는 환자 수가 줄었구나 하는 느낌이 순간적으로 들었다. 눈감고 계시니 더 이상 얘기를 이어갈 수도 없고 10여 분간 머물다가 돌아서 나올 수밖에 없었다.
  비닐장갑 낀 손 너머로 느껴지는 엄마의 손은 평상시의 느낌 그대로 지금도 따사로운 느낌으로 내 손바닥 안에 남아 감도는데, 일기를 쓰는 이 순간, 눈에 고이는 눈물을 주체할 수가 없다. 먼저 앞질러 갈 수도 없는 그 길, 동행해서 갈 수는 더욱 없는 그 길. 금방 뒤따라서 내 자의(自意)로도 갈 수 없는 그 머언 황천길을.
  어머니
  너무 죄송해서 어떻게 보내드리라고요. 살아생전에 부귀영화는 고사하고 평소에 편안하게 행복한 느낌 한순간도 만들어 드리지 못한 회오(悔悟)에 눈물이 목을 매이게 합니다.
  2개월 전 입원할 때 꽉 찼던 6인의 병실이 오늘은 세 개의 침상

만이 고려장 당한 초라하고 불쌍한 영혼 세분이 염라국 대왕님, 초혼의 소리에 압사당해 가위눌림 숨을 몰아쉬고 있는 느낌이다. 대신할 수 없는 그 길을 애간장 녹아내리는 아픔으로 먼저 보내드리고 다시 어머니 품속으로 내가 돌아갈 시간까지는 또 얼마를 그리움에 애를 태우며 견디다 가야 할까요?

어머니의 자궁 속 생명의 탯줄을 끊을 때 서 말, 서 되의 생피를 흘리고 세상 밖으로 나와 여덟 섬 너 말의 젖을 먹여 날 키워주신 고침단금(孤枕單衾) 한 많은 한뉘의 삶, 내 어머니.

그 은혜 속에 생을 이어온 이 자식, 일흔넷이 되었습니다.

아직도 제대로 철들지 못한 철부지 아들은 어머니 은혜를 억 만분의 일도 갚지 못하고 보내 드려야 하는 이 대책 없는 참담함에 속수무책으로 억장이 무너져 내립니다.

동행한 둘째 아들 민우는 상상도 하지 못하게 변한 제 할머니 모습에 기가 질리는지 차 운전해 돌아오는 귀갓길 차 안에서 끝내 아무런 말 한마디 못 하고 입 다물어 버린다. 나 역시 할 말이 없다.

어머니 봉양일기 19 (2023.1.26.)
- 영결사(발인식 후 인천집에서 하룻밤 머물다)

　어제 저녁부터 내린 눈이 차량 이동에 지장을 줄 만큼 내렸다. 천주교 서울교구 포천 묘원 관리소장으로부터 연락이 왔다. 그곳은 아침 일찍 제설작업을 했는데도 불구하고 또다시 제설 전보다 두 배가량의 폭설이 내려서 부득이 봉안은 내일 오전에 제설작업을 마쳐 놓고 연락드리겠다는 전언이다. 나는 우선 큰일 났다는 생각보다는 기쁨이었다. 어머니 영정과 위패, 영정사진, 봉향(유골)함이 집에서 하루 머물 수 있다는 생각에 이런 기적 같은 일도 일어나는구나 하는 생각으로 하느님께 감사 기도를 드렸다.
　자식이 사는 인천 집은 재작년 2021년 4월, 새집(구월동)에 이사하고 한번 와 보시지도 못했는데 봉향함에 잿가루가 된 체 백의 영혼으로 그나마 하루를 아들 집에서 머물러 가신다고 생각하니 참으로 하느님의 은총이란 생각의 다행스러움에 환희심이 마음 깊숙한 심정에 잔잔하게 퍼짐을 느꼈다. 어머님인들 생전에 근력이 여의치 못해 들러보지는 못하셨지만, 아들이 사는 집이 궁금하기도 했을 것이고 자식 방에서 하룻밤이라도 함께 자고 싶은 마음이 어찌 없었겠는가. 숨 거두기 직전 어머님의 애절한 소망을 천주님이 먼저 알아채시고 발인 하루 전날에 폭설을 내려 봉안 일을 하루 지연시켜 주신 듯 기적 같은 은총에 감사의 기도를 드리며 잠이 들었다. "하느님, 폭설 한 번만 더 내려주시면 안 될까요?" 하고 속으로 기도했다. 그러면 하룻밤 더 집에서 머무르실 수 있을 텐데.
　아침 9:30 구월동 성당으로 이동을 위해 교우님들의 연도가 있었고 9:50 선도차 리무진에 장손 (진우)이 영정사진과 위패를 안고 앞좌석에 앉고 뒷좌석에 상주인 나와 아녜스가 타고 10시 예정인 영결미사를 위해 구월동 성당으로 이동 10시 10분경에 도착했다. 새로 부임하신 신부님께서 영가 연도를 주재하였다. 하느님께서 선종한 권석 마리아 님을 하느님 품으로 맞이하시어 영원한 안식을 주시고 지금 이 영결식 자리에 평소 일면식이 없는 사이지만 함께 참석한 모든 교우님들에게도 하늘 축복이 함께 하시길 빌어 주었다.

 영결식 내내 나는 복받치는 슬픔에 흐르는 눈물을 주체할 수가 없었다. 애간장이 녹아내리는 슬픔 속에 하느님의 품으로 세례명 마리아라는 이름으로 되돌아가신다는 안도의 환희심이 엉킨 엇갈리는 눈물이었다. 아흔아홉의 기나긴 생이 한순간에 이승의 삶이 종결되고 이렇게 영결하고 쉽게 짜인 절차에 따라 그저 보낼 수밖에 없다니 참으로 공허하고 허망한 생각이 들었다.

 구월동 한내들 아파트 집으로 이동해서 친구 프란시스코 권유대로 아녜스와 같은 방에서 납골함과 위패를 모시고 마지막 영결, 은혜로 감사하며 하룻저녁을 보내려고 했는데 아녜스는 말도 꺼내기 전 일언지하에 거절이었다. 예상한 반응이었지마는 이해 불가의 감성에 서글픔과 아픔이 몰려왔다. 죽음 앞에서는 누구나 선해지고 평소에 잘못한 죄 용서도 빌며 화해 하는데 더구나 고부 사이가 아닌가. 천주님 품에 고이 안기어 영원한 안식을 누리시라고 축원도 하고 빌어 주는 게 평범한 사람으로서 자성(自性)의 감성이요 도리가 아닌가. 반세기를 부부로서 함께 한 삶이지만 이런 절박한 순간에는 전혀 이해가 안 된다.

 엄마, 마지막 속삭임으로 불러보는 이름,

불효해서 죄송해요. 천상에서 아버지 만나시면 엄마 얼굴은 알아 보시려는지요. 억지로 찾으시지는 마세요. 그곳에 선한 사람이 부지기수로 많을 테니까요. 가끔은 지상에 머문 자식 손자 손녀 보고 싶으시면 밤하늘 별빛으로 나투소서. 저는 다시 태어나도 엄마의 어머니로 태어날 겁니다. 수억 겁의 시간이 지나서라도요. 어머니, 이승에서 어머니의 아들로서 사랑받고 존재했음이 너무나 행복했습니다. 저도 멀지 않은 어느 날 어머님과 천상에서 해후하게 되겠지요. 그때까지 편안한 안식을 누리소서. 천주님의 품속에서요. 그곳에는 대자대비하신 부처님도 함께 계시겠지요. 이승에서 겪으신 생·로·병·사의 모든 거(苦)를 멸하신 멸진정 열반의 열락을 한없이 누리소서. 불효 소자는 이제부터 눈물도 거두겠습니다.

가시는 마지막 길 환희심으로 연화(蓮花)의 미소로 보내드리옵니다. 극락왕생하소서!

最終 어머니 봉양일기 20 (2023.1.27.)
- 포천〈평화묘원〉에 봉안하다

어머니께서 소천하신 날은 2023년 1월23일 오후 5시 3분이다. 99세로 졸하시다.

그날은 나의 일흔네 돌 생일날이다. 어머니가 아들 생일날을 기다려 선택할 수는 없는 일이니, 천주님께서 품에 안으실 시간을 맞춰 주신 듯 참으로 신기한 일이다. 마지막 임종의 병명은 급성 폐렴이다. 요양병원 담당실장 얘기는 특별한 말씀은 없으시고 주무시는 듯 영면하셨다고 한다.

원래 계획은 어제 1월26일 발인과 동시에 아래 주소의 영원한 안식처인 *천주교 서울대교구 평화묘원에 봉안할 계획이었으나 전일 예상 밖의 폭설이 내려 인천 남동구 구월동 집 내 방에서 봉안함과 신주, 영정사진과 함께 하룻밤 함께 보냈다. 예정에 없는 폭설을 내려보내 원래 일정보다 하루 늦춰 오일장의 은총을 천주님께서 특별히 주신 듯 감동이다.

오전 일찍 평화묘원 관리소장으로부터 연락이 왔다. 제설작업 및 차량 통행을 위한 조치 때문에 오후 3시경 포천 평화 묘원에 도착해 관리소장의 안내로 무사히 봉안을 마치고 간단한 祭를 올리고 장례 행사는 무사히 마쳤다. 아들 내외와 손자 둘 내외와 장손 증손자 한 명, 손녀 3명 등 인천에만 열 식구를 남겨두시고 홀연히 먼저 소천하신 것이다.

어머니는 평소에 소천 날짜를 하느님께 아들 생일날로 맞춰 달라고 간절하게 기도를 드린 듯하다. 마지막 가시는 길 마지막 밤, 내내 납골함을 안고 소리 없는 회한의 눈물 곡비처럼 울다가 잠이 들었다. 너무나 슬펐다. 그리고 너무 죄송스러웠다. 효도를 제대로 다 하지 못했기에. (*천주교 서울대교구 평화묘원에 어머니를 봉안할 수 있게 모든 행정적 조치에 최선을 다해준 정진명 프란치스코, 친구에게 무한한 감사를 드린다)

■ 2023. 1. 23. 17:03 별세 (권석 ·마리아)
*묘지 : 경기도 포천시 화현면 지현2리 산 27
*묘지 번호 : 21나 404 단장형
*묘지 규격 : 단장형 (개인형 일반 3,4층)
★천주교 서울대교구 (평화묘원)

추억 속 고향 집, 그리운 님 어머니

　태어나서 서당 글 한문을 배우고 그 당시 국민학교를 졸업할 때까지는 환희의 기억보다는 슬픈 기억이 훨씬 더 많이 뇌리에 각인되어 수시로 과거의 기억에서 파노라마처럼 떠오르곤 하는 그런 고향이다.
　집 방안을 들어와 보기 전에는 그저 평범한 폐가로 보일 수 있는 건 마당은 물론이고 텃밭에 무지막지하게 자란 잡풀들이다. 2개월 전에 왔을 때 마당에 풀만큼은 솜털같이 뽑아 놓았는데 그 바빴던 손길 흔적은 간곳없이 무정한 잡풀 제멋대로 키 자랑하듯 무도하게 자랐다. 기거해서 산다면 어찌 저 지경까지 자라도록 보고만 있었겠는가.
　목장갑을 끼고 낫도 거머쥐고 전쟁 연습에 적군이라도 무찌르는 듯한 태도로 잡풀 제거 작업에 돌입했다. 마당에 자란 잡풀은 장갑 낀 손으로 뽑기도 하고 뜯기도 하고 어지간히 정리하는 데도 시간이 제법 걸린다. 밀린 빨래는 아침 먹기 전에 세탁기 돌려 아침 식후에 일찌감치 건조대와 빨랫줄을 이용해서 널어놓고, 중방의 옷걸이의 옷도 끄집어내어 빨랫줄에 일광 소독시키려고 널었다. 도마에 곰팡이가 피어 바깥에 일광 소독시키려고 아주 땡볕 잘 드는 자리에 내다 놓았다. 햇살이 어찌나 강렬한지 소독이 아니고 세균인들 이 뙤약볕을 견딜 수 있으랴. 쾌재다.
　한창 마당 풀 제거하는 중에 부추 한 포기가 마당 한복판에 시멘트 갈라진 틈새를 비집고 나와 꽃을 피웠다. 곧 씨를 맺고 내년에는 지금 보다 몇십 배 많은 씨앗을 퍼트려 새끼를 치겠지. 금년 정월 초이튿날 소천하신 어머니 생각이 난다. 늘그막에 앞마당 출입이 거북하실 적에도 내가 마당 풀 뽑기 작업을 시작하면 안방 창문 밖에 나와 앉으셔서 내 동작을 유심히 보다가 "야야, 네 뒷발꿈치에 금잔화 한 포기 있다. 조심해라."

이건 뽑지 말고 보호하라는 지시 사항이다.

"야야, 고 옆에 부추도 뽑지 말거라." 나는 일부러 "엄마, 마당 복판인데 뽑아야지요?" "꽃이나 풀이 제날 자리 가려가며 싹 트는 거 봤나. 사람이 보호해 줘야지." "알았어요. 엄마" 엄마 생전에 마당에는 금잔화, 채송화, 가끔 부추와 참나물이 엉뚱하게도 시멘트 갈라진 사이로 포기 군을 이루어 솟아난다. 엄마는 그 어느 한 포기도 텃밭에 지천으로 많은데도 불구하고 절대로 함부로 뽑으시지도 않았지만 자식인 내게도 신신당부 부탁하듯이 무심으로 당부하시곤 했다.

"아들아, 저 무심한 꽃의 생명력을 찬찬히 살펴봐라. 사람 사는 것과 이치가 똑같아. 주인을 잘못 만나면 즉시 뽑혀나가 생명이 끝나지만 주인 잘 만나면 꽃 피우고 가을 씨 맺을 때까지 함께 동고동락 한다 아이가." 이게 인간이 지닌 자비심 측은지심이요. 생명 경외심에 대한 표상이다.

그런데 금년에 금잔화는 한 포기도 못 보고 처마 밑에 채송화꽃이 앙증맞고 화사하게 서너 포기 꽃을 피웠다. 어머니 얼굴처럼 환하게 인자하게 웃고 있다. 흡사 어머니가 꽃으로 환생한 듯 착각에 빠진다. 가녀린 몸매 그 질긴 생명력은 엄마의 꽃이다. 고향집 기거하신 지 30여 년, 봄철이 되면 어디 숨어 있었는지도 모르게 채송화, 금잔화는 반드시 얼굴을 내밀고 어머니는 그 억센 잡풀 속에서 용하게도 구분해서 보호해 주고 피는 꽃을 바라보며 자신의 삶을 위로하며 무언으로 주고받았을 대화가 이 고향집 공간에 그대로 살아 머물고 있는 것 같다. 엄마의 잡풀 뽑기는 그들에게 보내는 자비의 손길이요. 어쩌면 자신을 온전히 지켜가려는 엄중한 수행의 한 방편이었을 수도 있겠다는 생각이 절로 든다.

 풀 뽑기에는 몸서리나실 만도 한데, 어머니는 고들빼기나 참나물, 부추가 씨를 맺기 시작하면 내 생각엔 저놈의 씨가 익어 내년엔 몇 십 배로 싹이 틀 텐데 미리 뽑아버리자고 말씀드리면 어머니는 "야야, 기왕 씨 맺힌 건 그냥 둬야지. 우째 버리겠노?" 집 앞, 뒷마당과 텃밭에 봄이면 지천으로 난리법석으로 솟아나는 식물인데도 허수히 여기지 않으셨다. 그래서 자신이 아흔아홉까지 장수 하신 것 같기도 하다. 어머니는 평생 봄부터 늦여름까지는 그야말로 청정 자연산 돌나물, 참나물, 부추, 취나물로 반찬 조리를 해 잡수셨다. 봄철 부추에 태양초 고추 숭숭 썰어 넣고 붙여주신 지짐 부침개는 그 맛이 일품이었다. 참나물도 아주 얇게 지짐(부침개)을 만들어 주셨는데 이제는 그만한 맛은 어디 가서도 즐길 수 없으니 슬픈 생각에 잠긴다.

 어머니, 계시는 그곳은 근심도 걱정도 없으시지요? 남녀, 성(性)도 구분이 없어 애증도 갈등도 없다고 하는데 정말 그러한지요? 열일곱 살에 시집와서 서른한 살에 모질게도 먼저 떠나신 아부지는 만나 보셨는지요? 엄마는 비록 아부지를 못 알아봐도 아부지는 엄마를 못 알아보시지는 않으시겠지만 알아도 염치도 없고 미안해서 아는 척 못 하실 거예요. 기왕 가신 그곳, 아부지 알뜰히 찾을 생각은 아예 접으시고 알뜰살뜰 이해해 주고 위해 주시는 분 계시거든 그 분에게 의지하고 이승에서의 모든 고통과 쓰라림은 부디 다 잊으시고 타고 나신 품성, 자비롭고 온유한 대보살의 심성으로 천국의 열락 환희심으로 누리시옵소서. 행여나 자식 남매 눈시울에 아롱거리시면 밤하늘 별빛으로 꿈속에라도 나투시어 상면하게 하소서. 일찍 앞질러 가신 그 길, 저 역시 곧 뒤따라갈 그것이 옵니다. 어머니, 이승을 떠나실 때, 그때 고운 모습 그대로 유지하셔서 제가 알아볼 수 있게 더 이상 늙지는 마시옵소서. 어머니 살아생전에 못다 한 불효막심한 소자는 아직도 이승에선 용서받을 곳이 없기에 애달픈 마음으로 견디고 있습니다.

아마도 이승을 떠나기 전에는 결코 불효한 죄를 사함 받지 못할 것 같사옵기에 가슴이 미어지는 심정입니다. 차라리 먼저 앞질러 그곳에 갔으면 이 고통 이 괴로움은 차마 겪지 않을 수도 있었을 텐데, 아쉬운 마음이 아직도 수시로 들곤 합니다. 어머니, 아직도 그리움에 몸살을 앓습니다. 부디 천주님의 품 안에서 편안한 안식을 누리소서! (2023.9.6)

죽음에 대한 묵상(默想)

사그라져 가는 어머니의 모습을 지켜보며 나는 수년 전에 읽었던 칼릴 지브란의 소설 〈부러진 날개〉에서 본 문구가 떠오른다. "노인의 눈물은 쇠잔해 가는 육신 삶의 찌꺼기이기 때문에 젊은이의 눈물보다 더 애절합니다. 젊은이의 눈물이 장미 꽃잎 위의 이슬방울과 같다면, 노인의 눈물은 겨울이 다가오면서 바람에 떨어지는 노란 낙엽과 같습니다. 노인은 나그네가 고향으로 돌아가기를 갈망하는 것처럼 젊은 날의 추억 속으로 되돌아가기를 좋아했습니다. 그분은 지난날의 이야기를 하면서 마치 자신의 가장 좋은 시를 암송하며 즐거워하는 시인처럼 기뻐했습니다. 현재는 화살처럼 빨리 지나가고 미래는 그에게는 침묵의 무덤으로 다가가는 것이기 때문에 그분은 정신적으로 과거 속에서 살고 있습니다."
　이 작가의 말을 길게 언급하는 것은 지상에서 마지막 삶의 끝자락을 겨우 붙잡고 애처롭게 버티며 견디는 하루하루 노인의 모습이 지금 봉양하고 있는 내 어머니 모습과 너무나도 생생하게 닮아있기 때문이다. 또 얼마 지나지 않아서 똑같은 모습으로 이승을 아니 다녀간 듯 사라져 가야 할 내 자신 인간으로서 운명적 모습이 클로즈업 되어 비춰오고 있기 때문이다.
　중세 일본의 도겐 선사는 이렇게 말했다. "죽을 때가 오면 그냥 죽어라. 죽음 속에는 죽음 외에 아무것도 없다." 죽음 속에는 죽음 외에 아무것도 없다! 참으로 난해한 표현이다. 이 말은, 어떤 것에 완전히 빠져들면 다른 것은 모두 사라진다는 뜻이다. 우리가 다른 것을 외면해서가 아니라 다른 것이 더 이상 존재하지 않기 때문이다. 이 순간만이 존재한다. 우리가 사는 곳은 지금 이 순간이다. 삶은 온전히 삶이고, 죽음은 온전히 죽음이다. 살아가든 죽어가든, 우리가 그 속에 완전히 잠겨 있으면 그 순간이 전부다. (샐리 티스데일 지음, '인생의 마지막 순간'에서 인용)

　아흔일곱의 어머니를 봉양해 모신 지 겨우 1년여 시간이 흘러갔다. 내 나이도 일흔셋이니 하루에도 수십 번 만감이 교차한다. 누구나 맞닥뜨리게 되는 죽음에 대해 '죽음과 죽어감에 대한 실질적 조언'이란 부제가 붙은 샐리 티스데일이 지은 〈인생의 마지막 순간에서〉 책을 읽으며 죽음과 죽어감에 대한 실질적 사례들을 책 속에서 접하며 또한 접해있는 내 현실 앞에서 많은 것을 숙고하고 사유하게 하는 유익한 시간을 갖게 되어 다행으로 생각한다.

　"사람들은 대부분 좋은 죽음을 나이에 결부시켜 말한다. 그런데 사람마다 규정하는 나이가 다르다. 과연 몇 살을 죽기 적당한 때라고 말할 수 있을까? 흔히 장수하면 좋다고 생각하지만, 나는 불행한 상태로 오래 산 사람도 봤고 상당히 짧지만 행복하고 충만한 삶을 산 사람도 알고 있다. 삶의 질은 삶의 기간에 달려 있지 않다. 직접 살아보기 전까진 뭐가 좋다고 단정 지어 말할 수 없다."라는 샐리 티스데일 작가의 말에 공감이 간다.

　과연 죽음에 나이를 결부시켜 적당한 때를 일률적으로 규명한다는 건 불가능한 일일 것이다. 좋은 죽음은 적당한 때에 죽는 죽음을 이를 것인데 이 또한 일률적으로 규명하기는 불가능하다. 결국엔 각자 개인이 자기의 온전한 생각으로 아마도 죽음 바로 직전에 자신이 자신에게 판정을 내리고 마지막 갈 길 가야 하는 일이라 생각된다. 고로 제삼자가 타인의 죽음을 두고 '행복한 죽음' 또는 '행복한 삶'이었다고 결론지을 수는 없는 일이다. 오로지 자기만이 그 만족도를 스스로 측정해 결론을 내리면서 그러나 타의에 의해 자기의 삶을 온전히 마감해야 하는 것 아니겠는가? 이것이 온전히 자기 삶을 완성해 내는 이승에서의 마지막 인간으로서 사명 완수 행위일 수밖에 없는 것 아니겠는가?

손녀, 도연이와 첫 번째 대화 (1)

고향에 어머니 봉양하는 일 때문에 만 7년간 함께 살던 둘째 내외와 손녀, 도연 채연과 헤어져 분가해 이사를 해놓고 서둘러 귀향할 수밖에 없었다. 귀향 후 약 2주 정도 경과한 뒤 이사한 집으로 처음 귀가하니 둘째 아들 가족 네 명이 와서 하룻밤을 함께 지냈다. 이튿날 아침 손녀 도연이와 아파트 뒷산을 산책하기로 하고 집을 나섰다. 춘분을 어제 지나고 봄비가 촉촉하게 내리고 있어서 우산을 각자 쓰고 집을 나섰다.

도연이는 "할아버지, 놀이터를 먼저 가면 안 될까요?" 하는데 나는 "놀이터는 비에 젖어 지금 가도 놀지 못하니 뒷산 잠시 걷다가 돌아오는 길에 들르도록 하자." 마음 달래어서 산책길 접어드니 피어난 지가 제법 된 듯한 진달래가 함초롬히 빗물 흠뻑 머금고 고개를 내려뜨리고 있었다. 막 피어난 산수유는 뽀송뽀송한 모습이었다. 도연에게 진달래와 산수유꽃 이름을 기억에 오래 남게 하려고 안간힘을 쓰며 김소월의 시 〈진달래꽃〉을 낭송해 주었다.

갑자기 도연이가 "저는 봄이 제일 좋은데, 할아버지는 봄, 여름, 가을, 겨울 사계절 중 어느 계절이 제일 좋아요?"

"응, 나도 봄이 제일 좋은데, 사람에 따라서 서로 좋아하는 계절이 다를 수 있고 자기가 좋아하는 계절 하나만 있어서는 안 되겠지?"

"할아버지, 그러면 사람도 못살고 동물도 못 살고 꽃도 못 피지요."

"그래, 도연이 말이 맞아, 하나님이 천지 만물을 맨 처음으로 만드실 적에 사계절을 만든 이유가 거기에 있는 거야. 알겠지?"

"예, 그런데 할아버지, 저가 초등학교를 처음(개교, 입학이란 한자어는 익숙하지를 못해 사용하지 아니함) 갔던 날 선생님이 각자 소원을 말하라고 했어요, 제가 무슨 소원을 얘기했을까요?"
 "글쎄, 뭘 얘기했을까? 감이 안 잡히네."
 "저는요, 동생 채연이 말문 좀 빨리 트이게 되는 게 소원이라고 했어요. 다섯 살이나 되었는데도 말을 제대로 못 하니 얼마나 갑갑하겠어요. 자기도 갑갑하고 바라보는 저도 갑갑해요. 제대로 말을 못 하니 제 맘이 많이 아파요. 더군다나 가족이니 더욱 그렇잖아요?"
 "그래, 채연이에게는 가족이기도 하지만 세상에서 단 하나뿐인 동생이니까 더욱 마음 쓰고 사랑하는 맘으로 보호해 줘야지."
 '가족이니까 더욱 그렇잖아요?' 이 한마디 말은 초등학교를 갓 입학한 여덟 살 아이의 입에서 나올 쉬운 단어가 아니기에 나는 순간 깜짝 놀랐다.
 "도연아, 네가 빌고 있는 그 소원은 너만의 소원이 아니고 할아버지, 할머니, 아빠, 엄마, 큰아빠, 선우 오빠, 승연 언니도 함께 빌고 있는 우리 가족 모두의 소원이기도 해."
 "할아버지, 내 소원을 종이에 적어 비행기를 만들어 날려 보내면 하나님이 우리 소원을 좀 빨리 들어주시지 않겠어요?"
 "그럴 수도 있겠지. 그런데 하나님이 계시는 그곳이 너무 멀어서 날려 보낸 비행기의 글을 읽어 보시고 소원을 들어주실 때까지는 시간이 좀 걸리겠지만 도연이가 동생을 생각하는 맘이 너무 간절하고 지극해서 꼭 들어 주실 거야. 우리 가족이 함께 소원을 빌고 있으니 더욱더 빨리 들어주실 수도 있을 거야."
 또래의 아이로서는 도연이가 속이 깊은 아이라는 생각이 들었다.
 "할아버지, 하느님은 왜 사람 눈에는 보이지 않을까요?"
 "응, 하느님을 본 사람은 이 세상에서 아직까지는 아무도 없어, 하느님이 보이면 안 되는 건 내 생각인데, 아마도 보는 사람마다 일일이 그 사람들 소원을 다 들어줘야 하고 불쌍한 사람 다 구제해 줘야 하니 즉석에서 해결해 주어야 할 일이 너무 많아지므로 하느님이 피곤해서 견딜 수가 있겠니? 그래서 안 보이는 곳에 계시면서 사람들이 좋은 일 하는지 나쁜 짓 하는지 다 지켜보시면서 복도 주시고 벌도 내리고 그렇게 하시는 걸 거야."

도연이와 얘기하며 걷다 보니 제일 짧은 코스로 돌아와서 출발할 때의 약속대로 어린이놀이터에 들러서 가야 할 시간이다. "도연아, 빗방울이 커지니까 그냥 갔다가 비가 덜 오거나 그치면 그때 다시 오면 안 될까?"라고 물어봤더니 "약속은 약속이니까 일단 지켜야지요. 할아버지."

더 이상 할 말을 못 하게 하는 아이의 그 영특함이 기쁨으로 전이됨을 느꼈다. 꼼짝없이 놀이터 쪽으로 방향을 돌려 도착했다. 빗방울은 굵어지는데, 입구에 도착해보니 〈산수원 안내 수칙〉이란 입간판이 눈에 먼저 들어왔다. 도연에게 그 내용을 읽게 했다.

♧ 산수원 〈안내 수칙〉 ♧

『산수원은 눈으로만 보세요. 꽃이나 나무는 다칠 수 있으니〈통행〉에 주의하세요. 연못에 물고기나 개구리 등을 〈방생〉하지 마세요. 쓰레기를 〈투척〉하지 마세요. 산수원은 우리 아파트 〈입주민〉 모두의 자산입니다. 소중하게 〈다뤄〉주세요.』

이상의 내용을 읽으며 도연이는 "〈 〉" 안의 낱말을 읽으며 어둔함을 여실하게 드러냈다. 잘 읽어가다가 목에 가시 걸린 듯이 단어를 읽을 때는 더듬거렸다. 왜 그럴까를 잠시 생각해 보았다. 세종대왕께서 창제한 우리 한글이 아니고 한자어이기 때문이란 걸 쉽게 알 수가 있었다.

⟨안내 수칙⟩ → ⟨지켜야 할 일⟩로
⟨통행⟩ → ⟨오고 갈 적⟩으로
⟨방생⟩ → ⟨풀어 놓지⟩로
⟨투척⟩ → ⟨던져 넣지⟩로
⟨입주민⟩ → ⟨가족⟩으로

⟨다뤄⟩ → ⟨보호해⟩로 이렇게 우리글로 특히 놀이터 어린이들이 이해하기 쉬운 글 안내판을 세워 놓았으면 얼마나 좋았을까 하고 잠시 생각에 잠겼다. ⟨다뤄⟩는 순수한 우리말이나 문맥상 자산은 물건이 아니기 때문에 ⟨다루다⟩의 어원보다는 ⟨보호하다⟩의 어원이 맞다는 생각이 들었다.

나는 등산, 여행을 다니면서 한자어 투성이로, 아니면 문맥이 어색한 안내판을 맞닥뜨릴 때마다 당황스럽게 되는 경우가 허다했다. 오늘은 새로 이사한 동네에 그것도 어린 새싹들의 놀이터에 안내판 하나, 그 수준이 이 지경으로 한자어 투성이니 세계가 유일하게 인정한 대한민국의 ⟨나라 말⟩로써 세계문화유산으로서 그 가치가 무색하게 한다. 세계문화유산으로 등제된 위대한 우리 글(나라 말), 한글이 아직까지도 제 나라 국민들의 무관심 속에 중국 한자어 속에 끼어 신음하고 있는 지금의 현실, 그 자조스러움이 허상의 현실 정치 중국몽과 오버랩 되면서 비애에 젖어들게 한다.

오늘은 슬기로운 우리 손녀, 도연으로 인해 마음에 와 닿는 수필 한 편을 건져 올리고, 짧은 순간에 아주 사소한 문제의 주제들에 대해 깊이있게 사유해 보는 참 의미 있는 날이 되어서 기뻤다. 도연이와의 대화는 지금부터 시작이라는 생각에 희열이 밀려왔다. 이 철부지 아이의 생각이 어디까지일까를 짚어볼 수 있는 천우신조의 기회가 앞으로 당분간은 계속 주어질 수도 있겠다는 생각이 들었다.

도연이와 두 번째 대화 (2)

　어머니 봉양으로 고향집에 머무는 날이 더 많을 수밖에 없는 현실이다. 둘째 아들이 결혼해서 함께 동거한 지가 만 7년이 되어 손녀 둘이 태어나 맏손녀 도연이가 초등학교 입학을 하게 되니 부랴부랴 살던 집 물려주고 부모로서 분가를 하게 되었다. 막상 이사를 해놓고 나서도 부부가 함께 있을 수 없는 것은 고향에 어머니 봉양 일로 연중 거의 대부분 고향에 머물러야 하는 딱한 현실로서 아내의 독수공방도 당분간은 함께 이해하고 감내해야 할 현실이다.
　모처럼 문학동인회 선사인(善思人) 창간 동인지 발간계획 협의차 집에 잠깐 들렀다. 하룻밤을 자고 나니 전날 저녁부터 내리던 비가 오전에 그치고 아내와 며느리는 쑥을 캔다기에 도연이와 나는 뒷산길 산책에 나섰다. 진달래와 산수유 꽃이 드문드문 피기 시작했다.
　"도연아, 전번에 너와 함께 산책을 하고난 뒤에 할아버지가 쓴 일기를 엄마 보고 네게 읽어주라고 했는데-"
　"그저께 저녁 잠들기 직전에 엄마가 읽어줘서 잘 들었어요."
　"느낌이 어땠어?"
　"좋았어요. 저도 앞으로 어젠가는 일기를 써야겠구나 하는 생각하게 됐어요."
　"그래, 일기를 쓰게 되면 작문실력이 많이 늘어나게 되니까 꼭 쓸 생각을 가져보면 좋겠다."
　갑자기 도연이가 "할아버지 저가요. 동생 채연이 말문 터지게 해달라는 소원 말고 하나가 더 있거든요."
　"그래, 뭔데 얘기해 봐."

"할아버지는 제일 소중한 게 뭐라고 생각하셔요?"
"글쎄, 사람은 생명이 제일 소중한 거 아닐까"
"저는요, 행복이라고 생각해요."
"그래, 어떤 게 행복한 걸까."
"가정 화목이지요."

여기에서 나는 내심으로 깜짝 놀랄 수밖에 없었다. 여덟 살 아이 입에서 이런 단어가 거침없이 나온다는 게 놀라웠다. 행복이란 단어의 사전적 의미는 (1)복된 좋은 운수 (2)생활에서 충분한 만족과 기쁨을 느끼어 흐뭇해하는 상태라고 정의되어 있다.

이건 어린 아이 말의 진정성이나 똑똑함을 떠나서 발견되는 문제점을 직시해내야 하는 것이다. 왜 여덟 살 어린 아이 입에서 숱한 낱말 중에 행복이란 추상적인 단어가 튀어나왔을까를 신중하게 짚어봐야 한다. 큰 아들은 자식 남매를 키우면서 사소한 말다툼도 아이들 몰래 지하 차고로 내려가서 승용차 안에서 둘만의 할 일, 싸움(?)을 한다는 걸 들은 기억이 있다. 사소한 일 같지만 굉장히 중요한 얘기다. 그런 생각이 들게 한 건 나와 아내의 잘못이 크다고 생각되어 미안한 생각이 들었다. 돌이켜 생각해보니 어린 시절 아들 형제가 지켜보는 가운데 격하게 말다툼 한 게 한두 번이 아니었으니 큰 아이는 그 일을 반면교사로 삼아 저는 커서 결혼해 자식을 낳으면 제 자식들이 보는 앞에서는 절대로 싸움질은 않겠다고 속으로 다짐하고 맹세했으리라는 생각이 들었다.

여덟 살 손녀 도연이가 던진 화두 같은 말에 대한 그 답은 이제 부모가 대답해 주어야 하는 것이다. 우선 내 입장에서 할아버지로서 먼저 들었기 때문에 다음 산책 때는 내가 답을 주어야 한다. 어떤 답을 해주어야 하는가? 고민이 된다.

"도연아, 전번에 네가 내게 얘기한 첫 번째 소원은 〈행복-가정화목〉이기 때문에 엄마 아빠에게 내가 먼저 얘기 해주었다. 도연이 두 번째 소원은 아빠 엄마는 물론이고 할아버지 할머니도 도연이의 소원을 들어주기 위해 화목한 가정을 이루는데 서로 마음을 합쳐서 실천하기로 했으니 이제는 그 소원보다 더 좋은 세 번째 소원을 가지고 노력하도록 했으면 좋겠다."라고 말해 주어야겠다고 생각해 본다. 이를 계기로 플라톤이 주장한 행복에 대해 되새겨 본다.

'조금은 부족하고 모자라는 상태에서, 그 부족한 부분을 채우기 위해 노력하는 나날의 삶 속에서 행복이 있다'라고 했다. 즉 조금은 비워둬야 채울 수 있다는 게 플라톤의 행복론이다. 톨스토이는 강력하게 '인간은 행복하지 않으면 안 된다. 만일 어느 누가 불행하다면 그것은 그 자신의 죄다'라고 경고하듯이 정의했다.

도연이와 대화 (3)

 오랜만에 토요일 소래산 산책길 약 세시간 마치고 집에 들어서니 손녀 도연이가 저녁 짓고 있는 제 에미 옆에 달라붙어 아파트 단지 내 공원을 막무가내로 당장 가자고 졸라대는 중이었다.
 "아버님, 도연이 데리고 뒷 공원 좀 다녀오시겠어요?"
 "그럴게, 도연아, 할아버지랑 가자."
 날이 어두어둑 저물어 저녁 식사할 시간이니 공원 놀이터에는 사람은 아무도 없었다. 그네 좀 태워주고 시소 함께 타고 어느 정도 놀다가 함께 귀가하며 나눈 대화이다.
 "도연아, 앞으로 해 넘어가고 날 저문 뒤 캄캄한 밤에 놀이터 가자고 하면 숲속에서 귀신 나오니 조심해야 해"
 "에이, 할아버지 요즘 세상에 귀신이 어디 있어요?"
 "너 동화책 많이 읽었지? 거기 내용 중에 도깨비나 귀신 얘기가 많이 나오지?"
 "예, 그런데 할아버지는 옛날에 귀신 봤어요?"
 "못 봤지."
 "거 봐요, 그래도 책에 나오니까 옛날에는 있었는지 모르지만 요즘은 확실히 없어요."
 "그런데, 도연아, 옛날이나 지금이나 귀신은 사람 눈에는 절대 안 보이는 게야."

1950년 12월 흥남 철수 작전 회고

한국전쟁의 포화로 얼룩진 1950년 12월 흥남 부두, 중공군의 개입으로 전세가 역전되면서 미군과 한국군의 철수 명령이 떨어졌다. 그렇게 시작된 흥남 철수 작전의 막바지. 포위망을 좁혀오는 중공군을 피해 피난민들이 부두로 몰려들어 부두는 절체절명의 아비규환이었다.

이를 지켜보던 미군의 7,600t급 화물선 '메레디스 빅토리' 호의 선장 레너드 라루가 말문을 열었다. "(피난민들을) 많이, 최대한 많이 승선시켜라." 밀어닥치는 공산군에 붙잡혀 전쟁포로가 될 수도 있는 상황이었다. 하지만 라루 선장은 단호했다. "불가능할지도 모른다. 하지만 저들이 저기에 있지 않느냐." 그렇게 시작된 구출 작전은 계속되는 적군의 폭격을 뚫고 1만 4,000여 명의 피난민을 태우는 데 성공했다. 미 공군도 상공에서 기관총을 발사하고 네이팜탄을 투하하며 탈출을 도왔다. 기뢰를 뚫고 무사히 남쪽으로 항해를 계속해 크리스마스인 25일 마침내 거제도에 닻을 내렸고, 오늘날까지 〈메레디스 빅토리 호의 기적〉으로 기억되고 있다. 2004년에 '단 한 척의 배로 가장 많은 인명을 구한 세계기록'으로 기네스북에 등재되기도 했다.

이 기적을 이룬 주역 중 한 명이 당시 일등 선원이었던 '로버트 러니(81)'다. 라루 선장은 2001년 작고했다. 당시 20대 초반의 청년이었던 로버트 러니는 이제 백발의 노신사가 되어 한국을 방문해 감회에 젖으며 그 당시 상황을 이렇게 회고했다. "한국어로 계속 '빨리, 빨리'라고 외쳐만 댔어요. 한 명이라도 더 태우려는 생각뿐이었습니다."라고 했다. 그 당시 총승무원이 47명이었던 화물선은 갑판이며 화물칸이며 할 것 없이 삼시간에 1만 4,000여 명의 피난민으로 가득 찼다. "음식도 물도 의사도 전기도 없었죠. 하지만 사흘 후 무사히 거제도에 도착했어요. 이 피난민들은 공산주의에 대항해 자유를 찾겠다는 일념으로 모든 걸 희생하고 목숨을 걸고 탈출했던 겁니다. 노인들과 아이를 업은 여성들은 물론 동생을 업은 8세의 아이도 있었어요. 그 와중에 5명의 아이가 태어나는 일도 겪었지요. 피난민 중 여성 몇 명이 나서서 출산을 도왔죠. 결국 거제에 내렸을 땐 1만 4,000명 하고도 5명이 오히려 더 늘어난 사람들이 자유를 찾은 셈이 되었지요."

그는 그 당시 직접 촬영한 흑백사진을 보며 갑판을 가득 메운 피난민들을 가리키며 덧붙였다. "자유와 가족을 위해 모든 것을 희생한 피난민들이 진정한 영웅이었습니다. 흥남 철수는 절대 잊히지 말아야 하는 위대한 일"이라고 강조했다. 특히 라루 선장에 대한 감회가 깊었다. "당시 그런 결정을 내렸던 이유를 물었더니 '벗을 위해 목숨을 바치는 것보다 더 위대한 사랑은 없다'라고 답하더군요. 훌륭한 지도자였습니다." 라루 선장은 53년 휴전협정이 맺어진 후 고국으로 돌아가 가톨릭 베네딕트회의 수도사가 되었고 2001년생을 마감했다.

그는 마지막 말로 "지난 60년간 한국과 한국인이 이뤄낸 위대한 성공이 대단히 인상적이었으며, 여러 세대가 지났으니 아마 100만 명이 넘는 그 후손들이 살고 있겠지요. 전쟁을 겪어보고 드는 생각은 역시 평화가 가장 중요하다는 겁니다. 한국전쟁에서만 남북 양측을 합해 수백만 명이 넘는 사람이 죽었습니다. 이런 처참한 일은 다시는 일어나지 말아야죠."라고 말을 마쳤다. 미국 뉴욕주 변호사로

활동했던 그는 2006년 외국인으로서는 처음으로 재향군인회로부터 '향군대휘장'을 받았다. 지금도 미국 집에는 태극기를 걸어 놓고 있다고 했다.

이 내용은 내가 스크랩한 2008년 8월 16일 자 중앙일보 기사에서 발췌 정리한 것이다. 『흥남 철수 작전』은 6·25전쟁 때 중공군의 참전으로 유엔군의 전세가 불리해지자 병력과 피난민을 동해를 통해 철수시킨 작전이다. 당시 국군 제1군단과 미군 제10군단 병력 10만여 명과 피란민 10만여 명이 1950년 12월 12일에서 24일까지 함경남도 흥남항에서 총 193척의 선박을 이용해 부산과 거제도 등으로 이동했다. 12월 24일 미 해병대 제1사단의 마지막 부대가 흥남을 떠나면서 작전이 마무리됐다. 메레디스 빅토리호는 23일 흥남항을 떠났다. 앞서 11월 말부터 12월 초까지 미 해병대 1사단과 미 육군 7보병사단의 3만여 병력은 흥남 철수를 준비할 시간을 벌기 위해 얼어붙은 개마고원의 장진호 주변에서 중공군 제9병단 12만 병력의 진출을 막아냈다. 한국군 카투사도 함께 싸웠다. 이 과정에서 미군은 2,500여 명의 전사자와 5,000여 명의 부상자를 냈으며, 혹한으로 7,500여 명은 동상을 입었다. 미군은 이를 '초신호(장진호의 일본식 발음)전투'라고 부르면서 '미군 역사상 가장 긴장하고 고전했던 전투'로 기억하고 있다.

작금의 문재인 정부는 혈맹의 한·미방위 조약을 헌신짝 취급하고 역사적으로 절대 우방으로 대우해서는 안 될 친중 정책에 혈안이 돼 있으니, 미국뿐만 아니라 한국전쟁 참전 16개국에 대해서도 배은망덕의 나라로 낙인찍히고 자유우방으로부터 외교적 고립을 자초했다. 종북 주사파 무리에 삼권을 점령당해 패망의 나라로 추락해가고 있다. 역사를 바로 깨닫지 못하면 미래를 바르게 볼 수가 없다. 전교조의 교조적 역사관, 후진적 식민 사관이 후세대들을 세뇌시켜 퇴보와 배반의 역사를 답습할까 심히 두려운 생각이 드는 게 과연 나만의 기우일까? 정말 나라 꼴이 좌파들에 의해 삼권이 접수당해 초토화돼 가니 통분의 심경으로 잠 못 이루는 밤, 가위눌림 잠을 언제까지 자야 할까 시름을 놓을 수가 없다. 아! 금시일야방성대곡(今是日也放聲大哭)하며, 신(神)마저 포기한 완전 절망의 시간 25시(時)의 나라가 되지 않길 간절히 기도한다.

행복한 웃음 웃게 만든 님

일행들이 떠나고 난 뒤 냉장고를 열어보고 깜짝 놀랐다. 반찬통에 명찰이 붙어있는 게 아닌가. 아흔여섯 되신 노모를 혼자 봉양하고 식사 수발하고 있으니 내 처지가 하도 딱한지라 이를 배려해서 반찬 사 오고 장만해 주신 것도 황송한데 멸치볶음, 마늘종, 마늘장아찌, 고등어조림, 간장게장, 부추김치 등 견출지로 일일이 내용을 써서 반찬통에 붙여 놓았으니 그 세심한 정성에 감복하여 눈물이 핑 도는데, '냉장고 속에 명찰 붙은 반찬통 바라보며 내 눈에 눈물이 고이어 고드름 되어 맺혔다'라고 메시지를 보냈더니, 수신인께서 명찰 이름 잘못 붙여 울게 했으니 다시 써서 붙이고 웃을 수 있게 하겠다고 한다.

어떻게 다시 써서 웃길 거냐고 물으니
'저는 멸치볶음입니다.'
'저는 마늘종입니다.'
'저는 마늘장아찌입니다.'
'저는 고등어조림입니다.'
'저는 간장게장입니다.'
'저는 부추김치입니다.'

나는 "다시 써서 붙이기도 전에 벌써 다 웃어버렸으니, 반찬통에 명찰을 갈아붙인 것이나 진배없으니 이 즐거움을 기쁨으로 나누며 실컷 웃어보자"라고 했다.

오늘 하루도 이렇게 아름다운 소박한 동행(同行), 이래서 행복은 항상 사소한 것에서부터 비롯된다고 했던가. 남에게 베풀어 그로 하여금 미소를 짓게 만드는 건 배려하는 지극한 마음 대보살행의 공덕 쌓음이다. 하루하루의 삶을 만족의 미소로, 아름다운 배려의 공덕으로 자신의 선업을 쌓음은 약속된 환생 내생(來生)의 즐거움이 아니요, 지상에서 맛보는 천상의 기쁨이다. 나는 얼마나 내 가족을 웃게 해서 행복감을 주었던가, 내 주변을 웃음으로 행복감을 주었던가, 깊은 자성의 성찰로 자신을 한번 되돌아보게 만든 뜻깊은 날이 되었다.

효불효교(孝不孝橋)와 실천적 효

 뼈대 있는 가문이라고 어린 나이에 시집왔더니 초가삼간에 화전밭 몇 마지기가 전 재산이다. 정신없이 시집살이 하는 중에도 아이는 가졌다. 부엌일에 농사일하랴 길쌈 삼으랴, 저녁 설거지는 하는 둥 마는 둥 파김치가 돼 안방에 고꾸라져 누우면 신랑이 치마를 올리는지 고쟁이를 내리는지 비몽사몽간에 일을 치른 모양이다.

 아들 둘 낳고 시부모 상 치르고 또 아이 하나 뱃속에 자리 잡았을 때 시름시름 앓던 남편이 백약이 무효, 덜컥 저세상으로 가버렸다. 유복자 막내아들을 낳고 유씨댁이 살아가기는 더 바빠졌다. 혼자서 아들 셋을 키우느라 낮엔 농사일, 밤이면 삯바느질로 십여 년을 꿈같이 보내고 나니 아들 녀석 셋이 쑥쑥 자랐다. 열여섯 큰아들이 "어머니, 이젠 손에 흙 묻히지 마세요." 하며 집안 농사일을 시원시원하게 해치우고, 둘째는 심마니를 따라다니며 약초를 캐고 가끔씩 산삼도 캐서 쏠쏠하게 돈벌이하고, 셋째는 형들이 등을 떠밀어 서당에 다니게 됐다.

 세 아들이 효자라, 맛있는 걸 사다 제 어미에게 드리고 농사는 물론 부엌일도 손끝 하나 못 움직이게 했다. 살림은 늘어나고 일을 하지 않으니, 유씨댁은 몇 달 만에 새사람이 됐다. 새까맣던 얼굴이 박꽃처럼 훤해지고 나무뿌리 같던 손이 비단결처럼 고와졌다. 문제는 밤이 길어진 것이다. 베개를 부둥켜안아 봐도 허벅지를 꼬집어봐도 잠이 오지 않는 것이다. 그러다가 마침내 유씨댁은 바람이 났다.

범골 외딴집에 혼자 사는 홀아비 사냥꾼과 눈이 맞았다. 농익은 30대 후반 유씨댁이 한 번도 느껴보지 못한 남자의 깊은맛을 알게 된 것이다.

 삼형제가 잠이 들면 유씨댁은 살며시 집을 나와 산허리를 돌아 범골로 갔다. 어느 날 사경 녘에 온몸이 물에 젖은 유씨댁이 다리를 절며 집으로 돌아왔다. 개울을 건너다 넘어져 발을 삔 것이다. 세 아들은 제 어미 발이 삐었다고 약방에 가서 고약을 사 오고 쇠다리 뼈를 사다 고아줬다. 며칠 후 유씨댁은 발의 부기가 빠지고 걸을 수 있게 되자 또다시 아들 셋이 잠든 후 집을 빠져나와 범골로 향했다. 유씨댁은 깜짝 놀랐다. 개울에 다리가 놓여 있는 것이다. 세 아들의 작품이었다. 사람들은 그 다리를 효불효교(孝不孝橋)라 불렀다. 이승에 있는 어미에게는 효(孝)요, 저승에 있는 아비에게는 불효(不孝)인 것이다.

 이 이야기는 동국여지승람(東國輿地勝覽)에 기록되어 있으며 경북 경주시 인왕동에 있었던 신라시대의 다리(경상북도 사적 제457호 지정)다. 일명 칠성교로 불리기도 한다. 상기 고사를 상고해 보며 요즈음 자식들은 과연 부모님께 무슨 다리를 놓아줄 수 있을까를 생각하며 현대의 실천적 효(孝)에 대해 고찰해 보고자 한다. 현대는 핵가족의 시대다. 부모와 자식 간의 간격이 멀어져 소원해질 수 있는 각박한 현실 환경이기에 세심한 배려로 성심을 다해 부모님 봉양의 길을 모색해 가야 할 것이다.

 필자로서 〈효도의 근본〉은

*부모님께 걱정을 끼쳐 근심할 일을 만들어 드리지 않아야 한다고 생각합니다.

*궁색한 느낌 안 들 정도의 용돈을 정기적으로 챙겨드려야 합니다.

*간편한 생활용품(세탁기, 가스레인지) 목욕용품(샴푸, 로션, 타올, 손톱깎이 등) 갖춰드려야 합니다. 특히 값이 싼 물건으로 사드리는 건 지양해야 합니다. 기왕이면 자신이 쓰고 있는 수준의 품질로 공급해 드리도록 해야 양심이겠지요.

*수시 또는 날짜를 정해 안부 전화를 드리고 자주 찾아뵙도록 해야 합니다.

*부모님의 생일, 결혼기념일은 꼭 챙겨드려야 합니다. 결혼기념일은 두 분이 서로 챙기시도록 모르는 척하는 것도 경우에 따라선 좋을 수도 있습니다.

*부모님도 일 년에 한 번쯤은 휴가 겸 여행을 주선해 드려 늘그막에 젊어서 다녀온 아름다운 여행의 추억에 잠길 수 있게 해드려야 할 것입니다. 형편이 허락하면 모시고 가족이 함께 여행하는 것도 좋은 방법이겠지요.

*손자 손녀를 자주 볼 수 있게 해드려야 합니다. 결혼 후엔 자식보다는 손주들을 더 보고 싶어 하는 게 부모님의 마음이니까요.

*시간이 허락한다면 부모님을 모시고 등산과 목욕탕도 함께 다니며 대화로 소통의 장을 유지해 가도록 해야 합니다.

*부모님 정기 건강검진 수검도 체크해 드리고 연령대별로 필요한 혈압, 당뇨, 치매 등에 대한 건강보조식품도 챙겨드려야 합니다.

*부모님 평소의 취향을 살펴 독서, 바둑, 장기 등을 즐길 수 있는 환경을 조성해 드리는 것은 치매 예방에도 좋을 것입니다.

*현대는 장수(長壽) 세대인 만큼 연로하신 부모님에겐 상황에 따라 좌변기, 유모차, 휠체어 등도 준비해서 거동에 불편이 없도록 준비해 드려야 합니다.

  이상의 내용보다 더 세심하게 신경 써야 할 부분이 많겠지마는 평소 부모님께서 나이를 먹어 가면서 특히 가족으로부터 소외되는 서글픔과 외로움으로 왕따를 당한다는 느낌을 받지 않도록 그 심중을 헤아려 섭섭함이 없게 우선 배려해야 할 것입니다. 주자(朱子)께서는 인생을 살며 사람으로서 꼭 후회하게 되는 사례, 그 열 가지 중 첫 번째로 불효부모사후회(不孝父母死後懷)라고 했습니다. "생전에 불효하면 돌아가시고 난 뒤에 후회한다"라는 말씀이지요. 내가 늙어봐야 알 수 있을 부모님의 처지와 그 심경을 미리 헤아려 모신다는 게 쉽지 않은 일이긴 해도 천지간에 천륜으로서 결코 해태해서는 안 될 사람의 도리입니다. '인간은 만물의 영장'이라는 성(聖)스러운 이름에 걸맞게 마땅히 실천해 가야 할 참삶의 아름다운 덕목이요, 자성(自性)이 본래 어진 사람의 길(道)이라 생각합니다.
  (본 내용은 필자가 아흔여섯 되신 어머니를 식사 수발해 봉양하면서 그동안 해드린 것보다는 못 해 드린 게 너무 많았음을 뼈저리게 절감하며 쓴 글입니다)

수오지심(羞惡之心)과 견공오륜(犬公五倫)에 대하여

수오지심(羞惡之心)의 사전적 의미는 사단(四端)의 하나, 자기의 옳지 못함을 부끄러워하고 남의 옳지 못함을 미워하는 마음이다. 이 말의 연원(淵源)은 맹자의 사단 설(四端說)에 근거한다. 사단 설은 네 가지로 나누어지는데 첫 번째는 '남을 사랑하여 측은히 여기는 마음'인 측은지심(惻隱之心)이며, 두 번째는 '불의를 부끄러워하고 미워하는 마음'인 수오지심(羞惡之心)이며, 세 번째는 '양보·공경하는 마음'인 사양지심(辭讓之心), 네 번째는 '옳고 그름을 판단하는 마음'인 시비지심(是非之心)이다. 측은지심, 수오지심, 사양지심, 시비지심은 모든 사람이 공통적으로 가지고 있는 마음이다. 측은지심은 인(仁)이요, 수오지심은 의(義)이며, 사양지심은 예(禮)이고, 시비지심은 지(智)이다.

인간의 마음에 들어있는 네 가지 본성에 대한 맹자의 주장은 후에 사단칠정론(四端七情論)으로 확대된다. 맹자는 측은지심을 그 첫 번째로 꼽음으로써 인간에게는 태어나기 전부터 선천적으로 선(善)을 지향하는 본성이 있다는 성선설(性善說)이 탄생하게 되는 것이다.

견공오륜(犬公五倫)이란 삼강오륜(三綱五倫)을 무시하는 인간보다 나은 개들을 견공이라 높이는 말이다. 견공도 자기들 사회의 윤리를 꿰뚫고, 지킬 것은 지킨다는 얘기다. 사람은 가끔 삼강오륜을 무시하지만, 견공은 견공오륜을 어기는 일이 없다. 그래서 견공이 행동의 어느 부분은 사람보다도 낫다는 의미다.

(1)지주불폐(知主不吠)하니, 군신유의다.

　견공은 주인을 알아보고 철저히 받든다. 주인을 향해서 짖거나 이빨을 드러내지 않는다. 그러나 사람은 걸핏하면 웃어른께 대들기도 하고 악담도 한다. 우리나라 정치판은 더욱 그러하니 오죽하면 개판이라고 하겠는가.

(2)모색상사(毛色相似)하니, 부자유친(父子有親)이다.

　견공은 낳아준 어미를 닮는다. 사람들은 가끔 부모를 닮지 않으려고 애를 쓴다. 성형수술을 해서 얼굴은 물론이고 몸 체형까지 뜯어고치곤 한다. 견공은 결코 성형수술도 염색도 하지 않는다. 거꾸로 인간들이 견공들을 염색해 주는 경우는 허다하다. 일편단심 어미 닮아 모색상사다.

(3) 일폐중폐(一吠衆吠)하니, 붕우유신(朋友有信)이다.

　견공은 동료가 먼저 짖으면 일제히 합동으로 따라서 짓는다. 이게 견공 그들 사회의 의리다. 견공은 어려움에 처한 동료를 밟고 올라가지 않는다. 항상 도와주려고 한다. 그런데 사람은 동료가 어려움에 처했을 때를 기회로 삼아 뒤통수를 치기도 한다.

(4) 잉후원부(孕後遠夫)하니, 부부유별(夫婦有別)하다.

　견공은 새끼를 가지면 성생활을 기피해서 수컷의 접근을 거부한다. 철저하게 부부유별을 지킨다. 그러나 사람은 아마도 그렇게 철저하지 못할 것이다.

(5) 소불적대(小不敵大)하니, 장유유서(長幼有序)한다.

'견공 사회'에는 엄중한 위계질서가 있다. 작은 견공은 큰 견공 앞에서는 꼬리를 내린다. 먹이를 먹을 때도 이 순서 원칙은 지켜진다.

사람은 그렇지가 못하다. 사회생활 전반에 걸쳐서 장유유서의 예절이 지켜지지 않는 예가 허다하다. 특히 지하철 타고 노인들은 위치도 잘 봐서 서 있어야 한다. 서서 있더라도 노인석 위치에 가서 서 있어야지 젊은이들 앉아있는 좌석 앞에 서 있다가는 봉변당하기가 십상이다.

길게 쓴 이 글의 목적은 요즘 일어나고 있는 〈조모 씨의 사태〉를 바라보며 한 인간이 철저하게 견공보다도 못한 삶으로 추하고 사악하게 존재할 수 있다는 그 대표적인 표상을 바라보며 하도 신통해서 써본 것이다.

배려의 기쁨 (1)

 아침 출근을 해서 얼마 시간이 경과하지 아니 했는데 지하 1층 우리(서호빌딩) 건물 같은 층 지하에 임대해서 유도관을 하시는 관장께서 사무실에 아침 일찍 들렀다. 나는 임대 건물 관리자로서 유도관 안에 시설에 무슨 문제가 있는가 싶어 순간 가슴이 철렁했다. 몇 년 전에 장맛비 밤새 내리던 날 아침, 출근했을 때 관장님께서 사무실에 방문했을 때, 그 전날 밤 내린 비가 새서 유도관 매트리스가 다 젖었던 경험이 있었기에 가슴이 철렁했다.

 의외로 그런 건 아니고 대뜸 하는 말이 "건물 전면에 입주사 표시 간판 앞에 꽃과 잡초를 누가 뽑았느냐"고 질문해서 "내가 뽑았는데 뭐가 잘못 되었나요?"라고 반문하니 어떻게 왜 뽑았느냐고 또다시 질문을 하길래, "제가 뽑은 건 관장님 유도관 표식의 간판이 맨 아래 칸에 있어 몇 떨기 꽃과 잡풀에 가려서 안 보이기 때문에 뽑았지요. 그리고 제가 생각한 건 유도관 관장님께서는 자기 유도관 표식 간판이 점점 가려져 가는 데도 차마 피어버린 꽃과 잡풀 제거는 손수 못 하시고 물론 뽑아버리자는 소리를 더욱 저희 건물주에게 못 하고 계실 수도 있겠다는 생각에 제가 그리했습니다"라고 뽑을 때 그 순간의 감정을 진솔하게 얘기했더니 정말 감동했다는 얘기였다.

 건물 주인에게 자기 유도관 간판 밑 부분이 점점 더 가려지는데도 그까짓 꽃 몇 포기와 화양목 두 그루를 곁들어 뽑아내자는 얘기는 차마 할 수 없었다는 말을 들었다. "가을이 지나면 자연스레 해결될 일이라 생각하고 참고 견뎌보자고 속으로 다짐하며 말씀드리지 않았다"면서 세심한 배려에 감동했다는 얘기였다. 하도 말이 많은 갑질 논쟁의 사회 풍조에서 최소한 우리 빌딩에서는 그런 식의 논쟁으로 유세를 부리는 일 따위는 발생하지 않게 내가 만들어 갈 수 있다는 자부심에 기분이 아주 좋았다. 각박한 세태일수록 신선한 충격을 주는 일이란 게 아주 사소한 배려심에서 싹트게 된다는 것을 진지하게 느끼게 되는 순간이었다.

배려의 기쁨 (2)

　어제저녁 비바람이 세차게 불더니 새벽하늘은 언제 그랬냐는 듯이 쾌청한 날씨로 바뀌어 있었다.

　한국씨티은행을 IMF 시절에 그만두고 종친회 빌딩 관리업무에 종사한 지가 10여 년이 넘었으니, 습관적으로 오늘 같은 날은 평소보다 30분 정도는 일찍 출근한다. 지하 1층 종친회 사무실과 유도관, 한식당이 임대 영업을 하고 있기 때문에 누수 현상이 혹시나 발생했는지 지하 보일러실, 주차장 등은 출근해서 제일 먼저 돌아봐야 할 곳이기 때문이다.

　눈비가 몹시 세차게 내린 그 이튿날은 항상 평소보다 일찍 나가서 빌딩 전체 지하 3층에서 지상 5층, 옥상까지 살펴보는 일이 습관화돼 있기 때문이다. 예상대로 도로로 접해있는 1층 커피숍이 개업한 지 약 열흘 정도 되어서 축하 화분들이 크고 작은 약 20개가 베란다에 어제저녁 비에 모두 넘어져 있었다.

　주인이 어제저녁 창밖 베란다에 화분을 그대로 두고 퇴근했기 때문이다. 나는 큰 화분부터 일으켜 세우다가 순간적으로 마음을 바꿔 다시 원위치 상태로 환원시켜 놓았다. 순간에 생각을 바꾼 것이다.

　오늘 이 화분을 전부 커피숍 주인이 어제저녁 퇴근 전 상태로 돌려놓기보다는 현재 넘어진 이 상태를 유지해서 현장을 보게 함으로 다음에 어젯밤 정도의 비가 내리게 될 때는 어느 정도 상태로 화분이 넘어지게 되는지를 주인이 직접 봐서 알게 해야 하겠다는 생각이 순간적으로 들었기 때문이다.

입구 유리창에 간단히 메모를 남겼다. "사장님, 제가 원상태대로 치우려다가 그대로 둡니다. 왜냐하면 다음에도 어제저녁 수준의 날씨 일기 예보면 영업장 안으로 화분을 전부 이동시켜 놓고 퇴근하셔야 함을 일깨워 주기 위한 방편으로 그런 것이니 이해하시길 바랍니다. 다행히 화분이 깨져서 다친 건 하나도 없군요. 오늘도 힘차게 화이팅 해요. 빌딩 관리실 사무장 이병준 拜"라고 메모를 출입문 유리창에 붙여 놓았다. 스스로 생각해도 발상이 참으로 상쾌한 날이다. 배려는 상대를 기쁘게 하고 자신의 마음을 닦는 공덕이다. 경우에 따라서는 칭송을 받을 수도 있는 일이다. 선한 일이기에 그 손길도 스스로 아름다워지게 하는 인간 본성의 표출인 것이다.

백선엽 장군을 추도하며

백선엽 장군에 대한 추모와 애도에 한국보다 미국 정부가 더 앞장섰다는 것도 아이러니하다. 미 백악관 국가안보회의(NSC)는 이날 공식 트위터 계정에 애도 성명을 올려 "한국은 1950년대 공산주의의 침략을 격퇴하기 위해 모든 것을 바쳤던 백선엽과 다른 영웅들 덕분에 오늘날 번영한 민주공화국이 됐다"며 "우리는 그의 유산에 경의를 표한다"고 밝혔다.

NSC는 『부산에서 판문점까지: 한국군 최초 4성 장군의 전시 회고록』이란 제목의 백선엽 장군의 영문 회고록 표지 사진도 함께 올렸다. 로버트 에이브럼스 한미연합사령관 겸 주한미군 사령관은 서울 아산병원에 마련된 백 장군의 빈소를 찾아 거수경례로 조의를 표했다.

미국의 소리(VOA) 방송에서는 버웰 벨 전 주한미군 사령관(2006~2008년 재임)이 "백 장군은 미국 독립전쟁을 승리로 이끈 조지 워싱턴 같은 한국군의 아버지"라고 애도했다. 존 틸럴리 전 사령관(1996~1999년)은 "백 장군은 누구보다 부하를 사랑했던 지휘관"이라고 추모했고, 제임스 셔먼 전 사령관(2011~2013년)도 "그는 나의 가까운 친구이자 스승이었다. 한반도의 항구적 평화와 안보에 매우 헌신하고 신뢰받는 지도자로서 백 장군은 자유와 희생의 가치가 무엇을 의미하는지 잘 알고 있었다."고 했다.

빈센트 브룩스 전 사령관(2016~2018년)은 "그의 타계는 한·미동맹에 큰 손실이며 진정한 역사의 한 부분이 사라진 것"이라며 "그가 전쟁을 지휘할 때 그를 존경하며 함께 복무하다 먼저 떠난 전우들과 함께 영원한 안식을 얻기를 기원한다."고 말했다.

우리는 왜 이런 진정어린 조문과 멋진 조사를 할 줄 아는 대통령을 갖지 못했는가? 문재인 대통령은 고 박원순 서울시장과 백선엽 장군의 빈소를 찾지 않았다. 결과적으로 갈라진 조문 정국에서 어느 쪽도 택하지 않은 셈이다. 정치 지도자가 망자에게 예를 갖추는 방식은 그 자체가 정치적 메시지인데, 문 대통령의 이번 선택은 두 고인을 둘러싼 성추행 의혹과 친일 행적 논란을 고려해 기계적 균형을 유지한 것으로 무조건적인 중립으로 정부의 갈등 조정 기능을 사실상 무력화시켰고, 현 정부 철학이라고 내세우는 피해자 중심주의를 스스로 무너뜨린 행위다.

2019년 1월 일본군 위안부 피해자인 고(故) 김복동 할머니의 장례식에 참석한 문재인 대통령은 백선엽 장군의 구국 공로가 그만 못해서 조문하지 않는가? 삶은 소대가리라며 존경한다는 김정은이 눈치 보느라 조문도 못 하는 정체성이 불분명한 비겁한 통치자가 정말 수치스러워 이 땅에 살고 싶지 않다. 자유민주주의와 정의, 공정을 앵무새처럼 나불대는 허상의 대통령보다는 무너질 대로 무너진 정의와 공정을 행동으로 솔선수범하여 바로 세우는 통치자로서 제대로 품격을 갖춘 대통령의 참모습을 보고 싶다. 순국선열과 애국열사, 국가를 지키기 위해 순국 전사한 호국 장병들을 진심으로 존숭하는 국가관이 뚜렷하고 사명감이 투철한 대통령의 참모습을 보고 싶다. 대통령으로서 자질을 갖춘 애국 애족의 통치 철학을 모든 국민이 보고 싶어 하는 것이다.

그리움의 저편

오래전 포장마차에서 한 여인이 시 한 편을 건넸다. 서양화가였다. 그녀가 미국으로 떠나기 직전 송별회를 하느라 만난 자리였다. 소설가 윤진상 님 부부가 운영하는 목로주점이었다. 매콤한 부추전에 동동주가 몇 순배 돌고 분위기가 무르익자 그 여인이 낭랑한 목소리로 시를 암송했다.

첫 여름
하얀 달밤이면
난
그만 고백해 버리고 싶다
그대 내 사람이라고

키 큰 포풀러
바람에 흔들리고
수런수런 풀냄새
온몸에 젖어 들면
소리내어 부르면 큰일 날 사람
하드륵 향기로 터트리고 싶다.

그녀는 낭송을 마치자 노트 한 장을 쭉 찢어 연필로 꾹꾹 눌러 뭔가를 썼다. 그리고서 내게 주었다. 바로 '하드륵 향기로 터트리고 싶다.'로 끝나는 시였다. 이 시를 내게 덥석 맡기듯 건네고 다시 동동주 잔을 들던 그 모습이 아직도 선연하다. 그녀가 미국으로 떠난 지 30여 년이 되었으니 세월이 수월찮게 흘러갔는데 말이다.

그녀가 떠나고 난 뒤에 나는 이 시를 쓴 시인이 따로 있을 거라고 생각했다. 시집을 찾아 읽으면서 이 시를 찾으려 애를 썼다. 비슷한 스타일이라도 있을까 싶어 시집이란 시집들은 족족 찾아 읽었다. 끝내 찾지 못했다. 비로소 드는 생각은 이 시는 이민 가기 전에 그녀가 쓴 자작시가 아닐까 했다.

당시 나는 결혼한 몸이었고 그녀는 33세 정도의 나이로 정규 미술대학을 나온 과년한 숙녀였다. 그의 화풍은 아주 꼬장꼬장하기로 유명했다. 개성 있고 특별했다. 그의 성격만큼이나 쉽게 이해되는 사실적인 그림이 아니었다. 서양화 물감과 먹색이 아트지 위에 각자 제멋으로 도도히 어우러졌다. 문종이(한지·닥종이)로 붙이고 긁어내고 찢어낸 위에다 물감을 칠하고 뿌리고 문지르고 배색하여 작업을 해 낸 것들이었다. 극히 사실적이고 민숭민숭한, 여느 서양화와는 격이 다른 느낌이었다. 추상적이었다. 묘한 끌림이 있었다. 그녀가 첫 개인전을 열었을 때 팸플릿 표지화로 나온 그림을 그 시절 인연으로 거금 20만 원에 구입해서 지금까지 소장하고 있다.

미국으로 떠나기 이틀 전에 그녀가 자기 집으로 오라고 했다. 올 때 한글 서예 작품 대여섯 점을 가지고 오라고 했다. 서예 작품을 들고 그녀 집으로 갔다. 어림잡아 족히 50여 점 되는 자기 그림을 방바닥에 깔아 놓고 나를 기다리고 있었다.
그녀가 제의했다. 내 서예 작품을 자기에게 무조건 주고, 펼쳐놓은 그림 중에서 맘에 드는 작품 세 점을 골라서 가져가라고 했다. 미국에 가서 그림 공부를 계속하기는 어려울 것 같아 그림 좋아하는 사람에게 몇 점은 주고 가고 싶다고 했다. 또 내 서예 작품은 미국에서는 모국어인 한글이 그립게 될 것이고 특히 한글 시나 시조 서예 작품은 접하기가 쉽지 않을 테니 가져가고 싶다고 했다. 가끔 사람 생각이 간절하여 향수에 젖게 될 적에 한글 서예 작품이라도 쳐다보면 다소 위로가 되지 않겠느냐는 얘기였다. 처음 그날 그녀 집을 방문했던 나는 들고 갔던 서예 작품을 주고 그림 세 점을 들고 왔다.

아이엠에프 시절 나 혼자 서울에서 생활을 했다. 5, 6년 지나서 귀가해 보니 그때 받은 그림 석 점이 온데간데가 없었다. 집에서 간수를 제대로 못 하고 없애버린 것이었다. 지금 생각해도 너무나 가슴 아프고 안타깝다. 내 눈으로 골라낸 최고 수준의 명품 석 점의 그녀 그림인데 그것을 없애다니…. "무식이 사람 잡는다."라는 말은 이런 경우를 두고 하는 말 같아서 오래도록 잊지 못할 일이 되고 말았다.

부산에 사는 그녀의 언니가 그녀 소식을 전해주곤 했다. 미국으로 이민 갈 때 데리고 간 조카를 정성스레 키워 존스 홉킨스 의과대학을 졸업시켰다고 했다. 그녀 또한 일본인 2세인 세무 회계사와 결혼해서 슬하에 딸 하나를 두고 행복한 생활을 누리고 있다고 했다.

아름다운 인연의 분홍색 끈이라 생각했다.

첫 여름 하얀 달밤이면 진한 천리향처럼 미련의 향기가 마음 밑바닥을 감돈다. 이 세상에 없는 친구인 양 넘겨버리기엔 너무나 애처로운 그리움의 파편이다. 곱게 갈무리해 둔 보랏빛 추억이다. 내내 궁금하다. 노트를 찢어 스케치하듯 연필로 급하게 문질러서 써주고 떠난 시의 내용이 어느 무명 시인의 마음인지 그녀 자신의 마음이었는지…. 그녀를 다시 만날 인연이 주어진다면 꼭 한번 물어보고 싶다. (2017.2.15)

우리 할아버지도 시인인데요

 오늘은 참 기분 좋은 날이다. 둘째 민우네 가족들이 집에 저녁 먹으러 와서 아녜스와 며느리 고부지간에 반찬 조리하고 아귀찜에 도연, 채연이 좋아하는 대패삼겹살을 구워 저녁 식사는 즐겁게 맛있게 먹었다.
 저녁 먹고 도연 어멈은 설거지를 하고 있는데 손녀 도연이가 내 방 책상머리에 와서 말을 건넨다.
 "할아버지, 어려운 부탁이 있는데요."
 "그래, 뭔데, 얘기해 봐."
 "할아버지가 쓰신 책을 우리 담임선생님께서 좀 빌려달라고 하시는데요, 제가 할아버지께 말씀드려서 그렇게 하겠다고 했거든요."
 "그래, 그건 어려운 것도 아닌데 빌려드리면 되지. 그렇게 하거라."
 "그런데 도연아, 선생님이 할아버지가 시인인 걸 어떻게 알았을까?"
 "공부 시간에 시(詩) 얘기가 나와서 제가 말씀드렸어요. 책도 내셨다고요."
 "아, 그랬구나, 도연이는 할아버지가 시인인 게 자랑스럽나요?"
 "예, 아무나 시인이 될 수 있는 건 아니잖아요, 저도 시를 쓰고 싶어요. 할아버지, 붓펜 주셔요. 저가 바로 써와 볼 테니까요."
 "그래, 한번 써와 봐라, 할아버지가 봐줄게."

감자야
감자야
누가
자꾸 널 부르네
보니까 아이들인 거야

갑자기
네가
힘들어 보여서
아이들이 자꾸만
널 부르고 있었던 거지.
　　- 감자 -

  글자 하나 안 고치고 행간 정리만 내가 했다. 초등 2학년 수준 아이의 동심에 잘 어울리는 훌륭한 시가 탄생했다. 감자가 땅속에서 얼마나 갑갑할까. 아이들이 힘차게 불러주면 행여나 감자가 힘을 내어 불쑥 뛰어나올 느낌의 순진무구한 동심의 시다. 정말 기뻤다.
  "도연아, 네가 시인이 된다면 큰아빠까지 우리 집안에 시인이 세 명 탄생하는 셈이니 희망을 가지고 열심히 노력해 보도록 해라."라고 칭찬해 주었다.
  담임 선생님께 빌려주는 문제는, 5년 전에 발간한 첫 작품집 〈내 마음자리에 그대가 머물고〉는 책이 여유분이 없을 뿐만 아니라 지금 보존하고 있는 책은 첫 작품집 출판 기념으로 영풍문고와 교보문고에 가서 직접 구입해 보존 중인 기념도서이다.
  "이 책은 도저히 드릴 수는 없으니 빌려드린다고 말씀드리고, 그

대신 작년 6월에 간행한 〈선사인 문학동인지〉 창간호는 몇 권이 남아 여유가 있으니 한 권 드린다고 말씀드려라"고 말을 전하면서 '인천 도림초등학교 2학년 4반 담임 한우정 선생님께 - 두산 이병준'이라고 서명하고 낙관 찍어서 도연에게 주며 '한 권은 드리고 한 권은 절대로 드릴 수가 없어 빌려드린다'는 당부를 하고 책 두 권을 봉투에 넣어 주었다.

도연이는 아주 기분이 좋아 의기양양한 모습이다. 제 소원을 이루었고 내일이면 할아버지를 자랑할 수 있어 뿌듯한 모양새다. 더군다나 〈善思人 창간호〉에는 〈손녀 도연이와 첫 번째 대화〉와 〈도연이와 두 번째 대화〉라는 제목의 수필 2편이 게재돼 있으니 도연이는 제가 수필 제목으로 등장한 것도 기쁘지만 담임 선생님께 맘껏 자랑할 수 있다는 게 여간 뿌듯한 게 아닌 게 분명하다.

아내의 말대로 책을 제 돈 들여서 출판한다는 건 참으로 돈 안 되는 짓임이 분명하다. 글은 쓰고 싶어 쓸 따름이지 별도의 이유가 따로 존재하는 건 아니다. 글 쓰는 게 우선 즐겁다. 나이 먹어가면서도 내 삶의 질과 품격을 업그레이드해 가는 멈출 수 없는 절대적인 작업인 것이다. 나는 하느님께 감사할 일이 많지마는 특별히 글 쓰는 재주를 주신 것에 대해 감사 기도를 자주 드린다.

인간의 삶에 있어 나태한 일상에 생기를 불어넣는 일이 글 쓰는 일보다 더 좋은 일을 아직은 발견하지 못했기 때문이다.

프랑스의 박물학자, 철학자인 뷔퐁(Buffon)은 아카데미 회원이 되어 입회 연설에서 "글은 곧 그 사람이다"라고 말했다. 이렇듯 글은 인격을 가진 하나의 인간이 그의 사상, 그의 감정, 그의 신조, 그의 행동, 그의 생활을 문자로 표현하는 하나의 수단을 말하는 것이다. (現代 文章論, 열화당, 1977.10.5. 발간 참조)

결혼기념일에 시각장애인을 만나다

　출근길이다. 아침 9시 30분경 1호선에서 5호선으로 환승해야하는 신길역에 내렸다. 이층 계단을 올라가서 한참을 걸어서 5호선 김포공항 방향 플랫폼에 막 다다랐다.
　누군가가 고함을 연신 질러대고 있었고 서서히 환승객들의 시선이 그 사나이 쪽으로 집중되고 있는 상황이었다. 나는 의아해서 무슨 일인가 싶어 그곳을 아주 빠른 걸음으로 접근해 보았다. 약 50대 정도 됨직한 남자분이 고래고래 고함을 질러대고 있었다. 앞을 못 보는 시각장애인이었다. 지팡이에 의지하고 서서 "말 좀 물어볼게요. 말 좀 물어볼게요." 계속 반복해서 그렇게 고함을 질러대고 있었다. 퍼뜩 살펴보니 뭔가 다급하게 물어보겠다는 뜻인 것 같았다.
　"예, 물어보세요."
　나는 순간 억하는 반응으로 맞대응이라도 하듯 큰 소리로 퉁명스럽게 답했다.
　"지금 여기가 신길역이지요? 5호선 전철 갈아타는 곳 맞지요?"
　"예, 맞습니다. 저도 그 방향으로 가니 잘됐습니다. 안내해 드릴게요." 하고 손을 잡아 드리려고 했으나 매몰차게 뿌리치고 내 팔목 소매를 바짝 잡고 따라왔다.
　한사코 손을 잡는 건 절대로 허용하지 않았다. 아마도 오미크론 시대이니만큼 최소한의 예의를 지키려는 의지 같이 느껴졌다. 나도 스스로 이해하고 구태여 손잡아주는 것은 삼갈 수밖에 없었다. 5호선 가는 방향으로 한참을 팔짱 끼고 걸어가서 상일동 방향과 김포공항 방향으로 갈라지는 곳까지 가서 그분이 가야 할 곳 상일동 방향

내리막 계단 입구까지 갔다. 조심해서 가시라는 작별 인사를 하고 나는 김포공항 방향을 향해 계단을 내려가면서 곰곰이 생각해 보았다. 간단하게 길을 몰라 물어보겠다고 그렇게도 고함을 지르고 있는데, 왜 "예, 물어보세요"라고 한마디 말을 그 누구도 못 해주고 혐오스럽게 무슨 동물원의 원숭이 보듯 그렇게 둘러서서 물끄러미 바라만 보고 있었을까? 하고 의문에 잠겨 들었다. 이 장면에서 문득 시 한 수가 생각났다. 파인 김동환 님의 시 〈웃은 죄〉이다.

지름길 묻길래/ 대답했지요/ 물 한 모금/ 달라기에/ 샘물 떠주고/ 그리고는 인사하고/ 웃고 받았지요// 평양성에/ 해 안 떠도/ 난 모르오// 웃은 죄밖에.
- 〈웃은 죄〉 시 전문

이 시는 어느 시골 우물가에서 벌어진 일이다. 지나가는 과객인 남정네가 우물가에서 새색시에게 가야 할 지름길을 물어봤고, 새댁은 아는 대로 가르쳐주고 그분이 고맙다고 인사하니 답례로 자기도 인사를 하고 웃고 보낸 것뿐이다. 그런데 그 일이 있었던 후 동네에 이상한 소문이 돌기 시작했다. 갓 시집온 새색시가 우물가에서 외간 남자와 정담을 주고받았다고 소문이 돈 것이다. 그래서 새색시인 여인은 평양성에 해가 안 뜰 수는 있을지 몰라도 자기는 과객이 고맙다고 인사를 하니 단순하게 웃고 보냈으니 그저 〈웃은 죄〉밖에는 없다는 강력한 부정의 말로서 시는 절정을 이룬다.

이 시(詩)는 배경에 깔린 스토리를 이해하지 못하면 당최 무슨 소리인지 이해가 잘 안될 것이다. 파인 선생의 대표적인 시다. 순간의 기지로 시각장애인을 안내하고 명시에 얽힌 배경의 스토리를 상기해 보며 근래에 보기 드물게 한가한 상념에 잠시 잠겨본 참 아름다운 날이다.

그러고 보니 오늘이 결혼 51주년이다. 아내가 메시지로, 결혼해서 근 반세기를 함께 살면서 고생한 얘기만 만지장상으로 아예 작정하고 카톡에다 늘어놓았다. 아뿔싸 휴대폰 달력에도 분명히 메모를 해두었는데 깜빡했다. 동암 지하철역에 내려 도저히 맨정신으로 귀가할 수 없어 홀로 순댓국에 소맥 한 병을 다 마시고 나와 바로 옆 꽃집에서 꽃다발 하나를 주문했다. 결혼 51주년이라고 했더니 정성스레 싸준다.

집에 가보니 아내는 온종일 기념일도 모르는 무심한 남편이라고 뽀드득뽀드득 이빨을 온종일 갈고 있다가 평생 처음으로 꽃다발 선물을 받고 조금은 어리둥절해하는 모습이다.

그동안 못난 사람 만나서 고생 많이 했다고 진심으로 사과하고 포옹도 하고 등 두드려 줬더니 종일 맺혔던 분노가 다소는 풀어지는 모습이다. 식사는 친구 만나서 한다고 문자 메시지로 거짓말 꾸며댔으니 물어보지도 않고 "이 꽃 얼마 주고 샀소?" 하고 대뜸 묻는다. 삼만 원인데 이만 원 줬다고 천연덕스럽게 거짓말을 했다. 남편 선의의 거짓말은 이런 경우에는 즉석에서 교묘하게 급조 생산될 수밖에 없는 것이다. 잘못하면 "이 비싼 걸 왜 사 왔느냐?" 더군다나 "내가 집에 항상 피어있는 꽃인데 뭘 이런 걸 사 왔느냐? 평소에 하지 않던 짓을 왜 하느냐?"고 닦달하고 대들기라도 하게 되는 날이면 속수무책인데 그런 불상사의 내 예상은 일어나지 않아서 다행한 결혼기념일이 되었다. 순수한 내 속죄의 고해성사로 무사히 넘어가는 결혼기념일, 하루가 또다시 이렇게 새로운 한 해(年)를 향해 보람찬 소망으로 발돋움하며 서로 마주 보며 오랜만에 환한 기쁨의 미소를 지은 날이 되었다.

독서에서 정도(正道)란?

　내가 보내준 〈善思人 문학동인지〉를 열심히 읽고 있다고 절친이 메시지를 보내왔다.

　그래, 친구야.
얼마나 열심히 읽고 있느냐
했더니
어제 저녁밥부터 시작해
오늘 아침 식사 후
지금까지 책 절반을 넘겼다고 한다.

"그래, 뭐가 보이더냐?"
"야, 임마야.
　글자가 보이니까 읽고 있지"
"내 말씀은 이놈아,
　그게 아니고
　글을 쓴 사람
　친구의 마음이 보이더냐
　이 말이다. 축구야."

"올바른 독서관은 글은 읽으면서
　글쓴이의 마음까지 볼 수 있어야 하는 거야"

내가 요양병원 가는 날에는 이렇게 하리라

　현대판 고려장, 노인 요양병원의 침상, 누구인들 피해 가고 싶지 아니하랴. 태어날 적 자성(自性)의 인간 모습은 꼭 같았지만 이승을 등질 때의 모습은 하도 천태만상이 되니 운명이니 팔자소관이니 하는 말이 아마도 이를 두고 생겨난 말인가 보다.
　나 역시 가까운 장래에 입문해야 할 대기병인 예비 후보로서, 만약에 때가 되어 노인 요양병원에 입원하게 된다면, 내 생각은 우선 노인 요양병원 침상에 들어가기 전에 욕심은 비울대로 다 비워버리고 다 내려놓은 진정(鎭靜)한 마음 상태로 입원하리라. 내 자리 침상이 배정되면 거길 아주 편안한 마음 상태를 유지하고 누워 지금까지 내 소중한 목숨 지켜온 그 창조의 깊은 의미를 되새겨 보며 오늘까지 연명하게 해주신 신(神)께 진정한 감사 기도부터 드릴 것이다. 그리고 날 낳아주시고 바른 사람 되게 평생 훈육해 주신 어머니 은혜를 묵상하며 사후의 세계가 있어 환생할 수만 있다면 신묘한 상봉의 장면도 상상해 볼 것이다.
　만약 환생이 주어진다면 나는 다시 인간으로 태어나서 날 위해 평생 100수의 삶을 고초 만상의 삶으로 살다가 떠나신 내 어머니의 엄마로 태어나 그 은혜 갚을 생각도 다시 해보는 황홀한 꿈속에 젖어 보리라.
　코리아, 1960년대 초근목피의 보릿고개 시절, 아름다운 청정지역 경북 봉화군 법전면 고향 명창골(明淸洞), 내 어린 소년 초등학교 시절의 추억을 반추해 보며 후회 없이 살아온 삶을 자축의 성찰로 숙고하리라.

초등학교 입학 전 훈장이신 조부(아호·춘호)님께 한문 사서삼경을 수학하던 시절로 돌아가 그 심오한 인문의 바다에도 침잠해 지나온 삶 전체를 관조해 보리라.

중고교 대구 학창 시절 도시락 여벌로 싸 와서 내게 나눠 주던 금란지교 우정의 친구, 그가 그때까지 살아 있어 내가 기억할 수 있다면 이보다 더한 행복은 없으리라.

1973년 육군 28사단 사령부 부관부 시절, 병영생활 중 군인이지만 군인 냄새 풍기지 아니하고 늦깎이 입대한 자식 딸린 아비로서 말단 졸병인 나를 군인 아닌 사회 사람처럼 예우해 주던, 나이는 나보다 아래지만 계급상 선배인 사수의 그 따뜻한 인품도 기억해 보리라. 나이 들어 중후한 품격의 지혜로운 생쥐 보살님과 향기로운 추억도 곱게 물들이며 노을 지는 창가의 낙엽과 함께 아름다운 기억으로 회상해 보리라.

예수님의 인류 구원의 생명 말씀 잠언, 고린도전서, 시편 등을 독송하며 인류를 구원하기 위해 십자가에 못 박혀 죽음 직전까지 아버지 하느님을 끝까지 부정하지 않고 믿으신 그 믿음과 보혈로 대속하신 그 분의 자비로운 사랑을 묵상하리라. 신의 아들로서 인류 구원의 메시아로서 광야에서 첫 깨달음, 인류 구원의 메시지 산상수훈, 그 심원한 깨우침의 큰 뜻도 새롭게 새겨보리라.

인간의 고(苦)를 멸하고 그 초극의 열반 무상정등각을 이루신 부처님의 무량한 자비의 말씀을 주야로 독송하며 초전 법륜의 경지, 대화엄의 바다에 침잠해 지나온 삶 전부를 되돌아보며 참회의 기도를 올리라. 짧게 남은 나의 일상을 묵상하며 대보살의 길 수행의 공덕으로 닦아 가리라.

내가 베푼 공덕보다는 받은 공덕을 새기고 행여나 나를 내세우고 남을 소홀하게 한 일은 없었는지 회개하리라. 잊을 수 없는 죽마고우 단 한 사람의 이름, 그 영상을 가슴에 간직하고 새기리라. 엄마같이 누나같이 그냥 나이 많으신 선배 같은 멘토, 삼생의 소중한 인연의 님, 영혼으로 품어 갈 수 있게 주야로 묵상하며 기도하리라. 일생동안 알고도 짓고 모르고도 지은 죄업에 대해 참회와 속죄의 기도를 올리리라. 육신의 껍질 허물 다 벗어놓고 떠나야 하는 길, 다시 태어난다면 또다시 인간으로 태어나야 할까 고민도 해 봐야 하리라. 차라리 죄짓지 아니할 한 포기 능소화꽃이면 어떠랴. 한 마리의 매미나 잠자리 꿀벌이나 나비로 태어난들 또 어떠랴.
　이 모든 망상 속의 숙업(宿業)들을 어떻게 청정하게 비우고 대승 보살의 마지막 길(道), 무량한 부처님 대승 보살의 공덕을 선(善)하게 닦아서 이승을 떠날 수 있을까 주야로 묵언 정진 수행의 도리를 세워가리라. 그리하여 최후의 순간엔 무한한 우주의 품에 한 개의 소립자 원소로 선화(仙化)하여 영원히 존재하게 되겠지. 드디어 우주와 일체가 되어 내가 곧 우주요, 우주가 곧 내가 되는 신비한 경험을 하게 되리라. 환상의 꿈결이 어찌 이렇게 아름다울 수 있으랴. 깊은 사유와 묵상으로 죽음도 진주처럼 빛나게 닦아 가리라.

인사 한번 잘못, 평생의 한이 되다

아침 식사라고 밥 한 그릇, 국 한 그릇, 열무김치 한 접시이다. 나는 유독 반찬을 골고루 많이 잘 먹는 편이다. 아내에게 "자신이 좋아하지 않아도 건강에 좋으니 나처럼 그렇게 식사 습관을 바꿔보라"고 해도 막무가내다. 내 손으로 냉장고 문 열어 멸치조림과 깍두기 김치를 꺼내놓고 "배추김치는 없느냐?"고 하니 "썰어야 한다"라면서 소파에 가서 티브이만 보고 있다.

옛날 평생 고물 장수하던 아저씨가 어느날 고물에 신물이 나서 평생 직업을 접기로 마음속으로 작정하고 나니 그 아내도 고물인 양 여겨져서 받아주는 곳만 있으면 넘겨주겠다고 광고를 내어놓고는 자기는 기분이 아주 좋다 하며 막걸릿집에서 주인 아낙네와 노닥거리는 내용의 콩트를 읽은 적이 있다. 지긋지긋한 마누라를 고물값에 팔아넘기겠다는 소설적 발상이 재미있지 아니한가.

제일은행 재직 당시 새마을 교육으로 금융연수원 강당에서 교육받을 그때 들은 내용은 아직도 생생하다. 강사는 어느 시골 학교 교장 선생님 부인이었다. 남편 사별한 지 약 오 년 후 강의를 왔는데, 강의 제목이 〈인사할 적에는 세상을 하직하듯이 하라〉였다. 이분은 미망인으로서 금융연수원에 강사로 초빙되어 온 것이다. 내용은 가장 인사를 중요시하는 직장, 금융기관에 종사하는 직원으로서 들어야 할 내용이었다. 본인은 잉꼬부부로 소문이 날 정도로 다정다감한 부부였는데 오 년 전의 사별 그날의 사건 얘기가 강의의 주제였다.

어느 날 아침 출근하는 남편이 "여보, 잘 다녀올게요"라고 인사를 했는데 아내는 어제저녁 아주 사소한 일로 말다툼한 것 때문에 콧방

귀만 꿔고 토라져 뒤돌아 앉아버리고 대꾸도 하지 않았다. 그런데 그날 오후 퇴근길에 교통사고로 교직에 계시던 남편은 불귀의 객이 되고만 불행한 사건의 주인공이 자기라면서, 본인은 그 업보(業報)로 금융기관 등 유수의 대기업 연수원을 다니면서 인사 잘하기 초빙 강사를 하고 있다고 했다. 결론적인 주제는 〈인사할 적에는 항상 세상 하직하는 사람에게 하듯이 하라〉였다. 아침 출근길 부부의 인사, 남편이 직장에서 귀가했을 때 인사, 잠시 외출에서 돌아와서 집 어른께 드리는 인사, 직장에서 고객을 맞이할 적에도 똑같은 마음으로 하라. 모든 인사 예절이 다 중요하지만, 특히 고객의 존재는 내가 봉급을 받는 재원이 되니 더욱 철저하게 고마운 마음으로 인사해야 한다는 것이다.

그러면서 "그날이 이승에서 남편과의 마지막 작별 인사인 줄 알았으면 어떻게 출근길 인사를 안 받고 돌아앉아 버릴 수가 있었겠느냐"며 "자기는 평생 가슴에 뽑을 수 없는 대못을 박아 놓고 살 수밖에 없는 불행한 운명이니 연수생분들은 부디 저처럼 불행한 전철을 밟지 말고 제발 인사 잘해서 직장에서 오는 손님 발길 돌리게 하지 말고 가족 간에도 인사를 소홀히 해서 자기처럼 평생 빼지도 못할 못을 가슴에 박고 살지는 말라"라며 강의를 마쳤다.

지금부터 40여 년 전에 금융연수원에서 새마을 교육받은 내용을 상기하여 적어 보는 지금의 내 처지가 서글프다. 자괴감이 든다는 건 지금 이 기분을 말하는 것 같아 왠지 슬프다는 생각이 든다. 늙다리가 되면 센티 해진다고 하는데 내 맘이 약해져 쪼그라들었는가 하는 생각을 떨쳐버릴 수가 없다.

구공탄의 삶, 어머니의 삶

새까만 심장을 빠알갛게 불태워
조석으로 소신공양하던 널
요즘엔 보기도 힘든 시대가 되었구나.
어느 성자인들 너만 한 희생 치르려고
이 세상에 태어난 이가 있으랴.
하물며 인간이 아무리 희생한들
어찌 널 본받을 수 있으랴.
이 혼탁한 세상 악한 세태에
네 소신공양 그 한줄기 불꽃은
이 세상 모든 어머니의 삶일 것이다.
이승에선 자식 위한 한뉘의 삶
온몸으로 희생과 고난 눈물 감추고
때가 이르면 예고도 없이 눈 감으신다.

이승에서 한 때는 세상살이가 버거워
하늘이 까마득해져 보이지 않아 눈 감고
때로는 억장이 무너져 눈 감기도 한다.
이래저래 숯검댕이 되어버린 심장은
차마 보여줄 수도 없어 평생을 감추시고 사시다가
어느날 예고도 없이 홀연히 학처럼 날아 한세상 아니 오신 듯
그렇게 떠나시는 게 이 세상 모든 어머니의 삶이다.
자식이 자식을 낳아 그 자식이

고희를 넘기고도 제 어머니는 마냥 늙지
않으시고 그 자리에 정지해 머물러
계시는 줄 착각 속에 사는 이 세상은
아둔한 자식들, 청맹과니 저들만의 천국이요,
참으로 어리석은 착각 속의 요지경이다.

樹欲靜而風不止 [수욕정이풍부지]
子欲養而親不待 [자욕양이친부대]
　나무는 고요히 있으려하나
　바람이 그치지 아니하고
　자식이 봉양하려고 해도
　부모는 기다려주지 않더라.

　라는 풍수지탄(風樹之嘆)의 아주 오랜 옛글의 말귀를 왜 인간의 자식들은 제대로 알아듣지도 못하고 일찍 깨우치지도 못하는 걸까? 이승을 하직할 적에 범벅이 된 눈물 양동이로 쏟아낸들 낙엽 한 잎의 가치보다 못 한 허망한 짓인 것을 인간은 곰보다도 더 미련한 곰탱이로 살길 왜 자청(自請)하는가?
　아흔여덟의 어머니를 요양병원에 모셔두고 지나온 시간에 대한 참회와 아픔은 결코 자정(自淨)도 치유도 안 될 일이란 걸 절감하게 되니 시간이 흐를수록 더욱 가슴만 아파져 오는 느낌이 절실하다. 이승에서는 결코 떨쳐버릴 수 없이 안고 살다 가야 할 숙업(宿業)이기에 걱정도 기가 막히니 허망한 넋두리 밖에 나오지 않는다.

잊지 못할 그리움의 향수

죽어서도 그리울 보금자리 내 고향, 봉화
새록새록 살아나는 추억 속의 향수
출생에서 성장까지
삼강오륜 지킨 참 효의 실천
조부모님, 아버지와의 사별
사랑방 서당 학동들 글 읽던 소리
훈장이신 조부님 수염 가다듬는 손길
솔바람에 휘날린 송홧가루 노오랗게
내려앉는 사월 고향집 사랑마루

휘영청 밝은 달밤
고송에 매어달린 달항아리
찌는 듯한 한여름 대낮에 내리는
소낙비같이 청량한 매미 소리
밤새 울어 예던 뻐꾸기 울음소리
지극으로 서러워도 천생
문둥일 수밖에 없는 천형의 시인
한하운님 시(詩) 속의 개구리 울음소리
어미 품 떠난 올챙이 헤엄치는 소리
장맛비 흠뻑 맞으며 두꺼비 기어가는 소리
젖 뗀 송아지 제 어미 찾는 소리

송홧가루 흩날리는 윤사월
서른한 살의 어머니 청상으로 살게 해놓고
이승에 호올로 남겨두고 무정하게
피안의 세계로 떠나신 아버지 기침 소리
한밤중에 울 어메 속옷 갈아입는 소리
솥적다솥적다 소쩍새 울음소리
연잎 그늘 아래 붕어들 입맞춤 소리

동짓달 기나긴 밤
가위눌림 잠 주무시는 우리 어메
허번(虛煩) 앓는 깊은 한숨 소리
뒷산 밤나무꽃 뿜어내는 정액 내음새
벼 이삭 위 떠도는 참새 떼들 재잘거림
밀짚모자 길게 눌러쓴 허수아비
땡볕 긴 여름 온종일 참새에 시달리다
졸음에 겨워 긴 하품하는 소리
빨랫줄 위 고추잠자리
제 세상인 양 우주를 유영하는
아, 꿈속의 내 고향 추억의 보물 창고
사라진 반딧불이 그리워지는 계절

사랑방 할배 옆에서 잠자다가
요 위에 오줌 싸서 지도 그려 놓고
새벽녘 살짝이 안방으로 도망가
엄마 품속 찾아 젖 만지던 어린 시절

이젠 그 안방에 홀로 가부좌 트신 울 어메
사슴 같은 슬픈 눈망울 하고서
망연히 먼 산 바라보는
아흔일곱 무망(無望)의 세월
눈은 뜨시고 숨만 쉬시는 부처님 되셨으니
좌탈입망 하실라 노심초사 못내 두렵다.

세상 번뇌 홀로 감당하는 비로자나불처럼
저 모진 한생 삶의 낙일(落日), 그 여일(餘日)이
며칠이나 남았으랴. 세상에서 가장 슬프고 아플
단장의 이별 어이 감당하랴

보내고 나면 가슴 쓸어내리는 가눌 수 없는 슬픔
내가 나를 영결하는
이승의 마지막 그날에는
내 가슴 속에 어머님 모습
영정으로 곱게 거두어 가야지
그 시절의 하 많은 추억도 함께.
(2021.7.31)

청정한 마음, 부처님을 닮으리라

　연꽃 마음을 담고 싶었다.
　그렇다고 뻘흙에 발 담글 필요는 없다.
　이승의 이 지구가 온통 뻘밭인데 그렇다고 사람 맘이 다 뻘밭일 수 있겠는가.
　인간의 천품(天稟) 자성(自性)이 어찌 뻘흙이라고 물들겠는가. 하늘에 먹구름이 잠시 새까맣게 끼였다 해서 얼굴을 찌푸리겠는가. 내 마음 속 티끌도 마음 따라 끼였다가 사라지곤 하는 것을.
　길섶에 외롭게 핀 상사화, 그 애련한 모습에 잠시 발길 멈춰 바라볼 줄 알고, 열반에 든 토룡 대감 장례 치르는 불개미들의 긴 상여 행렬 앞에 잠시 발길 멈추고 예를 갖추어 합수(合手)하고 명복을 속으로 빌며 지켜보다가 경건하게 조문하고 지나간다고 그게 어찌 인간으로서 부끄럼이 되겠는가.
　허공을 자유자재로 유영하다가 그 허공을 잘못 짚어 아스팔트 위에 거꾸로 발랑 나자빠져 누워, 다리는 하늘을 향해 바둥거리고 날지 못하는 매미를 고이 집어 들어 가로수에 살짝이 붙여주었더니 삽시간에 제 갈 길 짚어 창공을 날아 사라진다.
　제발 다시는 실족해서 아스팔트 위에 드러눕지 말고 천수를 누리라고 매미 날아간 하늘 향해 합장 기도를 했다. 아흔여덟 살 어머니 침상 옆에서 합수하여 내 어머니 백수 채워주시라고 하느님께 비는 마음과 똑같은 마음으로 기도했다.
　오늘은 토룡(土龍) 대감 장례식에 예(禮)를 갖춰 조문했고, 자연사하지 못하고 요절할 뻔한 가성(歌聖) 매미의 목숨 구해줘 구명(救命)

보시 베풀고 나니 내 눈이 개안이 된 듯 밝아지고, 내 마음 하나 다스려 청정해지니 열반 극락세계 환희심으로 이승을 청정법계로 내 마음이 만들어 내는구나.

이 땅도 본디 청정한 광대무변 부처님의 무량한 자비 광명의 세계가 분명해지는구나.

프란치스코의 메시지에 답하다(아름다운 별에서 부활을 꿈꾸며)

절친 프란치스코가 보낸 메시지 글이다.
〈『황금 인생을 만드는 다섯 가지 富』라는 제목의 이시형 박사가 쓴 "人生內功"에서 '돈, 시간, 친구, 취미, 건강'이 다섯 가지 부자가 되어야 한다.
첫째 '돈부자'는 얼마나 가졌느냐가 아니고 얼마나 쓰느냐에 달려 있다.
둘째 '시간 부자'는 어느덧 인생의 2분의 1 아니 4분의 3이 끝났다. 쓸데없는 일에 낭비하여 쫓기는 시간 가난뱅이가 되지 말고 시간 부자가 돼라.
셋째 '친구 부자' 친구가 많은 사람은 인생 후반이 넉넉한 진짜 부자다.
넷째 '취미 부자'는 늘 생기가 넘친다. 즐길 수 있는 일이 있어 나날이 설레기 때문이다. 지금이라도 취미 부자가 되도록 해야 한다.
다섯째 '건강 부자'는 건강이 빈곤하면 위의 모든 것이 무의미해진다. 특히 다리부터 튼튼해야 한다. 나이 들면 여행을 가도 멋진 풍경이나 훌륭한 예술보다 의자부터 먼저 눈에 띈다. 일찍부터 건강재산을 쌓아나가도록 하라.
여기에 다음 일곱까지 '쾌'가 갖추어지면 더 바랄 것이 없다.
1. 쾌식, 2. 쾌변, 3. 쾌면, 4. 쾌뇨, 5. 쾌한, 6. 쾌승, 7. 쾌정(精).
유쾌하고 즐겁게 잘 먹고 잘 자고 변도 잘 보고 소변도 잘 보고 시원하게 땀도 잘 흘려야 되고 목소리도 카랑카랑하며 맑고 밝아야 하고 정력적이어야 된다는 의미다.

일찍부터 아니 지금부터 건강재산을 쌓아나가도록 합시다. "건강 부자"는 인생 후반에 가장 행복한 부자입니다. 오늘부터 우리 다 함께 행복한 부자가 됩시다.〉

- 이상의 내용에서 〈친구 부자〉는 좀 생각하고 고려해 볼 부분이 있는 것 같다. 괜히 내 시간을 아무 의미 없이 빼앗아 간다는 느낌이 드는 친구는 경계해야 할 것이다. 특히 노년에 패배 의식과 자조적인 사고에 젖어 인생 말년을 끝내려는 친구는 경계함이 서로가 좋을 거다. 그런 친구는 잠시 마주 앉아도 모든 일에 부정적인 시각과 방향으로 대화를 몰아가고 그렇게 끝내려고 한다.

형편이 충분한데도 베풀 줄 모르고 밥 한 그릇도 사지 않고 마냥 얻어만 먹으려는 친구 역시 마찬가지다. 짧게 남겨진 미래의 시간 서로 간에 정신적 성숙과 조언과 배려심으로 참사람으로서 우정과 품격의 향기가 느껴지는 친구라면 얼마나 좋은가. 어떤 종교이든 불문하고 한 가지 종교를 가지고 종교적 삶 속에서 실천적인 가치와 믿음을 추구하는 친구라면 가히 금상첨화가 아닐 수 있으랴.

내 스스로가 이 각박한 세태 속에서 참된 친구가 될 소양과 품격을 갖췄는지 스스로 자문해 보고 자성(自省)의 시간을 가져야 하리라는 생각이 절로 든다. 잠깐이면 지나갈 황혼 길, 독서와 걷기운동으로 평상의 건강을 유지하고, 지금부터 걷게 되는 내 삶의 마무리 길, 그 발자국엔 참사람의 향기가 묻어나는 아름다운 글을 창작해 가리라.

가끔은 지나간 시간 속에 침잠해 아름다웠던 추억을 회상해 보기도 하리라. 지금 당장 내 목숨 꽃 지더라도 나를 기억하는 이 세상 모든 분에게 참사람으로서 〈된 사람, 든 사람, 난사람〉으로 살다 간 절조의 시인이었다는 말을 내 죽은 뒤라도 듣고 싶다. 꽃이 제아무리 아름답다고 한들 사람보다 아름다우랴.

 아름다운 황혼길 노을빛에 영혼을 물들여가며 이승에서 마지막 불타오르는 잉걸불 사랑보다는 옛 시골집 화롯불에 군밤을 구워내는 듯한 따뜻한 미소와 엄마 마음 같은 넉넉한 배려심이 묻어나는 그런 낭만적 사랑도 꿈꾸며 살리라. 그리하여 내가 머물렀던 주변이 아름다웠고 내 가족들이 살가웠고 이웃사촌들이 정다웠던 추억들, 기억 속에 내장해서 신이 주신 내 육신의 겉옷은 기꺼이 아름다운 이승, 지구별에 남기고 내 영혼 내가 거두어 더 아름다운 별에서 부활하리라.

내 뜨락에서의 명상

아침에 일어나 창문 열어 햇살 한 줌으로 상쾌하게 세안하고, 나무들의 싱그러운 내음새를 마음 열어 담는다.
　우선 눈에 띄게 우뚝 선 소나무는 사철 푸르른 절조의 청청한 그 기상이 하늘을 닮아 늠름해서 보기에 으뜸이다. 한쪽 구석에 다소곳이 앙증스레 꽃 피우는 앵두의 수줍음 타는 모습이 낯가림하는 산골 처녀를 닮은 것 같다. 키 큰 소나무 아래에 자리해서 소나무의 큰 키가 부러운 듯 쳐다보는 벚꽃 나무는 맘껏 제철 만난 주인공인 양 의기양양 만개한 모습으로 화려한 몸치장에 웃음이 헤프다.
　꽃과 나무들은 서로 어우러져 그저 말없이 그윽하게 서로 바라만 볼 뿐 그야말로 이심전심으로 소통하며 정다운 이웃으로 살고 있으니 '덕불고 필유린(德不孤 必有隣)'이라는 공자님의 말씀이 무색하다. 쳐다보며 소나무의 키 큼을 시새움 하지 아니하고 솔바람 그 청량의 향기만을 호흡하는 벚나무, 소나무는 벚꽃을 내려다보며 그 키 작음을 낮춰 보지 아니하고 그 화사한 꽃모습을 부러워하지도 아니한다. 그 향기만 호흡하고 있으니, 그들의 사는 모습이 부창부수의 운우지정인들 어찌 이만할 수 있으랴. 대보살 부처님의 경지인들 어찌 이만한 이심전심의 경지에 이를 수 있으랴.
　벚꽃과 소나무, 앵두나무는 서로 간에 키의 크고 작음, 향기의 우열을 다투지도, 시새움도 하지 아니하니 과연 도인의 경지다. 차지하고 있는 땅에 대해 그 넓이를 욕심 내지 아니하니 다툴 일이 없다. 차지한 공간의 하늘 평수와 땅의 평수를 서로 간에 필요한 만큼만 공유하고 더 이상 욕심 부리지 아니하니 이 지상에서 수목만큼

도인의 경지에 이른 천품(天稟)을 발견할 수가 있겠는가.

 이 지구별 광활한 대자연의 품속에서 상상 가까이 매일 접하는 수목들의 세계를 관조(觀照)해 보며 세파에 물든 내 자성(自性)의 경계와 마음의 경지, 그 깊이와 넓이는 과연 어느 수준 품격의 정신세계에 머물고 있을까를 진중하게 성찰(省察)함으로 스스로 비워 겸손해지는 내 마음을 느낄 수 있다. (2018.4.7)

남의 단점을 함부로 말하지 말자

어떠한 경우에도 남의 단점을 말하지 않는 사람이 친구와 함께 길을 가다가 소 두 마리를 몰아 밭갈이하는 농부를 만나 물었다.
"두 마리중 어느 놈이 일을 더 잘합니까?"
그러자 농부는 일손을 멈추고 밭 한가운데서 그에게로 가까이 다가와서 귓속말로 말했다.
"예, 어린놈이 조금 낫습니다."
그까짓 것을 왜 귓속말로 하느냐고 묻자
농부가 대답했다.
"아무리 하찮은 짐승이지만 제 흉을 보면 좋아할 턱이 없지요."
실제 상황의 얘기가 아닐 수도 있겠지마는 이솝 우화처럼 시사하는 바가 크다. 비록 미물의 동물이지만 흉을 본다는 의미에서 사람이나 소나 동격으로 대우했다는 사실이 인간의 근본인 자성(自性)에 근거한 겸양의 품격에 찬사를 보낼만한 일이다. 예부터 '칭찬할 적엔 상대방 없는 데서 해도 무방하지만 흉을 볼 적엔 그 사람이 있을 때 하라'고 했다.
이런 품성을 지닌 사람이 많을수록 세상은 밝아진다. 침묵 속에는 평화가 있고, 애정이 있고, 말 없는 말이 있다. 그래서 침묵은 아름답다. 무언의 시간 속에 넘치도록 흐르는 침묵의 대화는 그래서 더욱 아름답다.
롱펠로우가 말했다. 인간이 새겨야 할 미덕 중에 세 가지의 침묵이 있다고 했다.
첫째는 말의 침묵, 둘째는 욕망의 침묵, 셋째는 생각의 침묵이다."
그야말로 죽비 같은 화두이다.

내 주례사의 일부

  당나라의 현종 황제와 양귀비의 지극한 사랑을 당나라 시인 백낙천은 이렇게 읊었다.
  "하늘에서는 비익조가 되게 하고 땅에서는 연리지목이 되게 해달라"
  비익조는 날개가 한쪽밖에 없어서 한쪽 날개로는 날 수가 없는 암수가 결합해야만 날 수가 있는 새를 이름이다. 부부의 운명은 비익조의 운명이다. 날개가 한쪽밖에 없어 혼자서는 결코 날 수가 없는 운명, 어쩌면 결혼하는 그 순간부터 한쪽 날개는 서로가 접고 살아가야 하는 아름다운 숙명이다.
  연리지목은 뿌리가 다른 두 개의 나무 중 한 나무의 가지가 뻗어 나가서 어느날 서로 합쳐져 한 몸이 되어 살아가는 나무다. 그 합쳐지는 과정에서 한 나무가 아파 쓰러질 적에는 자신의 영양분을 나눠주고, 버팀목이 되어주고, 기다려주며 그렇게 두 나무는 서로를 의지하며 꽃을 피우고 열매를 맺는다. 즉 한 몸으로 하나 되어 생명을 품고 살리고 길러내는 것이다. 연리지목이 더욱 감동을 주는 이유는 서로 다른 뿌리에서 자라 인내와 고통의 시간을 함께 견뎌내고 결국엔 상대방의 생명을 받아들이고 살려내는 고귀한 과정을 온몸으로 담아냈기 때문이다.
  〈행복한 부부〉란 처음부터 고칠 것 하나 없는 완벽한 남녀가 만나 흠 없는 행복한 결혼생활을 이뤄내는 것이 아니다. 뿌리가 다른 남녀가 서로의 다름을 인정하고 어려울 때 버팀목이 되어주며 그렇게 인내하고 기다려주는 시간을 거쳐 가정이라는 한 울타리 안에서 생명을 품고 키워낼 때 비로소 〈아름다운 부부〉가 되는 것이다.
  어제 둘째 아들(민우)의 결혼식 주례사 중 일부임. (2014.3.31)

불교적 세계관까지 통합한 교황의 메세지

 이 세상에 내 것은 하나도 없다. 매일 세수하고 목욕하고 양치질하고 멋을 내어보는 이 몸뚱이를 "나라고" 착각하면서 살아갈 뿐입니다.
 우리는 살아 가면서 이 육신을 위해 돈과 시간, 열정, 정성을 쏟아 붓습니다.
 예뻐져라, 멋져라, 섹시해져라, 날씬해져라, 병들지 마라, 늙지 마라, 제발 죽지 마라.
 하지만 몸은 내 의지와 내 간절한 바람과는 전혀 다르게 살찌고, 야위고, 병이 들락거리고 노쇠화되고 암에 노출되고 기억이 점점 상실되고 언젠가는 죽게 마련입니다.
 이 세상에 내 것은 하나도 없습니다. 아내가 내 것인가? 자녀가 내 것인가? 친구들이 내 것인가? 내 몸뚱이도 내 것이 아닐진대. 누구를 내 것이라 하고 어느 것을 내 것이라고 할 것인가요?
 모든 것은 인연으로 만나고 흩어지는 구름인 것을 미워도 내 인연 고와도 내 인연, 이 세상에서 누구나 짊어지고 있는 고통인 것으로 피할 수 없을 바엔 껴안아서 내 체온으로 다 녹여내야지요. 누가 해도 할 일이라면 내가 먼저 해야지요.
 스스로 나서서 기쁘게 일합시다. 언제 해도 할 일이라면 미적거리지 말고 지금 당장에 실행합시다.
 오늘 내 앞에 있는 사람에게 정성을 다 쏟읍시다. 운다고 모든 일이 풀린다면 하루 종일 울어야겠지요.
 짜증 부려 일이 해결된다면 하루 종일 얼굴 찌푸리겠습니다.
 싸워서 모든 일이 잘 풀린다면 누구와도 미친 듯이 싸우겠습니다.

그러나 이 세상 일은 풀려가는 순서가 있고 순리가 있습니다
 내가 조금 양보한 그 자리
 내가 조금 배려한 그 자리
 내가 조금 낮춰 놓은 눈높이
 내가 조금 덜 챙긴 그 공간

 이런 여유와 촉촉한 인심이 나보다 더 불우한 이웃은 물론 다른 생명체들의 희망 공간이 됩니다. 나와 인연을 맺은 모든 사람이 정말 눈물겹도록 고맙습니다. 가만히 생각해 보면 이 세상은 정말 고마움과 감사함의 연속입니다. - 프란치스코 교황 -
 -심오한 불교의 깊은 경지까지 언급한 프란치스코 교황님의 말씀이다. 종교를 초월해서 깊게 사유해 봐야 할 돈오(頓悟)의 법문 같은 말씀이란 느낌이 든다. (2014.7.31)

신비하고 절묘한 은유의 말씀

너는 네 우물에서 물을 마시며
네 샘에서 흐르는 물을 마시라.
어찌하여 네 샘물을 집 밖으로 넘치게 하며
네 도랑물을 거리로 흘러가게 하겠느냐?
그 물이 네게만 있게 하고
타인과 더불어 그것을 나누지 말라.
네 샘으로 복 되게 하라
네가 젊어서 취한 아내를 즐거워 하라.
그는 사랑스런 암사슴 같고
아름다운 암노루 같으니
너는 그의 품을 항상 족하게 여기며
그의 사랑을 항상 연모하라.
(잠언 5 : 15 ~ 19 절 말씀)

 이 말씀은 이미 결혼한 남편이 순결해야 함에 대하여, 샘(우물)이라는 신비하고 절묘한 은유의 비법으로 이렇게 아름답게 표현한 시나 말씀을 나는 읽은 적이 없다. 영롱한 詩語다.
 하느님의 말씀대로 네가 선택한 평생의 반려자인 배우자를 어떻게 하면 기쁘게 해줄 수 있을까에 초점을 맞추어 한눈팔지 말고 성심을 다해 섬기라는 참 진리의 말씀이라는 것을 인식하게 한다.
 (2014.8.13)

사명대사와 가등청정(加藤淸正)

가토기요마사(加藤淸正) 가 사명대사께
"조선에 보물이 있습니까?" 하고 물으니
사명대사께서 "보물은 일본에 있을 뿐 조선에는 없다."라고 대답했다.
"그게 무슨 뜻입니까?"
"지금 조선에서는 당신의 목을 베기만 하면 천금의 상을 받게 되므로 당신의 머리가 곧 보물인 것이며, 당신이 일본 사람이기에 보물이 일본에 있다는 것이다."

선조 27년(1594년) 4월 사명대사께서 울산 서생포에서 가등청정을 만나서 주고받은 대화의 일부로써, 그의 간담을 서늘케 하였으니 이는 오직 국가를 위해 생명도 초개처럼 생각한 스님의 호국정신이라 하겠다.

광복 69주년을 맞아 충무공과 함께 대한민국 국민의 한 사람으로서 올바른 길을 가지 못하고 있는 현 대한민국 국회, 애국과 정의를 망각한 주사파 사이비 국회의원들의 저질스럽고 비열한 의식구조와 매국 반역의 그 행태를 바라보며 이 참담한 시대를 참회하는 심경으로 되새겨 보고자 이 글 올린다.

(2014.8.15)

어느 노인의 마지막 유언

80세를 넘겨 산 한 부자 노인이 죽었다. 그는 재산도 많아 남부럽지 않게 살았다.

건강도 죽기 전까지 좋았고, 봉사활동도 많이 해서 사회적으로 명망도 어느 정도 받으며 살았다. 자녀도 서넛이나 두었는데, 모두 여유 있게 살고 사회적 신분도 좋았다. 그런데 그는 대부분 유산을 자신의 후취에게 주었다. 집에서 기르던 개에게도 상당한 액수의 재산을 남겼다. 자녀들에게는 별로 주지 않았다.

그러자, 자녀들이 이에 반발하고 나섰다.

다른 사람들도 어떻게 그럴 수가 있느냐며 그렇게 유언한 노인을 비난하였다.

"늙은이가 망령이 들었지."

"후처한테 쏙 빠졌던 거야."

"젊은 마누라 마술에 걸려든 거지."

"후취로 들어갈 때부터 꾸민 계략에 걸렸어."

특히, 기르던 개한테도 막대한 돈을 준 것에 대해서는 많은 사람들이 의아해하였다.

'자식들이 개만도 못하게 되었다.'라고 비아냥거리기까지 하기도 하였다.

그 노인이 70세가 넘어서 아내가 죽고 몇 달이 지나지 않아서 30대의 젊은 여자를 후취로 맞아들일 때도 사람들은 말이 많았다. 그때 그는 몸이 불편하지도 않았고, 옆에서 간호해 줄 만큼 병고로 시달리지도 않았다. 그러므로, 더욱 많은 사람이 입방아를 찧었었다.

"늙은이가 주책이지, 그 나이에 무슨 재취야." "아마 기운이 넘쳐나는가 보지?"

"그래도 그렇지, 어떻게 젊은 여자를 맞아들여."

"막내딸보다도 더 젊어요, 글쎄."

"재취를 하더라도 분수가 있어야지."

그러면서, 모두 젊은 여자가 틀림없이 재산을 노리고 들어간 그것으로 생각하였다.

지금 그것이 현실로 나타났다는 것이다.

하지만, 그들은 많은 나이 차이에도 불구하고 다정한 부녀처럼 서로 재미있게 살았다.

그렇게 그들은 10년을 넘게 살았던 것이다.

그런데, 80세가 넘어 죽은 그의 유서에는 자식들에게 주는 이런 내용이 들어 있었다.

"너희들은 나와 가장 가까운 나의 자식들이다. 그래서 너희들은 지금까지 오랫동안 내게서 많은 혜택을 받으며 살았고, 현재도 남부럽지 않게 살고 있다.

물론, 가장 많은 유산을 상속받을 자격이 있는 나의 혈육들이다. 하지만, 생각해 보아라. 내가 괴로울 때 누가 진실로 위로해 주고, 내가 아플 때 누가 지켜보며 함께 아파했었는가? 울적할 때 마음을 풀어주고, 심심할 때면 함께 놀아준 게 누구였더냐? 너희들은 아느냐?

예쁜 꽃 한 송이가 얼마나 즐겁게 하는가를. 정겨운 노래 한 가락이 어떻게 가슴을 뛰게 하는지를. 정(情)은 외로울 때 그립고, 고마움은 어려울 때 느껴진다. 그러므로, 행복할 때의 친구보다 불행할 때의 이웃이 더욱 감사한 것이다.

병석의 노인에게는 가끔 찾는 친구보다 늘 함께 지내는 이웃이 훨씬 더 고마운 것이다. 한창일 때의 친구들이 재롱을 피우는 귀여운 자식들이라면, 늙어서의 이웃은 내 어린 시절의 부모와 같은 분들이다. 그러므로, 나에게 있어서 너희들은 친구라 할 수 있고, 너희들의 젊은 계모와 검둥이는 내게는 부모와 같은 존재들이라 할 수 있다. 내가 왜 친자식인 너희들에게보다 나의 젊은 아내와 우리 개에게 대부분 유산을 물려주었는지를 이제 이해할 수 있을 것이다."

그러면서 그 노인은 이런 말을 덧붙였다.

"젊은 아내가 못된 계모로 살아도 내게는 가장 소중하고 고마운 분이다. 설령 유산을 노리고 들어왔다 하더라도 그가 내게 잘하는 이상 내게는 그것이 별로 문제가 되지 않는다. 다만, 그들이 내 인생의 가장 괴롭고 힘없고 외로운 마지막 시기를 살맛이 나게 해주어 위안받으며 살 수 있게 해주었다는 사실을 기억하기를 바란다. 힘없이 외로이 사는 노인에게는 어떻게 해주는 것이 가장 필요하며, 어떤 사람이 진실로 소중한 사람인가를 혈육들아, 다시 한번 깊게 새겨보길 바란다."

핵가족 시대인 현대의 각박한 세태, 각자의 팍팍한 삶 속에서 효(孝)의 개념 자체가 그 의미를 상실해 가는 시대이긴 해도 우리 스스로 심각하게 한 번쯤 당면한 이 시대를 살아가는 보통의 사람으로서, 효에 대한 참가치를 새겨보고 성찰해 보아야 할 금언(金言) 같은 교훈(敎訓)이다.

(2014.9.25)

한시 한 수를 감상하며 (1)

감옥소에서 주는 밥 / 우남 이승만

우거지 국은 비개인 뒤의 연못처럼 말갛거니,
똑같이 나누어 이 방 저 방 보내어 준다.
자리는 늘 젖어 있어 소반도 없이 먹자니,
반 사발로 배고픔을 채우니 차 맛은 항상 달다.
나물은 간을 하지 않아 끓인 바닷물 생각나고,
골라낸 돌은 단단해 남전의 옥을 떠올린다.
누렇고 파리한 얼굴빛으로 나누는 말들은,
추하고 거친 생각 않고 하루 세 끼나 달라하네.

♣官食 (한시 원문)
蔬羹淸如霽後潭, 齊分雙送各西南.
非盤猶飽菌常濕, 半椀當飢茶尙甘.
간粗無鹽思煮海, 採沙如玉憶耕藍.
滿顔苶色頭頭語, 不計醉荒願日三.

-건국의 아버지 우남 이승만 박사께서 수감생활 중 옥중에서의 느낌의 원작 한시를 국역한 것이다. 감옥소에서 제공하는 식사, 밥이 어떠했는지 실감하게 표출하였다.
-붓글씨가 명필이었으며 한시 또한 영롱하여 실로 명작이다. 철저한 자유민주주의 신봉자이시며 반공 애족 애국자이며 건국의 아버지

로서 지금 우리가 누리고 있는 자유민주주의와 시장경제를 바탕으로 한 국가 번영의 기틀을 닦은 분이다. 작금에 전교조의 왜곡된 역사 교육으로 공·과가 뒤집혀 폄훼됐으나 최근 역사 바로보기 운동 기운이 되살아나고 있어 그나마 다행하다는 생각이 든다.

 그때 그 시절의 님의 시 한 편을 아픈 마음으로 음미해 보며 건국 대통령으로서, 위인(偉人)으로서 그 위안(爲人)됨을 이 절체절명 혼돈의 시국에, 이 시대의 정신으로 다시 한번 되새겨보고자 한다. (2014.12.21)

한시 한 수를 감상하며 (2)

野雪 (들판의 눈)/ 山雲 李亮淵 詩

『1』
穿雪野中去 [천설야중거]
눈 밟고 들 가운데 걸어 갈 적엔
不須胡亂行 [불수호란행]
모름지기 어지러이 걷지 말아라.
今朝我行跡 [금조아행적]
오늘 아침 내가 간 발자국들이
逐爲後人程 [수위후인정]
마침내 뒷사람의 길이 되리니.

『2』
雪朝野中行 [설조야중행]
눈 온 아침 들 가운데 걸어가노니
開路自我始 [개로자아시]
나로부터 길을 엶이 시작 되누나.
不敢少위이 [불감소위이]
잠시도 구불구불 걷지 않음은
恐誤後來子 [공오후래자]
뒷사람 헛갈릴까 염려해서네.

이 시는 사명대사나 김구 선생의 시로 알려져 있으나 와전된 것이다. 山雲의 이 두 편의 시는 내용상으로는 거의 차이가 없다. 이 시는 내용상으로도 불승(佛僧)의 시라기 보다, 유자(儒者)의 시로 보인다. 들판에 눈이 수북하게 내렸다. 아침 일찍 어딘가 가야 하니 그 눈 위에 처음 발자국을 놓는 셈이다. 그것이 뒤에 오는 사람의 이정표가 된다. 내가 산 삶이 다음 살 사람에게 지침이나 본보기가 되는 것이다. 그렇다면 눈 속에 발자국이 금세 사라진다 해도 함부로 살 수 없는 법이다.

　山雲이 가는 길은 구름처럼 자취가 없다. 그러나 자취 없음이 의미 없는 방기(放棄)나 태만(怠慢)을 뜻하지는 않는다. 눈에 찍힌 발자국도 한세상 지나면 사라질 구름과 같은 것이다. 그러나 내 자취는 누군가에게 중요한 하나의 단서가 될 수 있다. 山雲의 발자국은 현실과 끊임없는 대치 속에서 이루어진 궤적이다. 그것은 때로는 슬픔을 때로는 고독을 노래한다. 그것이 발자국이 된다. 山雲은 아무것도 보이지 않고 말해주지 않는 눈 쌓인 들판에 길을 내듯 낯선 삶과 조우를 한다.

　『대동시선』에는 첫 번째 시 한 수만 실려 있고, 『임연당 별집』에는 두 수 모두 실려 있다. 『대동시선』에는 '逐爲後人程' 이 '逐作後人程' 으로 되어 있다.

　　*이양연님의 산운집 『눈 내린 길 함부로 걷지마라』에서 발췌한 글임

보이는 것만이 진실은 아니다.

 젊은 여인이 부끄럼도 없이 젖가슴을 드러내놓고 있고 거의 벗다시피 한 노인이 젊은 여인의 젖을 빨고 있다.
 바로크 미술의 거장 루벤스가 그렸고 지금은 네덜란드 암스테르담에 있는 국립미술관 입구에 걸려있으며 실화를 바탕으로 한 제목은 시몬과 페로(Cimon and Pero)이다.
 박물관에 들어서다가 이 그림을 처음 보는 사람들은 대개 당황스러워한다. 언뜻 보기에 딸 같은 여자(페로)와 놀아나는 노인(시몬)의 부적절한 애정행각을 그린 작품이라고 연상하면서 불쾌한 감정에 이입할 수도 있다.
 어떻게 이런 포르노 같은 그림이 국립미술관의 벽면을 장식할 수 있단 말인가. 그것도 국립미술관에. 그러나 그 나라 국민은 이 그림 앞에서 오히려 숙연해진다. 눈물을 보이기도 한다.
 커다란 젖가슴을 고스란히 드러내 놓고 있는 여인은 노인의 딸이요. 검은 수의를 입은 노인은 젊은 여인의 아버지다. 그림의 주인인 시몬은 푸에르토리코의 자유와 독립을 위해 싸운 애국자다.
 노인이지만, 국가에 대한 사랑으로 의미 있는 운동에 참여했다가 국왕의 노여움을 사서 감옥에 갇히게 된다. 국왕은 그를 교수형에 명하고 교수 될 때까지 아무런 음식도 갖다주지 않은 형벌을 내렸다. 음식물 투입금지, 노인은 감옥에서 서서히 굶어 죽어갈 수밖에 없었다.
 아버지가 곧 돌아가실 것 같다는 연락을 받은 딸은 해산한 지 얼마 되지 않은 무거운 몸으로 감옥으로 간다. 아버지의 임종을 보기 위해서였다. 그리고 아버지를 본 순간, 물 한 모금도 못 먹고 퀭한 눈을 하고 힘없이 쓰러져있는 아버지를 바라보는 딸의 눈에 핏발이 섰다. 굶어 돌아가려는 아버지 앞에서, 마지막 숨을 헐떡이는 아버지 앞에 무엇이 부끄러운가. 여인은 아버지를 위해 가슴을 풀었다. 그리고 붉은 젖을 아버지 입에 물렸다.

이 노인과 여인의 그림은 부녀간의 사랑과 헌신, 그리고 애국심이 담긴 숭고한 작품이다. 푸에르토리코인들은 이 그림을 민족혼이 담긴 〈최고의 예술품〉으로 자랑하고 있다.

하나의 그림을 놓고 어떤 사람은 '포르노'라고 비하하기도 하고, '성화'라고 격찬하기도 한다.

'노인과 여인'에 깃든 이야기를 모르는 사람들은 비난을 서슴지 않겠지만 그림 속에 담긴 본질을 알고 나면 눈물을 글썽이며 명화를 감상한다.

사람들은 가끔 진실의 본질을 알지도 못하면서 단지 눈에 보이는 것만으로 남을 곧잘 비난하기도 한다. 그러나 진실을 알면 시각이 확 바뀔 수 있음을 명심해야 한다.

사실과 진실이 항상 같은 것은 아니기 때문이다. 남에게 속는 것보다 더 힘들고 무서운 것은 자신의 무지에 속는 것이다.

자신의 눈에 속지 말고 귀에 속지 말며 생각에 속지 말아야 한다. 문득 이 그림이 주는 교훈이 오늘따라 가슴을 후비며 누군가에게 전해졌으면 하는 작은 바람도 해본다.

지식·학식도 사람 사는 이치도 사리 판단도 예의범절도 아는 만큼 보이는 법이다. 남의 글을 끝까지 읽어주는 것도 지성(知性)이다.
(2015.1.14)

우체국 창구에서 있었던 일

 오랜만에 특산물 주문장 두 장을 작성해서 가까운 우체국 창구를 찾았다. 순번 번호표를 뽑아 기다리다가 순번이 되어 상품 주문장을 창구에 접수했다.
 창구 여직원이
 "지금은 명절도 아닌데 이런 비싼 좋은 선물을 하세요?"
 "제주 옥돔과 안동 간고등어를 고향에 홀로 계시는 어머님께 보내 드리려고요."
 "어머님께서 행복하시겠어요. 알뜰히 챙겨 보내시는 아드님이 계시 니까요."
 "도시에 사는 자식들은 제 먹고 싶은 것은 값은 고하간에 다 사 먹고 살잖아요. 그런데 고향에 홀로 계신 어머님께서는 걷지를 못하 시니 시장 가시는 일 엄두도 못 내시고 끼니는 겨우 해 잡숫지마는 이렇게라도 보내 드려야 반찬 조림해 잡수시지요."
 참으로 부끄러웠다. 1년에 한 번, 아니 한 달에 한 번만이라도 진 지하게 고향에서 또는 원격지 고향에 기거하시는 부모님 생각을 진 지하게 생각하는 현대의 젊은 부부들이 얼마나 될까. 나 자신이 부 끄러웠다.
 우선 내 자식들도 할머니 챙기는 일은 아버지 몫이라 치부하는 경 향이 짙으니 이건 정말 내 자식에 대한 평소 일상에서 소양 교육이 잘못되었음을 절감한다.
 가족은 한 울타리 안에서 마땅히 아비는 부모를 섬기고, 또 그 자 식은 그 행실을 보고제 할 도리를 깨우치게 되는 이치이다. 비록 치국평천하(治國平天下)는 못 할지라도 상경하애(上敬下愛)의 가풍 속에서 반드시 수신제가(修身齋家)는 하고 살아야 한다는 게 내 생각이다. 그러나 현실은 그렇지 못해서 늘 평범한 일상 속에서 애만 태우는 안타까운 삶이란 생각을 지을 수가 없다. (2017.7.6)

목숨도 바꾸는 참 우정

당신은 진정한 친구를 단 한 사람이라도 가지고 있는가. 다음 세상에서 만나도 좋은 친구가 될 친구가 과연 있는가.

조선시대 광해군(光海君, 1575~1641)때 나성룡(羅星龍)이라는 젊은이가 교수형을 당하게 되었다. 효자였던 그는 집에 돌아가 연로하신 부모님께 마지막 인사를 하게 해달라고 간청했다.

하지만 광해군은 허락하지 않았다. 좋지 않은 선례를 남길 수는 없었기 때문이었다. 만약 나성룡에게 작별 인사를 허락할 경우 다른 사형수들에게도 공평하게 대해줘야 했기 때문이다. 그리고 만일 다른 사형수들도 부모님과 작별 인사를 하기 위해 집에 다녀오겠다고 했다가 멀리 도망이라도 간다면 국법과 질서가 흔들릴 수도 있기 때문이다.

광해군이 고심하고 있을 때 나성룡의 친구 이대로(李大路)가 보증을 서겠다면서 나섰다.

"전하, 제가 그의 귀환을 보증합니다. 그를 보내주십시오."

"대로야! 만일 나성룡이가 돌아오지 않는다면 어찌하겠느냐?"

"어쩔 수 없지요. 그렇다면 친구를 잘못 사귄 죄로 제가 대신 교수형을 받겠습니다."

"너는 성룡이를 믿느냐?"

"전하! 그는 제 친구입니다."

광해군은 어이가 없다는 듯이 웃었다.

"나성룡은 돌아오면 죽을 운명이다. 그것을 알면서도 돌아올 것 같은가. 만약 돌아오려 해도 그의 부모가 보내주지 않겠지. 너는 지금 만용을 부리고 있다."

"전하! 저는 나성룡의 친구가 되길 간절히 원했습니다. 제 목숨을 걸고 부탁드리오니 부디 허락해 주십시오"

광해군은 어쩔 수 없이 허락할 수밖에 없었다. 이대로는 기쁜 마음으로 나성룡을 대신해서 감옥에 갔혔다. 교수형을 집행하는 날이 밝았다. 그러나 나성룡은 돌아오지 않았고 사람들은 바보 같은 이대로가 죽게 됐다며 비웃었다. 정오가 가까워졌을 때. 이대로가 교수대로 끌려 나오고 그의 목에 밧줄이 걸리자 이대로의 친척들이 울부짖기 시작했다. 그들은 우정을 저버린 나성룡을 욕하며 저주를 퍼부었다.

그러자 목에 밧줄을 건 이대로가 눈을 부릅뜨고 화를 냈다.

"나의 친구 나성룡을 욕하지 마십시오. 당신들이 내 친구를 어찌 알겠어요?"

죽음을 앞둔 이대로가 의연하게 말하자 모두가 조용해졌다. 집행관이 고개를 돌려 광해군을 바라보았다. 광해군은 주먹을 쥐었다가 엄지손가락을 아래로 내렸다. 사형을 집행하라는 명령이었다.

그때 멀리서 누군가가 말을 재촉하여 달려오며 고함을 쳤다. 나성룡이었다. 그는 숨을 헐떡거리며 다가와 말했다.

"오는 길에 배가 풍랑을 만나 겨우 살아났습니다. 그 바람에 이제야 올 수 있었습니다. 자, 이제 이대로를 풀어주십시오. 사형수는 접니다."

두 사람은 서로를 끌어안고 작별 인사를 했다. 나성룡이 말했다.

"이대로! 나의 소중한 친구여! 저세상에 가서도 자네를 잊지 않겠네."

"나성룡, 자네는 조금 먼저 가는 것뿐일세. 다음 세상에서 다시 만

나도 우리는 틀림없이 친구가 될 걸세."
　두 사람의 우정을 비웃었던 사람들 사이에서 탄식이 흘러나왔다. 이대로와 나성룡은 영원한 작별을 눈앞에 두고도 눈물 한 방울 흘리지 않고 담담하게 서로를 위로할 뿐이었다. 교수형 밧줄이 이대로의 목에서 나성룡의 목으로 바뀌어 걸렸고 교수형이 집행되려는 찰나에 광해군은 사형 집행을 중지시켰다. 그리고 광해군이 의자에서 몸을 일으켜 높은 제단에서 두 사람 앞으로 걸어 내려왔다. 그리고 광해군은 바로 곁에서 보필하던 시중이 겨우 알아들을 만한 작은 목소리로 조용히 말했다.
　"부럽구나. 내 모든 것을 다 내어주고라도 너희 두 사람 사이의 그 우정을 내가 가지고 싶구나."
　광해군은 두 사람을 한동안 말없이 바라보다가 다시 제자리로 되돌아왔다. 그리고 큰 목소리로 말했다.
　"왕의 권위로 결정하노라. 두 사람을 모두 방면토록 하라. 비록 죄를 지었지만 두 사람이 조선의 청년이라는 사실이 자랑스럽도다"
　사형집행장에 모였던 원로대신들과 조선 백성들이 그때 서야 모두 환호성을 지르며 두 사람의 방면을 기뻐했다.
　시대는 바뀌고 세상은 변하여도 진리는 만고불변이다. 그러나 목숨과 바꿀 수 있는 우정이 과연 이 각박한 현세에도 존재할 수 있을까? (2017.7.7)

박정희 대통령 <대국민 담화문>을 오늘에 되새겨보며

박 대통령 재임시, 1969.10.10.에 발표한 담화문이다. 논리 정연하고 당당해서 좋다.
오리무중 내일을 종잡을 수 없는 혼돈의 현 시국, 미개한 후진적 정치 상황에서 관조해 보고 성찰해 볼 만한 가치가 충분한 담화문이다. 선임 대통령으로서 소임 완수, 그 자세와 기개가 어떠해야 하는지 가늠할 수 있는 소신과 확신에 찬 역사에 길이 빛날 명연설문이다.

"내가 해온 모든 일에 대해서 지금까지 야당은 반대만 해왔던 것입니다. 나는 진정 오늘까지 야당으로부터 한마디의 지지나 격려도 받아보지 못한 채 오로지 극한적 반대 속에서 막중한 국정을 이끌어 왔습니다. 한·일 국교 정상화를 추진한다고 하여 나는 야당으로부터 매국노라는 욕을 들었으며 월남에 국군을 파병한다고 하여 '젊은이의 피를 판다'고 그들은 악담하였습니다. 없는 나라에서 남의 돈이라도 빌려와서 경제건설을 서둘러 보겠다는 나의 노력에 대하여 그들은 '차관 망국'이라고 비난하였으며, 향토예비군을 창설 한다고 하여 그들은 국토방위를 '정치적 이용을 꾀한다'라고 모함하였고, 국토의 대동맥을 뚫는 고속도로 건설을 그들은 '국토해체'라고 비난하였습니다.
반대하여 온 것 등등 대소사를 막론하고 내가 하는 모든 일에 비방, 중상, 모략, 악담을 퍼부어 결사반대만 해왔던 것입니다. 만일 우리가 그때 야당의 반대에 못 이겨 이를 중단하거나 포기하였더라면 과연 오늘 대한민국이 설 땅이 어디겠습니까? 내가 해온 모든 일에 대해서 지금에 이 시각에도 야당은 유세에서 나에 대한 온갖 인신공격과 언필칭 나를 독재자라고 비방합니다.

  내가 만일 야당의 반대에 굴복하여 '물에 물 탄 듯' 소신 없는 일만 해왔더라면 나를 가리켜 독재자라고 말하지 않았을 것입니다. 야당의 반대를 무릅쓰고라도 국가와 민족을 위해 도움이 되는 일이라면 내 소신껏 굽히지 않고 일해온 나의 태도를 가리켜 그들은 독재자라고 말하고 있습니다. 야당이 나를 아무리 독재자라고 비난하든 나는 내 소신과 태도를 고치지 않을 것입니다.

  또 앞으로 누가 대통령이 되든 오늘날 우리 야당과 같은 '반대를 위한 반대'의 고질이 고쳐지지 않는 한 야당으로부터 오히려 독재자라고 불리는 대통령이 진짜 국민을 위한 대통령이라고 나는 감히 생각합니다. 1969년 10월 10일"

  - 우리는 일세기 미래를 헤아려 내다볼 줄 아는 혜안의 대통령, 참 애국 애민 정신이 무엇인지 제대로 통치 철학을 갖춘 대통령, 어떤 위기의 시대를 당면해도 전광석화 같은 국제적 외교 감각을 지닌 거시안적 지도자 대통령을 다시 만나는 꿈을 꾸면 절대 안 되는 걸까. 메모가 된 A4용지를 들고도 제대로 읽지도 못하는 대통령보다는 제대로 된 지혜로운 참 애국, 애민, 애족의 대통령은 품격이 어떠해야 하는지를 과연 박정희 대통령의 통치 철학은 어떠했을까를 되새겨보고자 이 글을 올린다. 솔직한 심중의 진실된 말로 국민을 설득할 줄 아는 지혜로운 대통령으로서 품격을 갖춘 한국 근대사에 위대한 대통령이다. 우리 국민 모두는 그런 대통령을 보고 싶어한다.

  (2014. 11. 3.)

내가 행복감으로 존재할 수 있는 이유

　비록 젊어서 자신에게 근검하지 못했으므로 미래를 위한 대비책을 제대로 세우지 못했고, 그 결과로 인해 현재 나의 삶이 비록 궁핍하고 곤궁하다고 해도 지금 행복감으로 자족의 마음으로 생존할 수 있는 것은
　첫째, 재물욕에 마음을 비웠다는 사실이다. 천성이 재물에 대해 욕심이 없어 평소 이재(利財)나 포트폴리오엔 무관심은 천성에 가까우니 재물욕으로 마음 가득 채울 일 없이 항시 비어 있는 상태라서 만족한다.
　둘째, 아들 둘, 며느리 둘, 손자 손녀 넷에 모두 건강하고 슬기로워 큰 걱정거리 안 만들고 잘살고 있어 혈육에 큰 근심이 없으니 이 또한 다행이다.
　셋째, 소망하던 내 문학작품집 〈내 마음자리에 그대가 머물고〉는 비록 만족스럽진 못해도 등단 10년 만에 첫 창작집으로 출판해 세계문학상 〈대상〉을 수상했으니, 그만한 내용이면 자족할 만한 느낌이다. 내용의 다양성과 정체성을 밝혔고 그래서 앞으로 내가 해야 할 일, 할 수 있는 일이 무엇인가 스스로 성찰해 보며 가야 할 길이 자명하게 인식되어서 다행하단 느낌이다. 앞으로 새로운 차원과 시각으로 사유하며 참신한 나만의 독창적인 문학세계를 업그레이드해 창조해 가야 할 일이다. 문학의 여정은 길고도 먼 고난의 여정이라 생각하고 더욱 정진해 갈 것이다.
　넷째, 부끄럽지마는 아직도 직장생활하는 재미를 맛보며 살고 있다는 사실이다. 약 10년간 근무 하다보니 변화 없는 일상이란 느낌

이 다소는 느껴지지만 종친회와 종사의 일이 우선 내 적성에 맞고 내 특성(특기)을 살려 종사(宗事)에 기여할 수 있어서 좋다. 또한 내 업무 내용이 인정받고 있다는 사실이 기쁨이요 즐거움이다. 아울러 문학 작가로서 주특기인 글짓기와 서예, 한문, 한시 국역 등 개인 취향의 활동을 병행할 수 있다는 사실, 또한 여간 다행하고 행복한 일이 아닐 수 없다.

다섯째, 아흔셋 되신 어머님이 고향에 연세에 비해 비교적 건강하신 모습으로 생존해 계시니 자식으로서 이보다 더한 기쁨과 행복이 어디 있으랴. 그래서 아직도 자식으로서 참 효도의 덕행을 어떻게 이행해야 하는지를 항시 생각하며 살 수 있음이 참으로 행복하다.

여섯째, 내 어머님의 그 엄청난 고난의 일 세기, 그 기나긴 한뉘의 생애를 절실하게 이해하고 존경하는 구루와 랍비 같은 대보살을 도반 같은 누님으로 맞이해서, 인간으로서 기본 도리와 처신으로 최소한의 자비 공덕 큰 사랑 실천이 어떠해야 하는지를 인식하고 수행의 마음으로 함께 닦아 간다는 것이 참으로 부처님의 기이한 인연법에서 연유한 듯 신비롭고 기쁘다.

인간사 자체가 일체유심조의 심법(心法)에 따라 살아지는 일이니, 다행 불행도 내 마음에 따라 느껴짐이요, 고락(苦樂)도 그때 한순간 자신의 마음 먹기 여하에 달린 것이니, 하루하루 맞닥뜨리게 되는 현실의 현상을 환희심으로 느껴 즐겨 살아갈 일이다. 이제는 내 삶의 마무리 준비도 새겨보며 일상을 성찰과 관조로서 지혜롭게 밝혀 가는 '사유하는 삶'을 적극 지향해 가야 할 것이다. (2017.7.23)

믿음과 의심의 경계

 사람은 믿음과 함께 젊어지고 의심과 함께 늙어간다고 한다. 이 말에 가장 잘 어울리는 예화가 있어 소개한다. 조선조 허목의 도량과 송시열의 담대함에 관한 이야기이다.
 조선 후기 효종 때 당대의 두 거물 정치인으로 명의이자 영의정을 지낸 남인(南人)의 거두 허목(許穆)과 학자이며 정치가이기도 한 효종의 스승인 노론의 영수(領首) 송시열(宋時烈) 사이에 일어난 실제의 이야기다. 당시에 이 두 사람은 아쉽게도 당파로 인해 서로가 반목하며 지내는 사이였다. 그러던 중에 송시열이 큰 병을 앓게 되었는데 허목이 의술에 정통함을 알고 있던 송시열이 아들에게 "비록 정적일 망정 내 병은 허목이 아니면 못 고친다. 찾아가서 정중히 부탁하여 약방문(처방전)을 받아 오도록 해라"하고 아들을 보냈다.
 사실 팽팽하게 맞선 당파에 속한 허목에게서 약을 구한다는 건 죽음을 자청하는 꼴이었다. 송시열의 아들이 찾아오자, 허목은 빙그레 웃으며 약방문을 써 주었다. 아들이 집에 돌아오면서 약방문을 살펴보니, 비상을 비롯한 몇 가지 극약들을 섞어 달여 먹으라는 것이었다. 아들은 허목의 못된 인간성을 원망하면서도 아버지 송시열에게 갖다주었다. 약방문(처방전)을 살펴본 송시열은 아무 말 않고 그대로 약을 지어오라고 해서 약을 달여 먹었는데 병이 깨끗이 완쾌되었다.
 허목은 "송시열의 병은 이 약을 써야만 나을 텐데 그가 이 약을 먹을 담력이 없을 테니 송시열은 결국 죽을 것이라"라고 생각했다. 그러나 송시열은 허목이 비록 정적이긴 해도 적의 병을 이용하여 자신을 죽일 인물은 아니라고 생각했다. 죽음을 초월한 믿음은 이렇게도 사람을 담대하게 만드는 모양이다.

 송시열이 완쾌했다는 소식을 듣자, 허목은, 무릎을 치며 송시열의 대담성을 찬탄했고, 송시열은 허목의 도량에 감탄했다고 한다. 서로 당파싸움으로 대적하는 사이이지만 상대의 인물됨을 알아보고 인정하는 허목과 송시열, 이런 인물이 현대에도 있었으면 얼마나 좋겠는가. 사람은 자신감과 함께 젊어지고 두려움과 함께 늙어간다. 사람은 희망이 있으면 젊어지고 절망이 있으면 늙어간다.
 나를 비우면 행복하고 나를 낮추면 모든 것이 아름다워진다. 오늘의 한국 정치에서도 이런 사례가 기적같이 일어나길 상상해 본다.

한. 아. 비를 아시나요?

한글, 아리랑, 비빔밥.
제2회 세계문자올림픽 대회에서 우리의 한글이 금메달을 획득했다. 세계문자학회에 따르면 지난해 10월 1일부터 4일까지 태국 방콕에서 제2회 세계문자올림픽 대회에서 한글이 1위에 올랐다. 이번 대회는 세계 27개국 문자, 영어, 러시아, 독일, 우크라이나, 베트남, 폴란드, 터키, 셀비아, 불가리아, 아이슬란드, 에티오피아, 몰디브. 우간다, 포르투갈, 그리스, 스페인, 남아공, 한국, 인도, 울드, 말라야람, 구자라티, 푼자비, 말라시, 오리아, 뱅갈리, 캐나다가 경합을 벌였다.
각국의 학자들은 30여 분씩 자국 고유문자의 우수성을 발표했다.

『세계문자올림픽의 심사 기준』은
*문자의 기원
*문자의 구조와 유형
*글자의 수
*글자의 결합 능력
*문자의 독립성 및 독자성
*문자의 실용성
*문자의 응용 개발성 등을 기초로 평가됐다.

『세계문자올림픽』은 가장 쓰기 쉽고, 가장 배우기 쉽고, 가장 풍부하고 다양한 소리를 표현할 수 있는 문자를 찾아내기 위한 취지로

열린다고 한다. 한글은 16개국이 경쟁한 지난 2009년 대회에 이어 또다시 1위를 차지하여 그 우수성을 세계적으로 인정 받게 되었다.
『이 대회』에서
*1위는 한국의 소리 문자
*2위는 인도의 텔루구 문자
*3위는 영어 알파벳이 차지 했다.

대회의 마지막 날 참가한 각국의 학자들은 방콕선언문을 발표하고 자국 대학에 한국어 전문 학과와 한국어 단기 반을 설치 하는 등 한글 보급에 노력하겠다고 언급했다고 한다. 또한 이 선언문은 인구 100만 명 이상인 국가들과 유네스코에 전달될 계획이라고 한다. 566돌 한글날 제1회 세계 문자올림픽대회에 이어 제2회 대회에서 금메달을 획득하여 세계만방에 우리 한글의 우수성을 알리게 되었다.

★참고로 세계에서
*가장 우수한 글자 1위 /한글
*가장 아름다운 음악 1위/아리랑
*가장 맛있고 영양가 있는 음식 1위/비빔밥이다.

아! 백두산이여!

(2023. 8. 10. 천지연, 9시에 도착, 1시간 반을 기다려 드디어 10시 30분, 신비의 베일 속에 드러난 성산(聖山)의 민낯을 배견(拜見)하다.)

가까이 연길에 사는 학교 선생님 한 분이 백두산을 여섯 번이나 왔었는데 한 번 더 천지연을 보지 못하였다고 하는 사연이 조선족자치주에 알려져서, 그분의 사연이 하도 안타깝고 딱해서 조선족 자치지구선포 60주년 기념일에 "이번에는 오셔서 꼭 백두산 천지연을 보고 가시라"고 초청하였다고 한다.
 오로지 백두산 천지연을 한 번 보려는 마음으로 초청 방문에 흔쾌히 응했었는데 그날, 일곱 번째 발걸음에도 역시 천지연을 보지 못하게 되니 그분은 하느님을 원망치 않고 오히려 자신의 공덕이 부족한 탓이라며, 〈내 그럴 줄 알았다〉라는 명시를 남겼다고 소개하며 가이드(김설옥)가 그분의 시를 낭송하는데 시(詩)내용의 아름다움은 물론이고 가이드의 모습이 시 낭송 명인처럼 이쁘게 느껴졌다.
 그러나 나는 민족의 영산 백두산 정상에 올라서 기쁨도 절반 새로 발생한 태풍의 진로가 한반도를 관통한다는 일기 예보의 우려로 천지연을 본다는 건 거의 불가능에 가까운 일이라는 예감이 들었고 회원들도 같은 생각이었다. 그러나 나는 물론이고 회원 모두가 비장한 각오로 안개구름 걷히어 천지연을 보기 전에는 하산도 귀가도 하지 말자는 각오와 심경이었다. "천주님, 어제 ○○성당 뒤뜰에 우리 프란치스코가 천신만고 끝에 원석 백옥으로 조각한 〈김대건 성인 신부님 조상(彫像))도 공안의 감시로 인해 배견(拜見)하지 못하였는데 천지연만큼은 보여주셔야지요."라는 절박한 심정으로 간절한 기도를 드렸다.

아! 백두산이여! 홍익인간 백의민족의 영산이여!

우리 민족의 시원(始源), 생명의 원천 천지연을 알현하려고 나는 석 달 열흘 밤낮으로 기도하였다. 천지신명이 감응하고 김대건 성인 신부님의 응답을 들었다.

"내 옥의 형상을 보여주지 못한 건 내 뜻 아닌 줄 알았을 것이고, 내일 행여나 하늘과 구름이 〈천지연〉 물속에 잠긴 걸 보게 되거든 내 은총인 줄 알라." 하셨으니, 비록 믿음은 미약하나 저 요셉은 그러실 줄 미루어 짐작했습니다. 그래서 '전 그러실 줄 알았습니다.'라는 시를 쓸 수 있게 해주셔서 감사합니다. 천주님!"

날틀 비행기로 서쪽 바다를 건너 멀고도 먼 긴 여로, 오로지 오르고 보고 싶은 백두산과 천지연, 그 일심(一心)의 성경심(誠敬心)을 헤아려 하늘을 열어 주시어 평생을 두고 그려온 영산, 백두산 천지연을 볼 수 있게 해주시는군요. 가슴 벅차게 치미는 감격스러운 마음을 주체할 수 없었다.

아, 민족의 영산 백두산이여! 천지연이여!

광개토대왕께서 말발굽 휘날리며 호령하던 만주 땅을 지나 단군왕검께서 일찍이 백두산 박달나무 아래 홍익인간의 이념으로 햇살 밝힌 아침의 나라 조선을 개국하신 곳, 백두산이여! 천지연이여!

그 성안(聖顔)을 쉬 보이시지 않으신 뜻을 곱게 겸허히 새기며, 우선 남이 장군님의 시(詩) 한 수가 떠올라 읊조려 본다.

白頭山石은 磨刀盡이요, / 백두산 돌 칼 갈아 없애고
頭滿江水는 飮馬無로다. / 두만강 물 말 먹여 없애리

男兒二十에 未平國이면 / 남아 나이 이십에 나라 난리 평정 못 할진대
後世 誰稱 大壯夫 랴! / 후세에 누가 일러 대장부라 하리오

옛날 태곳적부터 우리 땅이 분명한데
 지금은 백두산 절반이 중화민국의 땅으로 장백산이라 한다. 어찌 민족의 영산 젖줄인 우리 땅, 백두산의 절반을 팔아먹을 수 있단 말인가. 그 매국의 행위는 역사에 주홍 글씨로 영원히 기록될 것이다. 그것도 중화민국에다 팔아먹었다고 하니 모골이 송연해지고 어안이 벙벙할 지경이다. 남의 땅이 된 지 언제인지는 몰라도 오늘만은 그 오랑캐들이 자기네 땅이라고 부르는 이름 〈장백산〉이 아닌 본시(本始) 우리 땅 우리가 부르는 백두대간의 원조, 조상으로부터 물려받은 그 본래의 이름 〈백두산〉 그 이름으로 알현하고 싶다.
 - 백두산 천지연을 알현하고 하산하여 숙소 호텔로 돌아가는 버스 안에서 즉흥적 감흥으로 써본 글이다. (2023.8.10)

낭만법석(浪漫法席), 善思人 동인 송년 모임

 5일 전에 예약하러 갔던 곳, 인사동 입구의 시가연(詩歌演), 상호가 매력적이다.
 [시와 노래를 널리 펼 수 있는 곳]이라고 내 마음속으로 새겨보며 예약을 했던 곳이다. 내 상상대로 시 낭송과 노래(노래방)를 부를 수 있도록 시설이 분위기에 맞춰 잘 꾸며진 곳이다. 이곳에 오늘 회원 7명 중에 함안에 거주하는 敍愚 외에는 전원 참석이다. 2개월 만의 만남이니 반갑게 인사를 나누고, 식사 전에 계획한 각자 준비한 자작시 낭송에 들어갔다. 회원 모두가 초벌구이 시이긴 해도 낭송에 임하는 자세가 자못 진지하다. 맨 먼저 초은 님의 시 낭송이 있었다. 그다음은 이슬(以瑟) 님의 시 낭송이 있었다.

 ♣첫눈/樵隱 박태희
 와~ 하는 환희의 탄성/ 이 땅이 일시에 / 낭만파 시인으로 /가득 넘쳐납니다// 오래 전 까마득한 기억 속에/ 만나고 헤어졌던 사람들과/ 아름다운 추억들이// 새하얀 메시지 조각/ 내 몸에 다가와 부딪치고/ 이내 사르르 몸 속에 녹아 들며// 일상에 길들여진/무딘 가슴과 머리/ 희열로 환하게 채웁니다.

 ♣첫눈 /以瑟 손장순
 손가락에 수놓은/ 고운 꽃잎/ 스러지기 전/ 하얀 꽃송이 피어나기를/ 기다리는 마음// 손끝에 매달린/ 붉은 꽃송이/ 그믐달이 되어 저물도록/ 님은 오지 않고/ 서리꽃 되어/ 햇살에 스러진다// 뜨거운 가슴/시린 하늘에 걸어두고/ 이루지 못한 첫사랑/가슴에 담으니/ 붉은 꽃잎이 흘린 눈물/ 첫눈 되어 손끝에 앉았다

♣새날의 기도/ 譚水 권의광

 가지 마다 뿌리 마다/ 움과 싹을 돋아내 듯 당신을 그려내게 하소서// 근심도 걱정도 없이/ 다소곳한 비움으로/ 당신을 바라보게 하소서// 흘러가는 강물처럼/ 여울지는 미소로/ 당신을 떠올리게 하소서// 주름살 이랑 따라/ 세월을 노 저어/ 당신께 달려가게 하소서

♣백지/ 秋山 권병수

 홑겹같고 새털같은/ 삶과 죽음이/ 이어졌다 끊어지고/ 끊어졌다 이어진다// 들숨으로 들어온 숨결/ 날숨으로 사라진다/ 과거도 미래도 아닌/호흡// 여기,/ 생명이 시작되는 모태(母胎)/빛이 탄생하는/ 침묵의 소리// 하얀 백지가/숨을쉰다/

♣부채에 시 한 수 /斗山 이병준

 애시당초 속을 비워/ 태어난 몸/ 하얀 가슴 채워지길/기다린 세월의 부채여// 드디어/한 수의 詩로/ 너의 하이얀 심장에/ 일필휘지 불을 붙인다// 넌/ 혼자서는/ 결코 날 수 없는/ 비익조의 운명// 잃어버린/ 한 쪽 날개를 달아/ 부활의 꿈 이루었구나.

♣여름 / 창해 이희경

 ----중략
 내가 잠든 사이 엄청난 일이 일어났고 부서졌고 숨을 쉬지 않는 것들이 생겨났는데, 상처 난 길에서 내가 무엇을 할 수 있는 일이란

/고작 그 길을 걷는 것이므로,// 폐허가 된 땅에 사라진 자리에서 어제 아름다웠던 것에 대해 생각해 보다가/ 물감을 뭉뚱그려 흩뿌리던 잡초만을 낱낱이 일으켜 세우고 있었다// 어제와 같고 오늘은 다른 길/ 포기하지 않는다면/아무일도 없었다는 듯이 생겨나고 자라나고 다시 그 자리를 있게 하므로/ 누군가는 찾아와/ 여기를 걷는 일은 계속 일어날 것이다

선사인 동인 시우들의 우정이 얼마나 그리웠으면 함안의 서우님이 낭송에 참여는 못해도 시 한 수를 눈치도 빠르게 특급으로 송부해 왔다

♣어느 가을밤에 / 紋愚 김계홍
술한잔 못 드는 이가/ 누룩 개어 술을 빚어// 오두막 두어 칸/살강에다 묵혔다가// 가을밤 하늘 밝아/ 귀뚜라미 울면// 두어 잔 술상 차려/ 그대와 앉으리라// 그대 달빛으로 내게/찾아 오리니

이제 전 회원, 미수(米壽)를 바라보는 추산, 담수님, 종심(從心)의 나이를 지난 나(我)와 서우님, 그리고 이순(耳順)을 지난 초은님, 낭만 시객, 님들의 작품이 한 편식 낭송되고 여성회원인 이슬님과 창해님까지 낭송을 끝내고 나니, 야단법석이 아닌 그야말로 낭만법석(浪漫法席)의 詩잔치가 끝이 났다. 가슴에 맴도는 흥취에 아리삼삼한 주기(酒氣)조차 도도한 낭만에 흥(興)을 돋우는구나.
  아! 이 행복한 오늘, 하늘 우러러 더 바랄 게 없는 〈선사인 동인의 날〉로 기억될 것이다. (2022.12.27)

<소나기>의 어원에 대해

 한 스님이 무더운 여름날 동냥으로 얻은 쌀을 자루에 짊어지고 가다 큰 나무 그늘에서 쉬어 가게 되었는데, 때마침 농부 한 사람이 소로 논을 갈다가 그 나무 그늘에 다가와 함께 쉬게 되었다.
 "곧 모를 내야 할 텐데 비가 안 와서 큰일이네요. 날이 이렇게 가물어서야 원."
 농부가 날씨 걱정을 하자, 스님은 입고 있던 장삼을 여기저기 만져보더니 이렇게 말했다.
 "걱정하지 마세요. 해 지기 전에 비가 내릴 겁니다."
 그러나 농부는 그 말을 믿으려 하지 않았다.
 "에이, 스님 농담도 잘하시는군요.
 아 이렇게 쨍쨍한 날 무슨 비가 온단 말입니까?"
 "두고 보시지요. 틀림없이 곧 비가 올 겁니다."
 스님은 비가 온다고 하고 농부는 비가 오지 않는다며 서로 제 말이 옳다고 우기는 상황이 되었다.
 "그럼, 어디 내기를 합시다. 스님 말씀대로 해 지기 전에 비가 오면 저 소를 드리지요."
 농부는 비와 관련된 농사일에 오랜 경험이 있는지라 날씨에 자신하며 소를 걸고 내기를 제안했다. 농사에 없어서는 안 될 귀중한 소까지 걸었으니 그만큼 자신이 있다는 뜻이었다.
 "좋습니다. 소승은 가진 게 이 쌀밖에 없으니, 지면 이 자루에 든 쌀을 모두 드리겠습니다."
 스님도 스님대로 자신을 가지며 하루 종일 동냥한 쌀을 모두 내놓겠다고 나섰다.

  그리고 나서 농부는 다시 논을 갈고 스님은 나무 밑에서 한참을 쉬었다.

  그런데 갑자기 마른하늘에 천둥이 쳤다. 곧이어 시커먼 비구름이 눈 깜짝할 사이에 뭉게뭉게 모여들더니 곧 장대 같은 빗줄기가 마구 쏟아지기 시작했다. 농부는 비에 흠뻑 젖어 소를 몰고 나무 밑으로 왔습니다. 농부는 내기에서 진 것보다 농사일에 도움이 되는 비가 내려 소를 잃게 됐다는 것도 잊어버리고 좋아했다.

  "스님, 참으로 용하십니다. 갑자기 비가 올 걸 어떻게 아셨습니까?"

  "아, 예. 소승이 입고 있던 옷을 만져보고 알았지요."

  "예? 옷을 만져보고 어떻게 알지요?"

  "네, 소승의 옷이 눅눅해지는 걸 보고 알게 되었습니다. 소승 들은 빨래를 자주 못 하니까 늘 옷이 땀에 젖어 있지요. 땀은 곧 소금이니, 물기가 닿으면 눅눅해지는 건 당연한 이치가 아니겠습니까? 그래서 아까 소승의 장삼을 만져보니 몹시 눅눅했는데, 이것은 공기 속에 물기가 많다는 증거이므로 곧 비가 오리라고 생각하게 되었습니다."

  "아, 그런 이치가 숨어 있었군요. 저는 그것도 모르고 주먹구구식으로 제 경험만 믿고 큰소리를 치다가 보기 좋게 지고 말았습니다.
  약속대로 소를 드리겠습니다. 몰고 가시지요."

  농부가 아깝다는 듯이 말했다.

  스님은 껄껄 웃으면서 소고삐를 잡았다가 다시 농부에게 넘겨주며,

  "소승에게 이 소는 아무 소용이 없지만 농부님에게는 중요하지 않

습니까? 농사짓는 일에 소만큼 큰일을 하는 것이 어디 있습니까? 이 소를 드릴 터이니 이번 일을 교훈 삼아 농사나 잘 지으십시오."

 스님이 떠나자마자 장대같이 쏟아지던 비가 뚝 그치고 언제 비가 왔느냐는 듯이 하늘도 금세 맑아졌다. 이런 일이 있은 뒤로부터 여름날에 갑자기 쏟아지다가 뚝 그치는 비를 농부가 소를 걸고 내기를 해서 생겨난 비라 하여 그때부터 '소내기'라고 불리었는데, 변형되어 오늘날, '소나기'라고 불리게 된 것이다.

역사적 사건인 8월 18일, 도끼 만행사건 회고

지금으로부터 37년 전 1976년 8월 18일,
판문점에서 〈도끼 만행 사건〉이 일어났다. 공동경비구역 내에서 시계(視界) 확보를 위해 미루나무 가지치기를 하던 미군들에게 북괴가 시비를 걸어와 미군 장교 두 명을 도끼로 무참히 살해한 사건이었다.
이 사건을 보고 받은 박정희 대통령은 즉시 철모와 군화를 준비시켰고, 다음날 3군 사관학교 졸업식에서 그 유명한 "미친개에게는 몽둥이가 약"이란 명연설을 하게 된다. 미군도 자국의 장교 두 명이 살해된 사건을 그냥 넘길 수가 없게 되었다. 그래서 준비한 것이 사건의 발단이 된 그 미루나무를 공개리에 절단하는 폴 버니언(미국 동화 속 나무꾼 이름) 작전이었다. 원래 제1안은 문제의 미루나무를 폭격하여 없애자는 작전 안이 제시되었고, 제2안은 비무장지대 이북 경계 내에 낙하산 부대를 투하시켜 남하하며 초토화하는 작전이었으나, 그렇게 되면 전쟁 도발의 빌미는 이북이 먼저 촉발했으나 결과적으로 전쟁 도발의 책임은 우리 군(軍)이 져야 하므로 최종 제3안은 미국 측이 제안한 것으로 휴전 이후 처음 경험하는 최고조의 일촉즉발의 전쟁 발발 위기상태였다. 이 사실은 도끼만행사건 보복 조치로 미루나무 제거 작전이 끝나고 난 뒤에 정확한 군사정보로서 확인된 내용의 사건이다.
세계 최강 미국의 전략 자산이 총동원된 응징 작전이 겨우 나무 한 그루 자르는 거라니, 박 대통령은 기가 찰 노릇이었다. 이에 박 대통령은 당시 스틸웰 미 사령관에게 미루나무 절단 작전의 경비는 우리 군이 담당하겠다고 제안했다. 스틸웰은 비무장을 전제로 박 대통령의 제안을 받아들였다. 박 대통령은 국방장관을 통해 50만 원의 격려금을 제1공수여단 박희도 준장에게 하사하고 별도의 보복 작전을 준비시킨다. 엄선된 64명의 특전사 장병이 분해된 M16과 수류탄을 숨기고 카투사 복장으로 미군의 미루나무 절단 작업의 경호 임무에 투입되었다. 나무 절단이 거의 끝날 무렵 우리 특전사 장병들은 전광석화처럼 총을 조립한 후 군사분계선을 넘어 북한군 초소로 돌진하여 적 초소 4개를 초토화하고 유유히 복귀하였다. 북한군은 저항도 못 하고 속수무책으로 당할 뿐이었다.

이 과정에서 우리 군을 제지하던 미군 장교를 총으로 위협하는 일까지 벌어졌고, 미군은 이 사건을 문제 삼아 박희도 장군의 처벌을 요구했으나 박 대통령은 눈 하나 깜짝하지 않았다. 오히려 박 대통령은 일촉즉발의 상황에 부하들을 비무장으로 보낼 수 없어서 그랬노라고 큰소리쳤다. 며칠 후 김일성은 6.25 휴전 이후 처음으로 미군 측에 유감과 재발 방지의 반성문을 제출했다. 평화란 이렇게 지키는 건데, 저쪽의 미친개는 37년 전보다 훨씬 더 미쳤고 위험한데, 그 미친개를 몽둥이가 아닌 먹이로 달래야 한다는 미친 것들이 더 미쳐 날뛰는 이 미친 현실이 정말 답답하다. 오늘따라 그때의 박 대통령이 매우 그립다.

나는 그때, 28사단 부관부 인사과에서 육군 병장 만기 전역 명령을 받아 놓은 상태에서 발생한 사건으로 휴전 이후 〈데프콘 3〉 군사 비상명령 발동은 이 사건이 처음인 거로 안다. 나는 김신조 사건 때처럼 군복무 기간이 연장되는 건 아닌가 싶어 노심초사했으나 전역 대기 중인 병력이 예비사단에서 복귀하지 않고 제대하는 걸 보고 복무 연장은 아니다 싶어 마음 조였던 그때가 주마등같이 연상됨을 느꼈다.

  그 당시 상황은 〈데프콘 3〉 비상 발령 대기 상태인 우리 군의 향후 작전계획은, 우리 쪽 군인들이 〈일명 도끼 만행사건〉의 보복 조치로 문제의 미루나무를 톱으로 잘라낼 적에 이북으로부터 약간의 미세한 행동의 반항 징후가 보이면 즉시 〈데프콘 2〉로 격상 비상 발령과 동시에 전쟁 개시였다. 그 당시 월남전 참전 경험이 있는 28사단 본부 대장인 이종식 중령은 본부 중대 내무반에서 전역 특명을 받아 놓은 필자와 함께 대기 상태에서 자세히 이 사건의 발생 경위와 현재 비상사태의 추이에 대해 비교적 소상하게 들을 수가 있었다. 37년 전 그때, 나는 군 전역 특명을 받아 놓은 상태에서 그 전역 특명이 행여나 취소되고 군복무가 연장되는가 싶어 가슴 조였던 경험이 되살아나서 그 시절을 회고하며 그 당시 사건 상황을 정리해 본 것이다.

  국가가 존속해야 국민이 산다. 난국의 시기일수록 위대한 국가 지도자의 혜안과 판단이 나라 운명을 좌우한다. 종북 주사파인 문재인 정권, 이 나라 역사상 한 번도 경험해 보지 못한 해괴한 정권이 나라 망쳐놓은 실상을 보라. 어느 정치인의 말처럼 70년 걸쳐 이룩해 놓은 부국강병의 나라를 단 5년 만에 적폐 청산당해야 할 무리들이 거꾸로 적폐 청산의 칼자루를 무소불위로 잔인하게 휘두른 결과, 그 참상(慘狀)을 적나라하게 두 눈 부릅뜨고 보라. 이 처참한 실상, 그 허상의 폐해를 겪으면서도 그 주사파 무리, 이재명 같은 석두의 당 대표를 맹종하고 따르는 청맹과니 국회의원들의 무지를 보라.

  다행히 국가관이 투철하고 미래를 보는 혜안을 온전히 지닌 윤석열 대통령이 국민으로부터 위임받은 엄중한 헌법적 사명 완수에 사력을 다해 최선을 다하고 있으니, 국민은 자각하고 깨어나 행동하고 기울어진 운동장 바로 세우는 데 일심 합력 해야 할 것이다. 주사파, 민노총, 전교조, 국가 반역 패망의 바이러스는 그 뿌리째로 도려내어 척살해야 이 나라가 이탈 전의 제 궤도를 회복할 것이다. 시일야방성대곡하노라. (2017.8.18)

이순신 장군의 재발견

 이순신 장군은 놀랍게도 일제시대 이전에는 전혀 알려지지 않은 인물이었다. 실제로 역사학자들만이 조선조 총 4명의 충무공(忠武公) 중 1인 정도로 알았을 뿐이다. 조선인들도 존재 자체를 모르고 땅속에 묻혀있던 이순신 장군을 살려낸 사람은 아이러니하게도 일본인이다.
 110여 년 전 일본은 대마도 해협에서 세계 최강인 러시아의 발틱함대를 궤멸시킨다. 러일전쟁은 동양의 대국이 중국에서 일본으로 완전히 넘어간 전쟁으로 평가된다.
 러일전쟁에 승리하고 일본은 동경에서 승전 파티를 크게 열었다. 러일 전을 승전으로 이끈 해군 제독 "도고 헤이하치로"가 그 파티의 주인공이었다. 천황도 잠시 다녀간 축하연이니 뻑적지근했을 파티다.
 도고는 우리의 이순신처럼 일본 제1의 전쟁영웅으로 일본에선 지금도 군신(軍神)으로 추앙받는 유명한 장군이다. 그 파티에서 도고에게 헌사가 이어졌는데, 어느 참의원이 "도고 제독은 가히 영국의 넬슨 제독이고 조선의 이순신 장군입니다."라며 축하했다. 이에 도고 제독이 "나에게 영국의 넬슨과 비견됨을 찬(讚)함은 감당할 만하다 하겠으나, 감히 이순신 장군과 비견됨을 내가 어찌 감당 하겠습니까? 나는 이순신 장군의 신발 끈도 묶지 못하게 미미할 뿐입니다."라고 말했다. 그 후로 도고가 말한 "○○사마의 구두끈도 묶지 못한다"는 말은 일본인들이 겸양을 말할 때 흔하게 사용하는 숙어가 되었다.

사실 일본의 이순신에 관한 연구는 대단히 다양하고 깊이 이루어졌다. 우리와는 비교가 되지 않을 정도로 연구자료가 방대하다. 일본은 이순신과 왜군의 전투 상황을 아주 세밀하게 기록으로 남겼다. 그래서 일본은 이순신 장군의 전술 전략을 실로 바늘귀를 꿰듯이 연구한 기록이 있다. 더구나 일본 해군들은 얼마나 상세하게 이순신을 연구했겠는가. 깊은 연구 끝에 그들은 이순신 장군의 신묘막측한 전략 전술에 감탄할 수밖에 없었다.

도고 역시 이순신 연구에 정진하여 이순신 장군을 마음속의 영웅으로 자리매김하고 있었는데 어느 의원이 자신을 이순신에게 비견하니 화들짝 놀라서 "감히 내가 감당 할 수 없는 분"이라며 손사래를 친 것입니다. 도고가 이순신의 위대함을 어떤 모임에서 설파했는데 그 핵심 내용은 다음과 같다.

"나와 넬슨은 전 국가적으로 일치단결된 지원을 받아 전투에 임하여 뒷걱정 없이 승리했습니다. 그러나 이순신 장군은 왕의 끝없는 의심과 동료 장군의 끝없는 음해를 받아 모진 고문을 당했고, 정부의 아무런 지원이 없는 가운데 백의종군하는 등 도저히 감당할 수 없는 신고(辛苦)의 고통 속에서도 23회 전쟁을 완벽하게 승리로 이끈 장군입니다. 나와 넬슨이 감히 대적할 수 없는 전신(戰神)입니다."라고 극찬하며 말했다.

도고의 그 발언은 즉시 조선 전국으로 퍼졌다. 그 후 일제 강점기 때 조선인 식자들에게 이순신 장군에 대한 숭앙이 이루어졌고, 든든한 마음속 영웅으로 간직했던 것이다. 지금도 일본 식자층에서는 이순신 장군에 대한 존경의 염(念)을 숨기지 않는다. 일본인들은 일본의 개화를 이끈 이등박문을 암살한 안중근 의사를 존경하는 등 자국을 패퇴한 적국의 장군이라도 존경할 영웅은 존경한다. 이러한 면은 우리들과 좀 차별화된다.

　박정희 대통령도 일본 육사에서 이순신 장군의 전술에 대해 배웠을 것이다. 그래서 그분의 마음속에도 이순신 장군에 대한 남다른 존경이 있었을 것이다. 박정희 장군이 대통령이 된 후 아산의 현충사와 통영의 제승당을 정비하는 등 이순신 장군에 대한 대대적인 숭모(崇慕)를 추진한 것이다.

　결론으로 우리의 영웅 이순신 장군은 1차로 일본인 도고가 어둠 속에서 일으켜 세웠고, 2차로 박정희 대통령의 숭모로 빛을 발하게 된 것이다. (SNS 받을 글임을 밝힙니다) (2024.8.17)

썩어빠진 정신

'노무현' 정신이니 '김대중' 정신이니 아직도 국민을 선동하고 그것에 놀아나는 주사파 신봉자들은 이것을 보고 최소한 부끄러운 줄 알아야 할 것이다.

노무현이 미국을 방문했을 때의 일화다. 미국의 콘돌리자 라이스(Condoleezza Rice)장관은 흑인 여성인데도 31세에 대학 총장을 역임할 정도로 천재였다.

노무현은 당당하게 의정부 미군 장갑차 사고로 숨진 두 여중생(심미선, 신효순)의 이름을 거론한 뒤, 한국에서는 촛불 시위가 한창이라며 미군의 행동을 강하게 항의했다.

이 말을 가만히 듣고 있던 라이스 장관은 느닷없이 노 대통령에게 질문했다.

"대통령님은 서해 해전에서 전사한 한국 장병들의 이름을 몇 분이나 아십니까?"

노 대통령이 장병의 이름을 한 명도 대지 못하고 우물쭈물하자, 라이스 장관은 다시 질문했다.

"적군의 의도적 침공에 장렬하게 전사한 애국 장병들의 이름은 한 명도 모르면서 혈맹의 우방이 훈련 중 실수로 사망한 여중생의 이름은 알고, 항의하는 대통령께서는 혹시 적과 아군을 반대로 잘못 알고 계시는 것은 아닌지요?"

"그러면 미국의 젊은이들이 한국의 자유 수호를 위해 전사한 장병이 4만 명이라는 것은 기억하십니까? 그중에 기억하시는 이름이 있습니까?"

임기응변에 능하고 말 잘하는 노무현을 쩔쩔매게 했던 장관이 라이스 장관이었다.

NO, 노였다.

자신만만했던 노무현 대통령도 한마디 대꾸를 못하게 한 라이스 장관은 머리만 좋은 게 아니라 옳은 건 옳다고 옳지 않은 건 잘못되었다고 당당히 지적했던 의젓한 미 국무장관이었다.

인권자라고 큰소리치는 주사파들이 다 이런 인간들이라는 걸 인식할 필요가 있는 것이 지금 이 나라가 처한 현실, 백척간두의 대한민국이다. 이제는 우리는 새로운 시각과 자각으로 참 애국의 가치관을 정립해야 할 정신 혁명이 필요한 위기의 시대임을 깨달아야 할 것이다.

슬픔 속에도 절반의 행복이 있다

아녜스가 아침 일찍 알바 나가면서
"여보, 당신 오늘 민우 코로나로 5일간 외출도 못하고 집에 혼자 있는데 점심 먹을 수 있게 농수산물센타 건너편에 있는 〈손가네 돌솥밥〉 집에 가서 갈비탕 사서 갖다주세요."

역시 모성은 이래서 우월성이 증명되는 순간이다. 맨날 자질구레한 잔소리보다는 신선해서 좋다. 모성은 자상하고 섬세해서 우월하다. 큰 틀에서 생각하는 것은 아버지일지 몰라도 잔정 붙임과 배려는 역시 어머니의 역할이 중요한 것이다. 자녀 교육도 기본을 아버지가 가르칠 것 같아도 어머니의 자애로운 평상의 기본 교육이 중요한 거다. 대표적 사례가 국민학교 교과서에 실린 맹모삼천지도(孟母三遷之道)이다. 교과서 어디에도 맹자 아버지에 대한 얘기는 없는 걸로 봐서 어머니의 자식 교육이 중요한 것은 사실로 증명되는 셈이다.

둘째가 허리 근육에 문제가 있어 시술 치료를 받는다고 1개월간을 쉬다가 출근한 날 하필 코로나 증세가 나타나서 조퇴해서 집에 칩거해야 하니 부모로서 아픈 마음이야 그지없으나 아비로서 뚜렷이 해줄 게 별로 없으니 이건 분명 슬픈 현상이다. 그러나 자식을 위해서 혼자 칩거 중인 집에 밥이라도 제대로 먹을 수 있게 갈비탕이라도 사서 들고 자식을 찾아볼 수 있다는 건 부모로서 기쁨인 것이다.

그래서 세상사는 하느님이 참으로 공평하게 주관한다는 생각이 든다. 세상사가 한 사람에게 온통 슬픔만 주거나 온통 기쁨만을 주지 않기 때문이다.

그래서 세상사 기쁨 속의 절반은 슬픔이 자리 잡고 있고 슬픔 속의 절반은 기쁨이 차지하고 있는 것이다. 행복 속의 절반은 불행이요, 불행 속의 절반은 행복인 것이다. 이 거대한 중용의 이치가 우주를 존립시키는 하느님의 우주 주관의 대원칙인 것이다.

노자(老子)는 일찍이 도덕경 말씀에

"행복은 그 뿌리가 불행에 있고 불행은 그 속에 행복이 있기 마련이다. 모났으나 그 모서리가 남을 해치지 않고, 곧(直)지만 그 곧은 것이 남과 부딪치지 않고, 빛이 있으나 그 빛이 남의 눈을 상하지 않는다. 크게 모난 것은 모퉁이가 없고, 정말로 곧은 것은 굽은 것 같고, 가장 밝은 것은 오히려 어두운 것 같이 보이는 법이다."라고 하였다.

오늘은 자식의 우환은 분명 슬픈 일임에도 그 가운데 내가 해줄 수 있는 기쁨, 행복이 존재한다는 이치를 내 느낌으로 노자 님의 도덕경 말씀 상고(詳考)하며 큰 깨달음을 얻어내는 순간이다.

우정산책(58년 전 고교 교우지 <中央>에 게재된 글)

　사념의 강변엔 추억의 물거품이 일고 명상의 가지 끝엔 그리움이 밀려오고 노스탈지아의 손수건엔 서러움만이…
　해변을 찾는 바카스도 어느덧 짙은 낙조에 물들어 간다. 한 장의 백지 위에 하 많은 후회와 아쉬움이 제멋대로의 종적을 그렸을 뿐. 그래도 격리된 공간을 오고 간 정의 발자취는 애써 우정을 모색하였고 허위에서 진(眞)을, 악에서 선(善)을, 추에서 미(美)로, 영원으로의 상아탑을 쌓기에 바빴고 또 앞으로도 그러할 것이외다.
　만일 미묘한 마음의 한 모퉁이를 볼 수 있는 거울이 있다면 얼마나 좋을까?
　사랑과 우정의 시가지를, 진선미가 하모니 된 정원의 한 모퉁이를, 얼마나 아름다운 기상천외의 낙원이 전개될 것인지. 한편 애증의 광장을, 초조와 불안으로 혼란된 고뇌의 암흑가를. 선과 악의 투기장을 말이외다.
　조금만 비가 와도 홍수니, 물난리니 하며 야단들이고, 조금만 비가 오지 않으면 가뭄이니 흉작이니 떠들어대는 인간은 정녕 연약한 불평객. 거기에 비하면 하늘의 심판은 얼마나 현명한 행동이오리까?
　인간애의 저 건너편에 존재하는 하느님의 무한정 사랑 말이외다. 정녕 위로받을 수 없는 인간이건만 정성을 다해 오는 또 하나의 정(情) 속에 따사로운 우정을 느끼게 된다오.
　고뇌의 침식을 잠깐 정지시키고 시원산책(詩苑散策)이 아니라 우정산책을 할 적엔 정말 환희에 넘친다오. 하늘엔 별들이 어지럽게 놀이하는데, 초저녁에 잠깐 선보이고 사라져 버린 달빛의 자취 더듬으며 못 잊을 추억과 그리움에 젖어 숨 막힐 듯한 적막 속에 내 흐느낌을 파묻어 버린다오.

마음에 대한 아부와 추종이 될지 모르지만 마음에 대한 반역은 아니지 않소?

추억의 어제와 생존의 오늘, 그리고 다가오는 미래를 위해 우리 우정산책(友情散策)이나 하여봅시다.

-52년(1966년) 전 고교 2학년, 교우지 〈중앙 7호〉에 게재된, 그때의 미숙한 수필 한 편을 아름다운 추억 속을 거닐며 옮겨 본다.

시감상(58년 전 고교 교우지 <中央>에 게재된 글)

♣ 야곡(夜曲)

애타게
널
그리기 위한 야광이
잔잔한 물결에 젖어
고달픈 삶으로 은하수 지면
녹색 언덕에 파아란 그리움이 뜨네
달이 밝던 밤
녹색 강뚝에 올라
파르레한 강물 따라 소근대던
그때
이젠 이끼 낀 뱃머리에
사공의 노래가 긴
여음을 남기고
사념의 강변엔
추억의 물거품만…
하지만
오늘도 이 밤에 네가 그리워
정화된 내 정원을
하이얀 야광으로 채색해 두고
그 언젠가

외기러기 섧게 울고 간
그 창을 가만히 바라보며
정다운 네 육성을 기다려 본다.

- 1966년 중앙 7호(중앙상고 교우지)에 개재된 필자의 시(詩)임. 그 때 문예반 특할부서로 활동하며 정간된 교우지를 복간하는데 일조하였음. 52년전 고교 2학년 학생 시절의 작품. 돌아갈 수 없는 그 시절이 참 그리워진다. 고교동기생 친구(시인: 조영석)를 영결하며, 아픈 마음에 학창시절의 추억을 다시 더듬으며 남는자로서 그 아픔을 달래본다. 남은자의 슬픔 위에 친구의 영상이 또렷이 남아 맴을 돈다. 친구야, 극락왕생하시길 부처님게 빌게.

한밤중에 문득 깨어 두 손 합장하고

신이 인간을 위해 존재해야 할까요?
인간이 신을 위해 존재해야 할까요?
내 안에 신의 형상을 품고 태어난 인간으로서, 내 영혼 속에 이미 임재해 있는 神을 발견하지 못하고, 자기 바깥에서 神을 찾겠다고 열심히 야단법석을 떠나 고귀한 생명 속의 마음, 그 자기 영혼 속마음을 누군가가 주관하고 계시는 것 아닐까? 하는 미묘한 존재의 인식, 그 무엇일까, 누군가가 관장하고 있는 것 같은 신묘한 손길의 그 느낌이 곧 神이요, 부처님이 아닐는지요?
영생은 살아서 숨 쉴 동안 인간만이 갖게 되는 원초적 욕망이겠지요. 이 영원한 욕망이 완전하게 無의 세계로 사라지는 적멸의 세계, 죽음은 어쩌면 욕심이 완전하게 소멸된 아주 맑은 영혼으로 회귀하는 세계, 곧 자아가 완성의 길로 진입하는 것이겠지요? 욕심과 함께 내 현재의 生이 끝난 세계, 우주 속에 한 점 소립자로 존재하게 될 인간의 원초적 운명을 인식해야 하는 건 종교 이전에 지음 받은 인간의 이성으로 우주 탄생의 섭리와 인간 창조의 원리를 먼저 깨달아야 하겠지요?

지하철 입구에 서서 〈예수 믿음 천국, 불신 지옥〉 팻말을 들고 서 있는 저 불쌍한 영혼은 제 자신을 스스로를 구원할 수 있을까요?
이미 저 자신은 구원받았다는 믿음으로 하는 행위일까요? 자기 속에 임재해 있는 신을 과연 발견한 것일까요? 팻말을 들게 한 의미가 神께서 간절히 원하는 진정한 뜻일까요? 내가 나를 구원하려고 공덕을 쌓고 평생을 수행의 길로 갈 적에 신이 구원의 손길 내밀어 나를 도와주시겠지요. 제 맘속에 태산같이 높이 쌓아 놓은 욕심을 드러내지 않고서 어찌 신앙이 받아들일 틈이 있을까요?

축복을 받아들여 쌓을 마음자리, 그 틈새나 있을까요? 자신이 제 먼저 구원을 받았다는 신탁(信託)도 없이 과연 남을 구원의 길로 인도하고 권면할 수 있는 일일까요?
누추한 욕심을 비워 神이 임재하실 청정한 마음자리를 항상 마련해 두려면 스스로 한없이 비우고 한없이 낮추며 무소의 뿔처럼 오로지 제 갈 길을 올곧게 꼿꼿이 흔들림 없이 용맹정진(勇猛正進)해야 하는 것이지요?

그렇게 주저없이 가없는 무량 청정 순진무구의 자성(自性)으로 끝없이 공덕 닦고 실천해 가야 할 그 길이 부처의 길이요. 예수의 길이요. 인간의 가야 할 길이지 신의 길이 전혀 아닙니다. 신이 닦아 놓은 인간의 길, 사람이 참사람으로서 가야 할 바른길(正道)인 것입니다. 이 깨달음이 일찍 올수록 내 자신의 죽음도 대화엄의 환희심으로 맞이할 수 있겠지요? 그리하여 궁극의 열반에 들게 되겠지요?
(2022.12.17)

고백의 마음, 들어주는 그 마음

고백의 빛깔은 고운 색깔을 띠고 있을 거다.

일단 고백은 아름답기 때문이다. 그러나 한편 슬픔의 비의(祕意)를 내포하고 있기에 신비스러울 수도 있을 것이다. 내 어머니의 그 신비스런 고백을 존경하고 숭모하는 멘토 누님을 통해 전해 들었을 적에 아픔과 비애, 그 비밀의 심곡(心曲), 심장 속 아주 깊숙한 곳 조갯살 속에 박혀 진주가 되어버린 아주 슬픈 이야기, 이승에선 누구에게도 털어놓기 어려운 참으로 비밀스러운 얘기, 죽어 차마 무덤 속에도 묻지 못하고 가지고 가야 할 슬픈 이야기. 어쩌면 수천 년을 통해 전해 내려오는 전설 속 얘기 같은 아득한, 그러면서도 기막힌 고백의 고해성사를 어머니는 선종하기 2년여 전 그 숨겨두었던 비밀을 깨뜨려 친딸보다 더 딸 같은 멘토, 누님에게 털어놓은 것이다. 서른한 살의 청상의 엄마가 근친에게 덮침을 당했던 얘기다.

언젠가는 누구에게 이 비담(祕談)을 털어놓고 가고 싶었지만 그 대상은 아들도 딸도 며느리도 아니었다. 자식보다도 더 자식 같은 딸보다도 더 딸 같은 수양딸에게 그 비밀의 심장 한구석을 허물어 보여준 것이다. 아마도 자신의 다한 천명 앞에서 이 기막힌 사연을 이승에서 털어 망각의 강에 흘려보내고 싶었을 것이다. 그 아픈 기억을 하늘나라에까지 가지고 가서 미리내에 담가 헹구고 싶진 않았을 거다. 결국엔 두 번째로 나는 누님에게서 이미 전해 들은 고백과 똑같은 얘기를 엄마에게서 들었다.

"엄마, 누님한테서 전해 들었어요."

무어라고 한 말씀 위로의 말씀을 드려야 하는데 전혀 생각은 지워지고 캄캄한 동굴 속으로 끝없이 추락하는 느낌이었다.

"엄마, 그때는 이쁘셨잖아요? 엄마의 처지를 생각하며 측은지심으로 바라보다가 동정심이 지나쳐 순간적으로 일어난 일일 겁니다. 누님에게도 고백했고 아들인 저에게도 고백했으니, 이젠 먼지 털듯이 털어 버려요."

"안 그래도 나도 그리할 생각으로 털어놓은 게다. 참으로 이상하제. 삼십여 년 성당을 다니면서도 신부님께 일찌감치 고해성사할 생각을 왜 못 했는지, 호적상 남인데도 수양딸에게 아무 거리낌도 없이 맨 먼저 고백하고 또 자식에겐 뒤에 고백한다는 게 지금 생각해도 좀 이상스럽긴 해도 아들에게 바로 털어놓기는 참 어려운 일이라 생각되어서 너한테 먼저 얘기하지 못한 건 미안하다."

"엄마, 미안해할 건 아니어요. 그런 아픔을 평생 간직하고 있으면서 말 못 하고 견디시는 아픔이 오죽하셨겠어요. 이제는 전설 같은 심장 속 진주를 더 아프게 자라지 못하게 '망각의 보석'으로 캐내 버렸으니 기억에서 싹 지우시고 그 흔적도 지워버리세요."

고백이란 들을 수 있다는 게 행운인지도 모른다. 아무에게나 할 수 없는 게 고백이기 때문이다. 더군다나 그 비밀스러운 얘기를 듣고 상대가 전혀 공감하지 못한다면 이건 정말 안 함만도 못한 무의미한 짓이 되고 말기 때문이다. 세 분의 고백을 들은 일이 있다.

사별함으로써 결국 치유된 의처증 남편에 얽힌 고백, 자식 남매를 낳고 생식불능이 된 남편과 그걸 빌미로 잡지 않고 20여 년을 운우지정 주고받으며 살고 있는 참 아름답지만 어느 한구석이 조금은 슬픈 이야기. 최근 인천대공원에서 들은 삼 개월 만에 남편의 의처증과 폭력으로 이혼한 서른다섯 살 여인의 이야기.

그 치유의 역할은 인간사의 일이니 그 당사자인 사람이, 사람들

속에서 고백할 사람을 선택해 고백했으니, 그분을 통해서 치유받고 위로받으며 해결해 나갈 지상에서의 일이다. 결코 무작정 신에게 매달려 신에게 해결의 실마리를 간구할 일은 아닌 것이다. 일차적으로 인간관계에서 서로 이심전심 한마음으로 새기고 공감하고 배려하고 존중하며 치유의 역할을 해주며 해결해 갈 일이지 처음부터 만능의 신께서 해결해 줄 영역은 아니다.

  사람과 사람 사이 공동생존에서 해결해 가야 할 사명이다. 이승에서 神이 자신의 임무 중에서 인간들에게 위임한 가장 아름다운 사명은 고백하고 그 고백을 받아주는 일일 수도 있겠다는 생각을 홀로 해본다. 고백한 자와 그 고백을 들어준 사람과 사이에서 맨 먼저 최선을 다해 그 해결의 실마리를 꾸준히 모색해 보는 게 옳을 듯싶다. 그러나 결국엔 자기의 의지가 선행해야 하고 실천이 뒤따라야 하고 무엇보다 지극한 사랑의 자애와 대자비의 보살심이 선행되어야 함을 깨달아야 하는 것이 인간이 지닌 지혜의 신비일 것이다.

친구 프란치스코(정진명)에게

친구야 잘 지내제?
 이곳 내 고향 봉화에는 이름 모를 새들의 노래, 나락이 익어가는 황금벌판에 약삭빠르게 나는 참새들의 군무, 심야에 가냘프게 울리는 풀벌레들의 심포니, 활짝 미소 짓고 있는 가로수길 코스모스, 풀죽은 초목들 조락의 모습들, 神의 음성 아닌 것이 없고 신의 모습 아닌 것도 없네.

 자연은 신의 음성을 듣게 하고 느끼게 하고 그래서 지극히 겸손한 하심(下心)으로 올바르게 살아 가야 할 참삶의 길, 수행이 어떠해야 하는지 자각의 사유가 자유자재하니 그 마음조차 행복일세.
 아침에 어머니께서 일어나 기침하시면 좌변기 비우고 조석으로 식사 봉양하고 저녁엔 주무실 이부자리 봐 드리면서 아흔여섯의 어머니 지금 모습에서 24년 후에 나 자신의 모습이 오버랩되네. 그때의 내 자화상을 미리 보는 듯 무상과 번민, 끝없이 이어지는 허무의 상념을 떨쳐버릴 수가 없네.

 이승에서 마지막 남았을 미련 같은 것, 이제껏 이루지 못한 소망 같은 것은 아예 접으시고 곱게 영면하는 꿈만 꿀 수밖에 없는 울어매, 짧게 남은 한시적 無望의 삶, 그 마지막 언저리를 가파르게 밟고 서신 울어매, 차마 무슨 생각으로 하루하루를 견디시느냐는 말씀은 감히 여쭈어보지도 못하는 자식 마음을 짐작이나 하실는지 착잡해지네. 그래도 성스러운 마리아라는 새 이름으로 지음 받고 영세까지 받으셨으니 고운 모습으로 천주님 품에 안기시는 꿈 꾸고 계시는지 모자지간이라도 서로가 묵언으로 이심전심의 소통이 잘 안되는 느낌일세.

프란시스코, 나의 친구여.

영육 간에 비우고 버리고 내려놓고 가야 하는 길, 스스로 깨달음 지혜의 빛으로 짧게 남은 각자의 여정 새 생명 영생의 길 스스로 불 밝혀 가세나.

아직도 금란지교의 우정으로 그대를 바라보며 아름다운 모습으로 오래 기억하리라. 스스로 행복한 생각으로 청정한 삶을 꿈꾸며 살고 있는 우직한 한 친구가 같은 하늘 아래 함께 숨 쉬고 있음을 다행으로 생각하고 기억해 주시게나. 가끔은 생각나는 아름다운 우정으로 살아가세나. 아직도 남은 날들의 삶은 하느님이 특별히 허락한 우리들 각자 마무리할 삶의 몫이 아닐런가?

(2020. 9. 18)

위대한 품격 나희필 장군이여!

 박정희 대통령 시절, 장성급 만찬 자리에서 나 장군이 인솔하는 부대의 모범적인 상황 보고를 받고 기분이 한껏 고무된 박 대통령이 나 장군에게 친히 가득 부어준 술잔을 놓고 고민에 빠졌다.
 대통령이 따라 준 축하주를 어찌해야 좋은가. 대통령은 술잔을 들고 나희필 장군이 받을 때까지 기다리고 있었다.
 그 1분이 한 시간처럼 길었다. 모두 손에 땀을 쥐고 지켜보고 있었다. 이윽고 나 장군은 "각하! 저는 술을 못합니다. 저에겐 사이다로 한 잔 주십시오!"
 박 대통령은 난감한 표정으로 나 장군을 유심히 쳐다보았다. 이날의 이 순간을 동석해서 지켜봤던 한 장군은 이렇게 회고했다.
 "마치 폭탄이 터지고 난 후 엄청난 정적 속에 잠긴 것 같았다."고 했다.
 대통령이 친히 술을 따라 내민 술잔을 딱 잘라 거절한 예가 있었을까? 대통령의 굳은 표정을 본 국방장관이 순간 벌떡 일어나,
 "각하 나 장군은 원래 술을 못합니다. 그 잔은 제가 대신 받겠습니다." 하고 잔을 뺏다시피 하여 단숨에 마셔버렸다. 대통령의 체면 손상! 그 위기의 순간을 국방장관의 기지로 일단 넘어갔지만, 만찬장의 분위기는 이미 엎질러진 물이 되고 말았다.
 만찬이 끝나고 자리에서 일어난 대통령은, 의기소침해 있던 나 장군에게 다가가더니, "니가 진짜 기독교인이다"라는 한 마디를 남기고 만찬장을 떠났다. 아마 당시 박정희 대통령이 공식 만찬 석상에서 축배를 거절당한 예는, 아마도 이때 외에 전무후무한 일이었을 것이다.

한편 이날 만찬이 끝났을 때, 박종규 경호실장이 나희필 장군에게 다가와 "선배님 해도 너무 하셨습니다! 꼭 그렇게 각하에게 망신을 주었어야 합니까? 국군의 통수권자요 일국의 대통령께서, 손수 축하의 술잔을 권하면, 정중히 받아서 입 잔이라도 하는 척해야 하는 것 아닙니까?"라고 말했다. 분 초를 따지며 대통령의 일거수일투족과 얼굴 표정 하나하나까지 살펴야 하는 경호 실장으로서 이날 일촉즉발의 그 순간의 초조함과 고뇌가 어떠했을지를 가히 짐작할 수 있다.

대통령이 떠나간 후, 선배 장군들이 나 장군에게 찾아와, 군통수권자 앞에서 너무 경솔했다는 질책을 했다.

"이 사람아, 별을 하나 더 달 수 있는 하늘이 준 8년 만에 찾아온 기회인데 왜 그렇게 미련한 짓을 했나? 내일 일찍 책상 정리나 하게."

사단장 관사로 돌아온 나 장군은 정작 매우 불안해야 할 자신의 마음이 오히려 평안함을 느끼면서 "내가 과연 이런 신앙에 대한 용기가 어디서 나왔을까? 내일 당장 청와대에서 어떤 책벌이 떨어진다 해도 괘념하지 않겠다. 내가 하나님을 믿으니 하나님께서 나의 앞날을 책임져 주시겠지, 내가 육사를 졸업할 때 구대장께서 장교가 되어 술을 마실 줄 모르면 출세를 할 수 없다고 했는데, 그러나 나를 이렇게 장군까지 진급시켜 주신 것은 바로 하나님이시다. 하나님은 나와 함께 하신다는 증거가 아니겠는가?"라고 자위하면서 나 장군은 취침 전 이날 있었던 일을 기도로 하나님께 맡기고 기다렸다. 신앙인으로서 일생을 사는 동안 술을 가까이하는 삶보다 말씀을 가까이하여 말씀을 의지하는 삶이 더 신실한 삶이라는 것을 성경 말씀을 통해 확신하였기 때문이었다.

한편 군복을 벗을 것이라 마음을 비우고 있었던 나 장군은 아침이 되자 책상 정리를 끝내고 상부의 명령을 기다리고 있었다.

그러나 문책은 오지 않았고 오히려 별을 하나 더 달고 소장으로 진급 육군본부 작전 참모부장으로 영전하여 다시 3군 사령부 창설의 중요한 임무를 담당했다.

나희필 장군의 군대 생활에는 아무도 모르는 또 하나의 일화가 있다. 월남전이 치열할 때 우리나라 장성들과 고위급 인사들이 월남으로 갈 때는 꼭 대만의 한 호텔에서 1일 숙박을 하는 게 상례였다.

잠이 들 무렵 호텔 지배인이 나 장군 방을 노크 하더니 정중히 인사를 하고 책 한 권을 건넸다. 여자들의 나체 사진첩이었다. 한 사람 골라 주시면 보내 주겠다고 했다. 물론 돈은 출장비에서 계산이 다 끝났다고 했다.

그러나 나 장군은 이를 거절하고 내일 새벽 교회를 가야 하니까 교회 위치나 알려 달라고 했다. 그 후 이 호텔 지배인은 한국의 고위 인사들이나 장성들이 이 호텔에 유숙할 때마다 이런 말을 했다고 한다. "이 호텔 건립 이래 그렇게 청렴한 사람은 과거도 지금도 오직 한국의 나 장군 한 사람 밖에는 없었습니다."

전쟁터로 향하는 군인이 그것도 공짜로 수청(?)을 들겠다는 아가씨와 하룻밤쯤은 쥐도 새도 모르게 보낼 수도 있었는데도 "하나님은 항상 나와 함께 하신다."라는 평소의 믿음이 그날 밤의 유혹을 단호히 거절했다는 것이다.

나희필 장군이 제대 후 어느 날 밤에 당시 김재규 중앙정보부장으로부터 전화가 왔다.

정보부의 차장보 자리의 인선 문제로 며칠 밤을 지새우던 김재규 부장은 문득 나희필 장군이 생각나 새벽 두 시에 전화를 했다.

"나 장군이야말로 바로 이 자리에 앉을 가장 적임자요, 내일 아침 일찍 출근하시오."

당시 이 차장보 자리는 중앙정보부의 막대한 예산 집행에 관여하는 요직이기 때문에 청렴결백이 요구되는 인물을 추천해야만 대통령의 재가를 받을 수가 있었다.

김재규 부장의 보고를 받고 난 박정희 대통령도 흐뭇한 표정을 지으면서 "일국의 국가 원수가 친히 권하는 축하의 술잔도 기독교인이라는 이유로 거절한 믿음의 장군 나희필이야말로 그 어떤 압력도 부정도 유혹도 거부할 수 있는 인물이다. 잘 추천했다"라고 만면에 미소를 머금었다.

또한 수석 비서관 회의에서도 나희필 장군에 대한 칭찬을 자주 했다. 얼마 후 대통령은 나희필을 다시 장관급인 비상 기획원 위원장 자리로 영전시켰다.

그런데 만일 이때 영전이 안 되었더라면 1979년 10월 26일 궁정동 만찬의 자리 대통령 시해 현장에 나희필은 김재규와 함께 꼭 참석을 해야만 되는 확정적 인물이었지만 하나님의 가호로 이 위기를 모면할 수 있었다. 박 대통령이 비명에 쓰러진 지 14년이 지난 1993년 9월 16일 위대한 신앙의 장군 나희필 (장로)는 68세로 세상을 떠났다.

나 장군이 임종을 앞두고 새문안 교회 김동익 목사의 눈물의 기도를 받는 자리에서 그는 오히려 목사를 위로하면서 "목사님 제가 목사님을 잘 보필하지 못하고 먼저 떠납니다. 언젠가 하늘나라에서 다시 만납시다. 목사님, 한 가지 부탁이 있습니다.

찬송가 455장을 좀 불러 주시겠습니까?"

"주 안에 있는 나에게~~~."

청초한 가을 백합화처럼, 젖먹이가 어머니의 품 안에서 포근히 잠든 모습처럼, 그는 허물 많은 이 세상을 미련 없이 하직하고, 너무나도 편안한 모습으로, 두 팔을 활짝 펴시고, 이제 그만 나에게로 오라 부르시는, 주님의 품 안에 안겼다.

올곧게 바른길을 간 사람에게는 결코 후회할 일이 오지 않는 법이다. 오늘날 타락한 목회자, 수치스러운 정치꾼들이 부끄러움을 느끼며 본받아야 할 역사의 한 페이지이다.
이런 역사로 대한민국이 기록되기를 간절히 기도드린다.
(2020.9.20.)

운명을 바꾼 책 한 권 이야기

지금부터 90여 년 전에 영국에서 일어난 일이다. 한 시골 소년이 런던의 어느 큰 교회를 찾아갔다. 소년은 집이 몹시 가난해 더 이상 공부를 할 수 없게 되자 교회의 도서관에서 잔심부름하며 그나마 공부도 하고 책도 읽으려고 무작정 올라온 것이었다.

소년은 목사가 외출하고 없자 대기실에서 기다렸다. 소년의 등 뒤엔 수많은 책으로 가득했다. 그것을 바라보는 소년의 눈에는 반짝 빛이 났다. 흥분한 소년은 책을 둘러보다가 한쪽 구석에 두껍게 먼지가 쌓인 책 한 권을 발견했다. 볼품이 없는 그 책은 아무도 펼쳐 보지 않은 듯했다. 소년은 먼지라도 털 생각으로 책을 꺼냈다가 차츰 그 내용에 빨려들게 되었다.

그 책은 페브리에의 [동물학]이었다. 소년은 서서 그 책을 열심히 읽었다. 마침내 마지막 장을 읽었을 때 뒷장에 이런 메모가 남겨져 있었다.
"이 책을 끝까지 읽어주셔서 고맙습니다. 이제 곧 런던법원으로 가서 1136호의 서류를 가지십시오."

어리둥절한 소년은 곧장 법원으로 달려가 서류를 받았다. 그런데 놀랍게도 그 서류엔 소년에게 400만 달러의 유산을 상속한다는 내용이 적혀 있었다. 소년은 눈을 비비며 다시금 꼼꼼히 서류를 읽어 보았다.

"이것은 나의 유언장입니다. 당신은 나의 저서를 처음으로 읽어주신 분입니다. 나는 평생을 바쳐 동물학을 연구하고 책을 썼지만 아무도 관심을 가져주지 않았습니다. 그래서 한 권의 책만 런던에서 가장 오래된 교회 도서관에 기증하고 나머지 책은 모두 불살랐습니다. 당신이 그 교회의 내 유일한 저서를 읽어주셨으니 내 전 재산을 당신께 드리겠습니다."
 -F.E. 페브리에-

 그 사건은 영국에서 큰 화제가 되었다. 모두 엄청난 유산에 관심이 쏠렸다. 소년은 '페브리에'의 뜻을 기려 영국 전역에 도서관을 세웠다. 그리고 좋은 책을 보급하는 데 힘썼으며 가난한 사람들을 도우며 평생을 보냈다. 책 한 권이 소년에게 놀라운 행운과 변화를 가져온 것이다.

고약한 말세의 병, 오미크론

성경 예언서인 요한계시록 말씀대로 말세는 말세인 모양이다. 말세가 되면 나타나는 징후가 창궐하는 질병이라고 했다. 지금 나타나고 있는 코로나에 오미크론 같은 병이다.

대체 얼마나 해괴한 질병이기에 가족 간에도 마주 보고 식사도 못하고 함께 잠자리는 물론이고 세수도 함께 못하고 가족 간에도 완전 격리 생활을 해야 하니 병으로는 참으로 고약한 병이다. 저번 주 토요일 장남인 진우가 아주 오랜만에 부모 외식으로 모신다고 대부도에 가서 쌈밥에 동동주 마시고 온 게 화근이 되어 그 이튿날 오미크론도 아주 심하게 장남이 제 직장인 길병원에서 확진 진단받으니, 아녜스가 그다음 날 똑같은 증상으로 확진 판정 받아 고생하고 있다. 남편인 나는 물론 어머니 요양병원에서 병원으로 이동 입원 수속 때문에 보호자로서 봉화 해성병원 원무부장님과 약속 때문에 귀향하긴 했지만 아내는 간 김에 한 일주일간 고향에 머물다 오라고 한다. 집에 오면 전염되어서 또 환자가 될 테니 자기 병 다 나으면 오란다.

참 세상이 왜 이래. 가족이면 환자를 간병하는게 당연지사요, 의무가 아닌가. 가족이 아프면 전염된다고 요즘처럼 철저히 격리당하는 게 당연한 일처럼 풍속이 바뀐 것인가. 헷갈리는 세태에 정말 헷갈린다. 윤리와 도덕도 시대에 따라 변화해 가야 하는 모양이다. 하기야 동양 유교의 원전으로 진리인 삼강오륜이 도립을 한 시대라 하니 그저 웃어넘겨야 할 시대인가.

 그래도 시대가 아무리 변하고 세월이 수만 년 흘러간다고 해도 변하지 않은 것은 모성애이다. 최근 둘째 며느리의 딸(손녀) 자매의 오미크론 확증 판정 받고 나서 어미로서 의무로 본능적으로 헌신적으로 간병하다가 사흘 만에 며느리도 드디어 확진 판정을 받고 말았다. 어미는 자식을 위해서라면 희생하다가 죽을 수도 있는 게 이 세상 어머니의 타고난 모성(母性)으로 자성(自性)인 것이다. 자식 위하는 일에 어미로서 어찌 원망의 마음이 생길 수 있겠는가. 그러면 천품인 모성은 아닐 것이다. 요양병원에 계시는 어머니 역시 정상의 정신으로 돌아오면 본인에 관한 생각보다는 남겨두고 떠날 자식 손자들 걱정하시며 이승을 등질 것이다. 그게 부모 마음으로서 타고난 천품이니 어찌 변하겠는가. 그래서 모성애는 인류가 존재하는 한 절대불변의 위대한 진리이다.

 혼밥은 불행이요, 비극일까. 그렇게 생각하면 이 세상에서 어쩔 수 없이 삼시세끼 혼밥을 드셔야 하는 분들에겐 잔인한 얘기이지만 불행도 비극도 아니다. 제 마음이 이쪽저쪽을 왔다 갔다 해서 마음 따라 일어나는 현상이니까. 어제 저녁은 먹고 싶지 않아 남긴 밥그릇 절반의 밥과 참치 김칫국 반 그릇으로 아침 식사 간편하게 해결하고 점심은 라보떼(라면 보통으로 떼우다)로 해결했다. 아침 먹고 토란 심으려고 중방에 보관했던 뿌리 씨 상자를 꺼내보니 썩어서 못쓰게 되었다.
 낭패다. 뿌리 씨는 봉화 오일장에 가서 사 와야겠다고 생각하고 중방에 있는 옷 중에서 버릴 옷과 사랑방에 있는 책 중에서 버릴 책을 가려내는 작업을 시작했다. 정리작업을 한창 하고 있는데 앞집 호필 아우가 감자씨가 남았다고 가져왔다. 감자 씨눈을 봉화장에 가서 사 올 생각이었는데 잘 해결되어서 다행이다. 즉시 감자 심을 밭골 만들기 작업에 들어가 일찌감치 마치고 부실한 아침, 점심을 감안해서 저녁은 미역국을 끓여 먹으려고 생각했다. 아침에 미역 80g을 물에 풀어 놓았는데 부풀어서 어찌나 양이 불어났는지 절반은 물을 짜내고 별도 통에 넣어 냉장 보관을 했다.

 요양보호사가 미역국 끓이는 걸 유심히 본 적이 있기에 소고기 썰어서 냄비에 넣고 참기름 넉넉하게 붓고 미역도 조금 넣어 볶아서 어지간히 고기가 익었을 무렵에 물을 부어 끓이면서 소금 조금 치고 빻아 놓은 마늘 한 숟가락 풀어서 끓였더니 제대로 국맛 나게 일품이 되었다. 넉넉하게 밥 한 그릇 퍼서 맛있게 잘 먹었다. 또 한 가지 국 끓이는 기술을 습득한 셈이라 기쁘다.
 이제 저녁은 편히 쉬고 내일을 감자부터 심고 집 옆 산비탈과 앞산에 있는 두릅을 채취하고 뒤안 밭의 참나물을 모두 채취해야겠다. 지금 상태가 먹기에 아주 좋은 시기이기에 적기(適期)를 놓쳐서는 안 되기 때문이다. (2022.4.23.)

전교조 교사 전체를 대속한 성스러운 눈물
- 〈건국전쟁〉 한 편의 영화를 보고

참회의 눈물은 지성소에서 신을 향한 고백의 목소리보다 아름답다. 인간의 自性에 근거한 자기 양심에 대한 죽음 같은 반성이기 때문이다. 한 전직 여교사의 〈건국전쟁〉 건국 대통령, 영웅 이승만 기록 영화 한 편을 보고 난 뒤 복받쳐 오르는 절실한 참회의 감정으로 처절한 슬픔과 절통한 아픔에 체읍해 우는 저 성스러운 전직 여교사님의 모습은, 이 나라 매국 이적 전교조 사이비 교사 전체를 대신한 용기 있는 댓속의 성스러운 눈물이다.

〈이승만 대통령〉을 아직도 자기 맘속에 반역의 지도자로 품고 사는 인간이 타국도 아닌 대한민국에 버젓이 존재하고 있다면 차라리 할복 자결하라. 그 피조차 더러우니 이 땅을 더럽히지 말고 월북해서 그 땅에서 장렬하게 스스로 결행하라.

비뚤어진 골수 종북 사상으로 역사마저 왜곡 변질시켜 위대한 대한민국의 正史를 오도하여 제 자식 세대들을 세뇌 교육하고 있는 전교조 사이비 교사들은 백의민족의 후손도 아닐 뿐만 아니라, 우리 홍익인간인 단군의 후손으로도 이미 자격을 상실한 주사파의 나라, 이방의 핏줄이기 때문이다. 정상적인 사고의 선한 국민과는 共生할 자격을 원초적으로 상실했기 때문에 현재는 물론 다가오는 미래에도 그런 무리들과의 共生은 절대 불가하다.

이 현상의 씨앗은 김대중, 노무현, 문재인 삼대에 걸쳐 대를 이어 싹을 틔우고 가꾸어 이룩한 허접스러운 반역의 원인 행위 그 누추한 족적이요, 비참한 민족사의 비극으로 현재 우리가 겪고 있는 정체성이 망각된 역사적 현실 그 자체이고 결말이다. 오도된 역사 교육의 독성은 아직도 차세대 국민 각자의 맘속에 암 덩어리로 존재하고 있고 전염의 아메바로 번식을 거듭하는 중이다. 가짜의 역사, 왜곡의 역사, 날조된 역사 교육 교재 집필을 기획한 역대 대통령, 특히 문재인과 여기에 적극 동조한 교육부 수장들의 비리를 낱낱이 밝혀 역사의 심판대 위에 세우고 기록의 주홍 글씨로 남겨 후세 역사에 거울이 되게 해야 할 것이다.

남북 이산가족 실태조사서를 받고

기본 내용이
A.개인정보 (신청인)
B.남한 가족 정보(신청인의 가족)
C.북한 가족 정보(신청인이 찾는 북한 가족)
D.교류사업 참여 의향을 말씀해 주세요

1)선생님께서는 앞으로 헤어진 가족과 친척의 소식이나 생사를 확인할 의사가 있으십니까?
2)선생님께서는 헤어진 가족이나 친척과 대면 또는 화상 상봉을 희망하십니까?
3)선생님께서는 헤어진 가족이나 친척과 서신 또는 영상 편지 교환을 희망하십니까?
4)선생님께서는 북한지역의 고향을 방문할 수 있다면 방문할 의사가 있으십니까?
5)헤어진 가족이나 친척들과 영상 편지를 주고받을 수 있다면 영상 편지를 제작하시겠습니까?
6)유전자 정보 축적을 통해 선생님께서 사망 후에도 가족관계의 확인이 가능한 유전자 검사 사업에 참여하시겠습니까?

이상의 내용이 조사주관기관(통일부/대한적십자사)이라고 인쇄된 설문조사 내용이다.
간단한 〈안내문〉과 "이산가족 어르신 여러분! 안녕하십니까? 통일부 장관입니다."로 시작되는 이번 실태조사에 참여 협조문이다.

설문은 물론 첨부한 장관의 인사장이란 게 이십여 년 전 그때의 내용과 전혀 변함없는 천편일률적인 내용으로 수십 번 반복 조사를 하고 있다. 개선해야 할 중요한 내용은 (1)이미 이산가족 상봉을 한 가족과 (2)아직 상봉하지 못한 가족에 대한 설문 조사서는 당연히 달라야 한다. (3)재상봉은 아직 한 번도 이루어지지 못하고 있지마는 그때를 위해서 사전에 조사해 놓을 필요성이 있을 텐데도 그대로다.

아예 한 번도 이루어지지 못한 경우는 특별한 사유가 있는 건지, 있다면 그 장애 요인이 우리 정부에 있는지 이북에 있는 것인지도 오리무중이다. 이산가족 첫 상봉도 중요하지만 병행해서 재상봉도 제도적으로 성사되도록 최선의 노력을 다해야 할 것이다. 남과 북이 정치적 고려 때문에 눈치 봐가면서 좌지우지할 문제가 아니고 인도적 차원에서 적극 검토해야 할 시급한 과제이다. 생존자 수도 해마다 무시하지 못할 정도로 줄어들고 있는 게 현실이기 때문이다.

나는 2018년 8월 2박 3일 일정으로 1차 가족 상봉을 하고 왔기 때문에 이산가족의 실정을 잘 인식하고 있다. 한 번 상봉으로 끝나 버리니, 오히려 안 만남보다 못하다는 게 상봉 가족 모두의 공통된 의견이다. 1차 상봉이 이루어졌으면 이어서 후속 조치로 〈서신교환〉이라도 이루어져야 한다. 판문점에 남북한 공동관리 하의 우체국을 두어 서로 간에 서신을 검열해서 주고받으면 될 것이다. 생사를 확인했다고 하더라도 후속적으로 안부도 알 수 없고 서신교환도 안되고 내왕도 안된다면 그까짓 1회 상봉의 생사 확인이 무슨 의미가 있겠는가. 차라리 상봉을 안 하는 것보다 못하다는 얘기가 나오는 이유가 여기에 기인하는 것이다.

좀 더 진보적인 시각에서 검토해 볼 만한 사항은 공동경비 구역 내에 숙박시설을 신축해서 남북 이산가족 중에 상봉이 이루어진 가족들 우선으로 상시가 안 되면 명절만이라도 남북 가족이 상호교류하며 일정 시간 숙박을 하며 가족의 정을 나눌 수 있는 기회를 제공해 줘야 할 것이다. 그게 정착이 되면 남북한 상호 교대로 자택 상호방문도 가능하게 될 것이다.

이상의 내용은 실제 이산가족 중 생존자가 5만 7천 명(2018년 기준)이라면, 그동안 이미 많은 수의 이산가족이 유명을 달리했겠지마는 그때 기준으로 하더라도 1년에 만 명씩 이산가족 상봉이 이루어진다 해도 5년도 더 걸리는 일이다. 거의 북측의 의사 수용에 따라 이루어지고 있으니 한계가 있음이 짐작은 되나 전향적으로 특단의 대책이 강구되어야 할 것이며, 실질적으로 도움 되는 이산가족에 대한 장기적 정책 대안이 수립되어야 원활한 상봉이 성사되리란 생각이 든다.

죽음의 준비와 열반

사람은 꼭 자기만큼만 살 수 있다고 한다.
자기만큼 기뻐하고 자기만큼 슬퍼하고 자기만큼 보고 들을 수 있다고 한다. 어찌 삶뿐이겠는가. 죽음 또한 그러할 것이다. 아니, 죽음이야말로 꼭 자기만큼만 죽을 수 있는 실존의 마당이 될 것이다. 죽음은 흉내 냄이나 속임수를 끼워 넣을 틈을 주지 않는다. 다만 봄바람을 맞고 가을 달을 본만큼 죽을 수 있을 뿐이다.
'죽음은 당하는 일이 아니라 이루는 일'이라는 말이 있다. 죽음에 대한 이런 표현은 특히 불교에서 늘 두고 쓰는 말이기도 하다. 죽음은 삶(태어남)과 한 몸으로 보느냐, 아니면 삶과 맞서는 세계로 보느냐에 따라 사람이 삶을 꾸려가는 태도는 무척 달라질 것이다. 죽임을 당하는 일이 아니라 이루는 일로 보는 사람의 삶은, 삶과 죽음이 늘 서로를 받아들이고 끝없이 서로를 살려내는 어우러짐의 마당으로 흐르고 있다.
삶이 죽음을 받아들일 때 죽음은 삶의 열기를 식히는 고운 밤을 열어줄 것이며, 죽음이 삶을 받아들일 때 삶은 밑 없는 죽음의 밤을 일깨울 아침 빛을 뿌려줄 것이다. 이것은 우리가 살아가는 순간순간 끝없이 일어나고 있는 삶의 진실이기도 하다.
삶은 몸과 의식의 일어남이고, 죽음은 몸과 의식의 사라짐이다. 삶과 죽음이란 삶을 이루는 씨줄과 날줄이다. 삶과 죽음이 서로를 살려낼 거기에는 삶도 없고 죽음도 없다. 삶과 죽음이란 홀로 설 수 있는 힘이 없기 때문이다.
이처럼 삶과 죽음이 스스로만을 내세우지 않는 삶을 불교에서는 열반(涅槃)이라고 한다. 열반이란 '모든 맞섬이 사라져 버린 큰 평온'이란 뜻이다. 영원한 삶은 없다. 영원한 죽음도 없다. 삶만의 삶은 없다. 죽음만의 죽음 또한 없다. 삶과 죽음은 서로를 향해 끊임없이 스스로를 비우고 있는 것이다.

  열반이란 흔히 잘못 알고 있듯이 죽음이 아니다. 불법 수행의 목적은 깨달음인데, 깨달음이란 삶과 죽음이 본디 없는 것을 밝게 보는 일이며 사무치게 맛보는 일이기 때문이다. 이런 깨달음을 다른 말로 멸진정(滅盡定)이라고 한다. 여기서는 생각의 일어남[生]과 사라짐[滅]뿐만 아니라 호흡의 들숨 날숨도 사라져 버린다. 그러므로 참으로 멸진정을 이룬 사람은 숨길마다 집착이 없는 숨을 쉬며, 언제든지 들숨과 날숨을 놓아버릴 수 있는 삶을 살아가는 것이다.
  자기만큼 죽을 수 있다는 말은 그래서 수행자들에게는 더욱더 잘 들어맞는 말이기도 하다. 참으로 나고 죽음이 없는 삶을 산 수행자라면 죽음 또한 옷을 갈아입듯이, 또한 꽃 한 송이를 바라보듯이 흔들림 없이 맞이할 수 있기 때문이리라. 그뿐 아니라 그는 죽임을 당하는 것이 아니라 언제라도 죽음을 이룰 수 있는 멸진정의 힘을 지니고 있다 할 것이다.

  그래서 불교 수행자들의 죽음을 맞는 모습이란 참으로 아름답고 놀랍기까지 하다. 그들은 죽은 뒤의 세계를 위해 어떤 기도도 하지 않으며 어떤 신의 이름도 부르지 않는다. 다만 나고 죽음이 없는 삶의 진실만을 있는 그대로 보여줄 뿐이다. 불교의 이 독특하고 아름다운 죽음의 전통은 겨울 밤하늘의 별처럼 찬란하다. 사람에 따라 앉아서 가기도 하고[坐脫], 서서 가기도 했으며[立亡], 거꾸로 서서

가기도 하고[倒化], 걸어가면서도 가기도 했다[步寂].

이 글은 [김진태 지음, 물속을 걸어가는 달]에서 인용한 것이다. 아흔일곱의 어머니를 일 년이상 봉양하며 점점 약하게 사그라들어가는 모습을 지켜보며 한생 인간의 삶과 죽음을 맞이함이 어떠해야 하는가를 깊이 숙고하게 된다. 가쁘게 몰아쉬는 넘어갈 듯한 숨결, 기침 소리, 기어다니는 침팬지의 모습 속에서도 수치심에 의해 체면을 지키려고 안간힘을 쓰시며 견디시는 어머니 모습을 지켜보며 가슴 미어지는 아픔보다 죽음도 저렇게 힘든 과정을 거쳐야 하는구나 하는 생각에 만감이 교차한다.

죽음에 대해 나는 준비가 되어 있는가, 그저 생각 없이 살다가 한밤중 예고도 없이 들이닥친 손님처럼 그렇게 맞이하면 되는 일일까? 깊은 사유의 결론 쉽게 낼 수 없는 일이다.

그중에서 읽었던 책 중에서 수월 스님의 일대기를 엮은 이 책을 5년 만에 다시 펼쳐 읽으며 삶과 죽음의 연관 관계, 죽음을 맞이하는 준비와 자세, 수행자의 사생관, 불교의 심오한 열반의 세계를 다시 한번 상기해 보며 삶의 번민보다는 좀 더 죽음에 대해 진지하게 숙고해봐야겠다는 생각에 미치게 된 것이다.

인간은 태어날 적에 미완성의 인간으로 태어나서 죽음으로서 완성을 이루는 것이다.

죽음은 끝이 아니라 성스러운 자기만의 마지막 목표의 정점이기에 삶의 아름다운 마무리로 욕심을 완전하게 비워가며 후회 없는 삶의 완성을 목표로 꾸준히 이루어가야 하는 것이라는 게 내 생각의 결론이다. 완성에 가까워질수록 인간은 스스로 낮추고 겸손해져야 하리라. 결국 평소 죽음에 대해 숙고하고 예비하는 자만이 환희심으로 멸진정의 경지, 그 완성을 맛보는 희열을 느끼게 될 것이다.

윤여정의 청룡상 시상식 인사말 듣고

　윤여정, 참 아름다운 지성적인 배우다. 그는 말은 잘할 줄 아는 매력적이고 품격 있는 배우다. 그래서 나는 그를 한없이 존경하지 않을 수가 없다.
　TV 청룡상 시상식에서 인사말 내용 중 사례를 들어 설명하며, 외국 기자가 질문하기를 "영화 기생충, BTS, 오징어게임 등 최근의 이런 훌륭한 예술 영화작품들이 제작되어 한국의 영화 영상 예술의 위상을 세계에 떨치고 있는데 본인은 어떻게 생각하느냐?"는 질문을 받고 윤여정은 답하기를 "한국엔 원래 훌륭한 영화감독과 작품이 무수히 많은 데도 세계인들이 이제서야 알아보게 된 것일 뿐입니다." 라고 답변했다. 이어서 "오늘은 외국에서 하는 시상식 인사말이 아니어서 서투른 영어로 이야기를 안 하고 우리나라 말로 얘기할 수 있어서 너무 좋고요, 아울러 아름다운 우리 한글을 창제해 주신 세종대왕님께 감사드린다."라고 했다.
　짧은 순간에 뱉어내는 저 순진한 촌철살인의 위트와 지성적 언어가 참으로 경이롭게 참신해서 아름답다. 그의 인터뷰의 한마디의 말이 배우의 품격은 물론이고 국격을 업그레이드시키는 견인차 역할로서 존경과 찬사의 말을 전하고 싶다. A4용지 메모를 들고 보면서도 제대로 말을 잘할 줄 모르는 대통령보다는 수천 배 국민의 품격을 선양하는 위력을 그에게서 발견한다. 이 글을 남기며 이재명이라는 조현병 환자 같은 오리무중의 거짓말 막말이 오버랩되니 참으로 비극적인 오늘 대한민국의 정치적 현실이 역겹고 수치스럽다.
　그래서 배우 윤여정의 TV 청룡상 시상식의 우리말 한글 인사말과 아울러 덧붙인 "아름다운 우리 한글은 창제해 주신 세종대왕님께 감사드린다"라는 말은 유엔 총회에서 영어로 한두 시간 하는 대통령의 연설보다 월등하게 우월한 가치를 발견할 수 있는 것이다. 정신이 썩어 문드러진 국회의원 300명보다도 더 높게 나라의 품격을 업그레이드시켰고 애국심을 현양하는 계기가 된 듯해서 너무 기쁘다.

(2021.12.2.)

거짓말하는 정치, 내 나라 맞습니까?

  국민만이 그런 건 아니다. 정치는 거짓말의 모범을 보이고 있다. 거짓말이 정치의 유력한 수단으로 등장한 것은 2002년 대통령 선거 때이다. 김대업이란 사람이 한나라당 이회창 후보 아들이 군 기피 목적으로 체중을 일부러 줄였다고 주장했다. 나중에 재판 결과 조작된 거짓말이었다고 판명됐다. 그러나 그 거짓말에 대통령 선거 판세는 바뀌어졌다. 그 이후 이 나라 정치는 거짓말의 파노라마였다.

  *2008년 광우병 파동-미국에서 수입한 쇠고기를 먹으면 뇌에 구멍이 숭숭 뚫려 죽는다는 거짓말이었다. MBC의 PD가 그런 방송물을 제작했다. 미국과 FTA를 체결한 이명박 정부를 곤경에 빠뜨릴 의도였다. 거짓말은 순식간에 전국을 소용돌이치게 했다. 중학생이 "저는 15년밖에 못 살았어요"라는 피켓을 들고 나와 촛불 시위를 벌였다. 아직까지 세계 어디서도 미국 쇠고기 먹고 죽은 사람 단 한 명도 안 나왔다.

  *박근혜 대통령도 결국 거짓말에 쓰러졌다. 세월호가 침몰하는 순간 청와대에서 미용 수술을 했느니, 마약을 했느니, 애인과 밀회를 했느니, 등등 터무니없는 거짓말로 나라를 뒤덮게 했다. 여성 대통령이 아니면 있을 수도 없는, 여성을 우습게 여기거나, 비하하는 한국인의 집단 근성이 만들어낸 거짓말의 광란이었다. 최순실의 재산이 수십 조라느니, 최순실 딸이 박근혜 대통령 숨겨놓은 딸이 라느니, 거짓 조작된 논쟁만 벌였다.

*그 거짓말 행진은 지금도 이어지고 있었다. 광화문에는 세월호 추모 노란색 천막 쳐 놓은 가운데 "왜 안 구했나"라는 플래카드가 걸려 있었다. 벌써 5년이나 지난 일, 진상은 밝힐 만큼 다 밝혀지고 보상도 끝났다. 그런데 아직도 "왜 안 구했나"라니? 아직도 그 시간에 여성 대통령이 청와대에서 애인과 밀회를 하거나 마약을 즐겼다는 것인가? 그런데 아무도 거짓말의 천막에 항의하지 않고 있으니, 거짓말의 천막이 사람들을 겁박하고 있는 게다. 우리 모두 선량한 백성들은 무심한 척 숨죽이고 그 곁을 지나치고 있었다.

우리 모두가 죽은 영혼이었다. 혼은 이미 죽은 지 오래인데 육체만 살아서 움직이는 좀비들이 되었다. 이 나라 수도 한복판에서 좀비의 행렬이 나날이 비극적으로 이어가고 있다. 그래도 남의 집 불구경하듯 하고 즐기는 이 나라, 오늘날의 이 기구한 현상이 정상적인 내 나라, 대한민국이 정말 맞습니까?

멋진 시대 풍자 유머

　시국에 편승해서 시중에 회자되는 골개스런 해학의 유머는 새길수록 깊이는 없지만 그 시사하는 바는 역으로 만만치 않다. 수십 년이 흐른 뒤엔 역사에 남을 만큼의 생기가 도는 글이 될 것이다. 문재인 정권의 정치 무능과 부패에 대한 카타르시스 해소엔 명약이요 특효약이기에 가감 없이 옮겨 본다. 유머도 이 정도면 통쾌하다. 삼 년 묵은 체증이 다 내려가는 느낌이다.

　1. 문재인과 이해찬이 헬기를 타고 순시에 나섰다. 문재인이 말했다.
"천 원짜리 한창 떨어뜨리면 주운 사람이 되게 좋아할 거야."
이해찬이 말했다.
"만원짜리 떨어뜨리면 더 좋아할 겁니다.
옆에서 듣고 있던 조종사가 말했다.
"니들 둘이 뛰어내리면 5,000만이 좋아한다."

　2. 문재인이 자신의 얼굴이 담긴 우표를 발행하라고 지시하고 판매 현황을 알기 위해 우체국을 방문했다.
"요즘 내 우표 잘 나갑니까?"
"인기가 없습니다. 우표가 잘 붙지 않는다고 고객들 불만이 큽니다."
그 말을 듣고 문재인이 직접 우표 뒤에 침을 발라 붙여봤다.
"아주 잘 붙는데요?"
우체국 직원이 머뭇거리다 말했다.

"고객들은 앞면에다 침을 뱉습니다."

3. 문재인이 밤참을 사러 나갔다가 강도를 만났다.
"가진 돈 전부 내놔!"
"나는 이 나라의 대통령이다."
그러자 강도가 말했다.
"그럼 내 돈 다 내놓아라."

4. 문재인이 이해찬과 모든 장관과 같이 골프를 치러 가다가 사고가 발생해 병원으로 긴급 후송되었다. 기자들이 몰려들어 병원장에 물었다.
"문재인 대통령을 살릴 수 있습니까?"
"가망이 없습니다."
"이해찬은 살릴 수 있습니까?"
"그도 가망이 없습니다."
"그럼 누구를 살릴 수 있습니까?"
"국민을 살릴 수 있습니다."

5. 어떤 사람이 광화문 이순신 동상 앞에서 외쳤다.
"문재인은 날라리다!
문재인은 바보다.
문재인은 거짓말쟁이다!"
경찰들이 와서 즉시 체포해서 20년 형을 선고해 감옥에 넣었다.
그의 죄목은 단 한 가지였다.
국가기밀누설죄!!

6. 문재인이 차를 타고 가다가 사고가 나서 강물에 빠졌다.

수행원도 지나가던 행인들도 아무도 구할 생각을 하지 않고 구경만 했다.

한 사람이 물었다.

"사람이 물에 빠져 목숨을 잃게 되었는데 왜 살리려 하지 않고 구경만 합니까?"

"대신 5,000만이 살 수 있기 때문이오."

3부

특집(I)
남북 이산가족 상봉기

남북 이산가족 상봉기

[前1] 이산가족 상봉 전 적십자사 전화를 받다(2018.7.25.)

전화로 "이산가족 신청하셨지요?"
"예."
"권 석씨 되시지요?"
"아니, 제 어머니인데요?"
"아. 예, 남자인 줄 알았어요."
"이산가족 상봉 신청하셨지요?"
"예, 맨날 되는 듯 묻기만 하고 끝내네요."
"어머니께서 93세인데 가실 수 있나요!"
"아이고, 되면요. 제가 업고라도 가지요."
"좀 기다려 주세요. 생사 확인하는데 약 보름은 걸릴 겁니다."
"예, 그러지요, 되기는 되나요?"
"확인만 되면 되지요."

그런 말이야 누가 못하노 라고 속으로 생각하고 반신반의 전화 통화를 끝내고 정말 이번에는 꼭 되어야 하는데 라고 속으로 생각했다. 어머니 연세가 만 93세이니 더 이상 미뤄지면 설사 상봉이 성사되더라도 건강상 간다는데 보장되는 게 아니니까.

어쩌면 이번에는 뭔가 될 것 같은 막연한 느낌이 들었다. 그래도 기다린 보람이 있어 십여 일 후에 적십자사에서 전화가 왔다. 어머니가 오매불망 보고 싶어 하는 배다른 장남 (병주·형)은 2005년 사망했고 아들이 둘 (리 철, 리 윤) 있는데 만나겠다는 의사 표시가 있었다는 전갈이었다. 나는 무조건 만나겠으니 수속을 진행하라고 했다.

막상 어머니께 큰형님께서 별세했다는 얘기는 어찌할지 잠시간 망설이다가 알려야겠다고 마음 정리하고 고향에 전화를 드렸다.

"엄마, 적십자사에서 연락이 왔는데, 형님은 2005년도에 78세로 돌아가시고 아들이 둘인데 만나고 싶어 한대요. 손자라도 만나봐야지요. 상봉 진행하라고 했어요."

"다소 예상은 했다마는 어쩔 수 없는 일 아니냐. 손자라도 만나봐야지 잘했다."

예상외로 어머니 말씀은 동요 없이 차분하신 것 같아 다행이라 생각했다.

수행 가족은 한 명밖에 안 된다고 하니 내가 어머니 모시고 가겠다고 했다. 준비 서류로 가족관계 증명서, 최근 명함판 사진 등 준비할 서류를 얘기해 주었다. 자세하게는 휠체어가 필요하냐, 보청기가 필요하냐 등 묻길래 어머니는 휠체어는 필요하고 보청기는 안 끼고도 들을 수 있다고 했더니 무료 스폰서 받은 물품으로 그날 속초 숙소에서 간단하게 임상 체크하고 무상으로 주니까 받아 놓으라 권유하니 그렇게 하겠다고 했다.

[前2] 이산가족 상봉 2박 3일 전체 일정표

♠〈집결〉 8.19.(일) 속초 한화리조트(1박)
 14:00~16:00 이산가족 등록
 16:30~17:30 방북 교육

18:00~20:00 저녁 후 취침

♠〈1일 차〉 8.20.(월) 외금강호텔(2박)
  06:30~07:30 조식, 한화리조트 출발
  08:30~12:30 〈외금강호텔〉도착, 숙소 배정(407호)
  12:30~14:00 개별 점심(온정각-현대·아산이 직영함)
  14:00~18:00 단체상봉(금강산호텔 5번)테이블, 가족 동석)
  19:00~21:00 북측 주최 만찬, 저녁
  21:30~취침

♠〈2일 차〉 8. 21.(화) - (3박)
  07:00~08:30 개별 조식
  09:00~12:00 개별 상봉, 준비한 선물 개봉
  12:00~14:30 함께 중식, 도시락(407호 숙소에서)
  15:00~17:00 단체상봉(금강산호텔)
  18:30~20:00 개별석식(금강산호텔)
  21:00~취침

♠〈3일 차〉 8. 22.(수) - (귀환)
  06:00~07:30 개별 조식(금강산호텔)
  09:00~11:00 작별 상봉(금강산호텔)
  11:30~12:30 개별 중식(금강산호텔)
  13:00~15:00 방문단 출발 전 숙소인 속초 한화리조트로 귀환

♣사전 준비 사항(참고)
  ♠복장
  *가족 상봉, 만찬 등-정장 차림 옷 준비 (한복, 양복, 양장 선택)
  *이동, 숙박, 숙식 등-간편 복장 실내복 등

♠휴대품 / *휴대품은 가능한 최소화
*이동, 통관 시 선물과 짐은 일괄 운반함, 개인 필수품은 휴대할 것
*만날 가족에게 줄 선물 가방은 적십자사 직원에게 위탁, 이북 호텔 숙소 각자의 호실로 전달함
*주민등록증은 반드시 본인 지참할 것
*휴대전화는 출입국 사무소에 보관 후 출경하여 입경(국) 시에 반환 받음
*사진 촬영 제한구역 있으므로 유의할 것

♠환전
*이북 매점, 편의시설에서 달러만 사용할 수 있음(환전은 사전에 준비할 것)

♠선물 준비(선물 고를 때)
*부피가 작은 생필품, 실용적 품목 선택
*현금지원은 자제하고 물품으로 할 것

♠예전 가족 상봉한 분들의 예
*주로 의류, 시계(가급적 수동시계), 의약품(항생제, 종합감기약, 영양제) 등
*주류, 화장품, 시계 등은 10만 원 이하의 물품으로 하고, 진주나 금, 은 등 귀금속은 금지됨, 가족사진, 가족의 유품 등은 권장 물품임

♠가족상봉시 꼭 확인할 내용
*부모님 기일, 묘소, 가족 생사 여부 등 알려줄 사항은 메모해 갈 것
*북측에서 사용할 수 없는 물건이나 체제 비판 등 내용물은 난처한 사항 발생 우려됨

♠휴대가 금지된 물품들 / *상식을 벗어난 물품들로서 생략함

♣집결 이틀 전 / 봉화 고향집에서 준비(2018. 8. 18.)
- 생질녀(김은희)가 승용차로 내일 집결지 설악 한라리조트까지 어머니, 나, 여동생 셋 모셔주겠다고 고향 집에 와서 함께 1박함.

♣집결[前]일 / 2018.8.19 (일)〈공식 일정〉
*07:00 생일 케이크로 간편 식사하고, (이틀 후, 여동생 생일 축하)
*08:00 네 식구 승용차로 봉화 집에서 출발. (어머니, 나, 여동생, 생질녀)
*11:15 속초 도착 점심 식사하고,
*13:00 한라리조트 설악 도착, 생질녀 귀가함(SBS. CNN. KBS. 로이터통신. 워싱턴포스트 기자와 즉석 인터뷰함)
*14:00~16:00 이산가족 등록
♣16:30 방북 교육 실시
♣대한적십자사 회장(박경서) 인사 말씀
*회장은 2박 3일간 북에 함께 머물며 상봉 가족의 심부름꾼 역할 할 것임.
*여러분은 현 생존 이산가족 57,000명 중 선발되어 복 받은 분임
*1859년 앙리듀낭이 적십자 창시함
*193개 유엔 회원국 중 이산가족 상봉 행사하는 나라는 유일하게 대한민국뿐임
*기타 주의 사항: 주민등록증, 휴대폰은 출경(국) 시 보관 후 입경(귀국) 시에 돌려줌. 건강관리(과음, 과식 삼가) 등
♠박경서 적십자회장께서 건의 사항이 있으면 하라고 해서 손들고 한 말씀 전달했다. "우선 이산가족 상봉 재개 어렵게 추진해서 성사해 주셔서 감사드립니다. 상봉하고 돌아가면 다시 만날 기약도 없는

도로 이산가족으로 돌아가게 되니 재상봉의 길을 터주어야 할 것 아니냐?"고 했더니 적십자사로서는 당연히 그렇게 하고 싶으나 남, 북 당국의 사정이 여의치 못해서 어쩔 수 없다는 예상된 답이 그대로 돌아왔다.

*19:00 ~ 21:00 저녁 식사
*21:30 각자 배정된 방에서 취침

[제1일 차] 2018. 8. 20.(월) 오전 공식 일정

*06:30~07:30 조식 (황태국밥)
*08:00 : 1호차에 탑승(남북한 왕래자 세관 신고서, 개인 정보 이용동의서, 세관 신고서, 검역신고서 작성 제출)
*08:30~12:30 방문단 방북 출발(관광버스) 버스 안에서 통일부 장관(조명윤)이 잘 다녀오라 인사말하고 하차함
*08:35 출발 (한화리조트에서)
*09:40 출입국관리사무소 검열 (출국심사)
*10:35 동해선 도로 남북 출입사무소 (휴대폰. 주민등록증, 북 가족에게 전달할 물품 자루에 넣어 맡김, 통관)
*11:20 통관절차 마치고 우리가 탑승한 1호차 출발,
★군사분계선을 넘어서니 남북의 경계를 선명하게 가르는 아스팔트 길이 끝나고 시멘트 바닥 도로가 확연히 시작되는 시점에 이르자 "5m 전방을 넘어서면 이북 땅입니다"라는 안내원의 멘트가 있었다. 이북 땅으로 금강산호텔까지 이어진 시멘트 길 도로는 현대건설에서 장비를 동원해 무상으로 공사를 해 준 것이라는 안내원의 멘트가 있었다. 동족애의 마음으로 배려한 공사지만 내 마음은

어쩐지 개운치가 못했다. 아스팔트 길이 끝나는 선, 그 지점부터 시멘트 길로 진입하여 이북 땅으로 들어서는 순간이다.

태어난 지 69년 만에, 6·25 이후 68년 만에 금단의 땅을 밟는 순간이다. 가슴이 먹먹해 짐을 느꼈다. 이 땅이 어머니가 살아생전에 그렇게도 가보고 싶었던 배다른 큰아들(병주)이 사는 땅이란 말인가! 이 지구상에서 가장 가까우면서도 가장 먼 땅, 불합리한 천형의 땅이다.

키 자그마한 두 명의 군인이 목각 인형처럼 나란히 보초 서고 있는 초소를 지나니 야트막한 금강산의 잔 줄기들이 차창 밖으로 시야에 들어왔다. 나무 한 그루 없는 데다 숲조차 보이지 않으니 그야말로 휑당그레한 돌산으로 황량한 들판에 연이어 경주 신라 왕릉이 잔디 하나 없는 모습으로 누워 있는 형상이었다. 벼와 옥수수, 수수 등을 곡식이라 심어 놓은 들판의 모습들이 유난히 가물은 금년 땡볕을 아스라이 넘긴 듯 여물어 가는 모습이 눈물겹다. 곡식의 낱알은 눈을 닦고 봐도 보이지 않아 가을걷이할 일은 싹수가 없어 보였다.

황량한 들판을 바라보며 속으로 "큰일 났구나!"라는 생각뿐, 농사가 저리도 가슴이 쓰라릴 정도로 쭉정이뿐이니, 가을 추수야 보나마나인데 이 일을 어쩐단 말이냐. 깊은 시름 속에 온천이 나온다는 온정리 마을이 차창 옆으로 시야에 들어왔다. 냇가에 강둑 위로 죽 늘어선 2층으로 지은 온천 숙박시설이란 게 지금 사용이 가능한 집인지 의구심이 들 정도로 겉보기가 너무나 허술해 보였다.

*12:00 외금강호텔 도착
*13:00 개별중식 (北, 온정각에서 점심)

곧바로 우리가 이북에서 2박 할 숙소 〈외금강호텔〉이 눈앞에 들어왔다. 407호에 여장을 풀어놓고 어머니를 휠체어에 태워 곧바로

〈온정각 식당〉으로 점심 식사를 하러 갔다.

　금단의 땅, 이북의 첫날 점심 식사는 〈온정각〉이라는 간판이 붙은 한식당이었다.

　종업원이 복장이 세련되고 여직원의 모습이 단정하고 예쁘기도 하지만 복장이 우리 남한의 고급 레스토랑 분위기의 미니스커트 복장이고 말씨와 억양이 우리와 똑같았다. 안내원의 멘트에 의하면 이 식당은 이북 땅에서 유일하게 현대아산이 직영하는 식당이라는 사실을 알게 되었다. 조리한 음식이 깔끔했고 정갈하고 맛있었다. 점심 식사에 백세주에 지평 막걸리를 곁들여 마시니 기분이 좀 야릇했다. 이북 땅에서 남한 술을 밥상 테이블에서 제 맘대로 골라서 맘 놓고 마실 수 있다는 게 여간 생경한 게 아니다.

[제1일 차] 2018. 8. 20.(월) 오후 공식일정

14:30 금강산호텔 체크인 (407호)
*15:00단체상봉[★최초 대면 만남 (장소:외금강호텔 /15:00~17:00)
*각자 테이불에 상봉 좌석번호가 부여돼 있었다. 우리는 어머니가 고령(휠체어로 이동)인 덕분에 1번 좌석으로 정해져 있었다. 이미 북쪽 가족은 조카 형제가 먼저 좌석에 나란히 앉아 있었다. 조카들과 악수하고 뺨도 서로 맞대고 부비며 조금은 어색하지만 반갑게 인사를 나누었다.
"많이 만나보고 싶었다. 오래 기다린 보람이 오늘 이렇게 기쁨으로 오는구나."
　조모님, 고모(여동생), 나(삼촌) 이렇게 인사 소개를 순서대로 했다. 조카들 둘이 함께 이구동성으로 "덕재 형님은요?"

"오늘 같이 못 왔는데 다음에 상세히 얘기해줄게."

당연히 제일 먼저 찾을 가족이다. 형님이 남한에 남겨둔 유일한 혈육의 아들이다. 덕재는 나와 동갑내기 조카로서 6.25 발발 한 해 전 1949년 8월이 생일이고, 나는 음력 초이튿날이다. 7개월 먼저 태어난 삼촌인 셈이다.

이북 조카 형제는 맏이가 哲, 둘째가 潤, 셋째가 文으로 이름이 모두 외자였다. 오늘은 상봉 인원 제한으로 삼 형제 중 형제만 나오게 됐다. 넷째가 딸인데 결혼해서 아들이 하나 있다고 한다. 북의 가족은 삼남일녀로 조카들 네 남매와 그 자녀들이 남아 있는 셈이다. 각 좌석엔 간단한 다과와 도수 높은 술(들쭉술 포함 대동강 맥주 등)이 차려져 있었다. 北의 형님 내외분은 별세하셨고 자녀들은 모두 결혼했다고 한다.

가족으로서 증명할 수 있는 중요한 자료인 앨범과 손바닥 크기의 수제 족보와 형님이 받은 훈장과 각종 상장도 가지고 나왔다. 앨범을 펼치니 전부 복사한 사진이지마는 형님 칠순 잔치를 비롯한 자녀 네 남매의 돌잔치, 결혼식 등의 사진이 일목요연하게 부착돼 있었다. 집에서 보관해 오던 작은 형님(병연)과 나란히 찍은 사진을 건네주었다.

"작은아버지(형님의 동생) 얘기는 무수히 들었지마는 사진이 없어서 섭섭했는데 잘 됐다"며 받는다. 작은형님을 작은아버지로 부르는 아이들을 오늘 만나 그 소리를 처음 듣고 보니 감회가 무량했다. 함께 모여서 살면 외롭지는 않겠구나 하는 생각이 순간 스쳐 지나간다. 형님이 받은 훈장과 상장 실물, 수제 족보는 촬영해야겠는데 오늘 행사 책임자에게 물어보니 촬영해도 된다고 해서 휴대폰에 담아왔다. 족보는 1950년을 전후로 구분한 이북 족보와 남한 족보였다.

이북은 큰형님이 시조인 셈이고 남한 족보는 고조부와 증조부 3형제분과 아버지 5형제분, 고모까지 수기로 적었고 그 아래 대(代) 4촌 형 중 장남의 출생날짜가 정확하게 기록되어 있었다. 별도 자료가 있었는지 모르지만 소문대로 형님이 천재였던 모양이다.

[제2일 차] 2018. 8. 21.(화) 공식 일정 - 선물교환, 점심 도시락

-05:30 기상 안내 방송 청취
*06:00~07:30 개별조식(외금강호텔 뷔페식)
*09:00~11:00 개별상봉[★2] 선물교환
*11:00~13:00 개별점심[★3](술과 도시락)
*15:00~17:00 단체 상봉 (정장)
*18:30~20:00 개별 저녁, 개별 가족 상봉, 다과 만찬
[★2] 선물교환 및 [★3] 점심 도시락 식사, 술도 곁들임 (숙소 407호/ 09:00~13:00)

*각 방으로 출경 시 자루 속에 넣어 수화물 표에 의해 맡겼던 선물 자루가 각 방으로 배달되고, 북의 형제들이 가지고 온 선물함도 동시에 배달되었다. 북에서 가져온 선물은 술 3병(백두산 들쭉술 40%, 평양술 40%, 대평곡주 30%)과 수를 놓은 침대보 덮개였다. 선물 내용은 이튿날 확인 결과 방마다 내용물이 똑같았다. 내가 가져간 선물은 시계 2개 (론진. 부루바) 간단한 의약품, 사진. 화장품, 족보 세 권 (해당 페이지를 찾아서 이북 조카 가족들 형님, 형수 사망 일자와 조카들 출생과 결혼 사항, 그 아래 대(代) 아이들 내용도 직접 다 기록해서 넘겨주었다) 내 수필집 제1집(내 마음자리에 그대

가 머물고)과 제2집(어머니 봉양 일기)각 2권씩, 달러 100불짜리 4장과 한국 화폐는 종류별로 5만 원, 만 원, 오천 원, 천 원 각 4매씩 준비해서 종류별로 기념 선물로 주려고 했는데 필요 없다고 극구 사양하고 그 대신에 달러는 재빠르게 집어넣는다. 한국 화폐는 이북에선 무용지물이라고 했다. 암시장 달러 환율은 1달러가 8천 원, 100달러가 우리 돈으로 80만 원이라고 했다.

형제간에 주된 질문 내용은 집(주택)값이 얼마나 하느냐? 토지는 좀 가지고 있느냐? 통일은 어떻게 될 것 같으냐? 등이다. 집값은 달러로 얘기해야 알아듣는다. 2-3십만 불, 50만 불, 100만 불, 300만 불이라고 얘기하니 100만 불 이상의 숫자에 대해서는 인식 자체를 잘 못 하는 것 같았다. 사실 남한에서 주택값이 최하가 2-30만 불, 50만 불, 100만 불, 그 이상 3-4백만 불 하는 집도 있다고 했더니 잘 이해가 안 되는 느낌이었다. 통일에 대한 내 대답은 "지금 문재인 대통령이 너희들 존엄인 국방위원장에 대해 상당한 호감을 느끼신 분으로 김정은 국방위원장께서 이번처럼 통 크게 이산가족 방문도 계속하고 방문 내왕도 자주 하게 하면 가까워지겠지."라고 답해주었다.

[★2]선물교환, [★3]점심 도시락식사 중 이어진 얘기들

문재인, 박근혜, 이명박, 홍준표 등의 이름을 꿰뚫고 있었다. 남한 주택값을 주되게 물어보는 것은 이북은 국가에서 거저 주니까 집 걱정은 없다는 뜻을 알리려는 전략같이 느껴졌다.

그다음 중요한 얘기는 〈덕재형〉에 대해서는

"아버지께서 꼭 만나봐야 한다고 강조했어요. 왜 못 왔는데요."라고 물었다. 내 나름의 변명 겸 대답을 해줘야 할 상황이다.

"덕재형은 아버지에 대한 원망이 골이 깊게 쌓인 것 같애. 왜냐하면 아버지가 유일한 혈육인 아들(본인)이 돌도 안 지냈는데 두고 북으로 가실 수가 있느냐 하는 것이고, 3, 40여 년 전부터 이산가족 신청을 계속했는데 응답이 없으니 아버지 쪽에서 신청을 않았기 때문에 연결이 안 되고 있으니, 독자인 자기를 두고 북으로 간 것도 원망스럽고 이산가족 신청해서 찾지 않는 것도 원망스럽다는 거야. 심지어 부모가 자기를 안 찾는데 내가 왜 찾아야 하느냐고 할 정도로 섭섭하다고 나한테 한 번 얘기한 적이 있어" 내가 만약에 덕재 조카 입장이라도 그런 생각이 들 수도 있겠구나 하는 생각이 들곤 했어. 다음 기회에 상봉이 이루어진다면 그때는 내가 못 와도 덕재형은 어떻게 든 보내도록 할 테니 후일을 기약하도록 하자."로 가족 얘기는 마무리했다.

★덕재형이 남한에 있다는 얘기를 형님이 형수에게 말한 건 1956년 6월 16일 결혼하고 맏아들(哲)이를 낳고 난 뒤에 처음으로 얘기했다고 전해 들었다고 했다.

★나에 대한 얘기는 큰형(병주)이 행여라도 이산가족 상봉이나 다른 가족 상봉이 이루어질 때 그 인편으로 둘째 형(병연)에게 보내려고 써놓은 편지에 새어머니(계모) 소생에 덕재와 동갑내기와 세 명이 있을 수도 있으니 잘해주라고 쓴 것을 읽은 적이 있고 그 외에도 몇 통의 편지가 더 있는데 잊고 오늘 못 가지고 왔다고 무척 아쉬워했다. 둘째 윤(潤)이가 "덕재 형 사진이라도 있었으면 좋겠는데."라고 해서 가슴이 정말 아팠다.

★덕재형에 대한 기억은 아버지 말씀이 "서울 단층집에 살면서 그때 기어다니던 기억밖에 안 난다."라고 말씀하셨다고 한다.

★둘째 형(병연)과 마지막 헤어진 것은 큰형이 차고 있던 세이코

손목시계를 풀어 주면서 ○○장소에 ○○시까지 와서 같이 가기로 약속했는데 병연 형이 나타나지 않았다고 맏이(哲)가 내게 전해준 얘기다.

★고모(여동생) 얘기는 그때는 태어나지도 않았으니 없는 게 당연하다.

★수첩 족보 수기 제작은 2023.6.17. 형수가 사망 후 그해에 형님이 만들어 맏아들(哲)에게 주었다고 함

★형님(병주)은 평양 곡산공장 공무 직장으로 정년퇴직하였으며, 맏아들 철(哲)이 공무직 장직을 이어받아 작년에 만 60세로 정년 퇴임해서 쉬고 있다고 함. 형님(병주)은 2005년 7월 1일 별세하심. (형수는 2년 전(2003.6.17.)에 별세함)

[제3일 차] 2018. 8. 22.(수) 공식 일정 - 서울로 귀환

*06:00~07:30 개별 아침(외금강호텔 중식)
*09:00~11:00 작별 상봉(금강산호텔)
-마지막 양 가족 동시 합석해서 간단하게 다과 겸양 측 적십자 회장 격려 인사말.
*11:30~12:30 개별 점심(금강산호텔)
-마지막 헤어지는 작별 연(宴)으로 가족끼리 한 테이블에 합석해 식사하며 담소 나눔.
*13:00~17:00 방문단 귀환 (서울 적십자사에 도착 해산 귀가함)

못다 적은 얘기들

♣6.25 사변에 이북 의용군으로 자원입대한 분은 병달, 병욱, 적상, 홍재, 병주(형) 5명임. 형(병주)을 제외한 4명 모두 다 김일성종합대학을 졸업했다고 함. 그 당시 5명 모두 남한에서 대학 재학 중 의용군으로 입대했다고 함.

♣병달 (황해남도 해주 거주. 망),병욱(평남 사리원 거주.망),적상(평남 중산군 거주.망), 홍재(강원 안변군 거주.망) 병주·형(평양시 거주.망/홍익대학 법학부 재학중/위장병으로 김일성 종합대학 진학 못함)

- 1년에 한 번씩 계모임을 돌아가며 했으나 형(병주) 사망 후 모임 폐지되었다고 함

★집주소
1남. 철(哲) : 평양시 평천구역 봉학동 83반 4층 2호 (60평)
2남. 윤(潤) : 평양시 평천구역 간성동 70반 3층 3호 (48평)
★가계도 (이북) 1950. 6.25이후
[1세] (父)李炳周(28.1.15生 / 2005.7.1卒)
　　　(母)○ ○ ○. /2003.6.17卒)
[2세] 1子/철(哲)(57.10.5생)+승영애(60.7.27생) - 딸 은경, 은미
　　　2子/윤(潤)(62.9.5생)+강경선(65.1.20생) - 子 은일, 딸 은주
　　　3子/문(文)(66.2.23생)+현옥란(68.12.7생) - 子 은성, 은범

♣참고♣
은미 (女) : 32세
은일 (子) : 27세/평양기계종합대 졸업

은주 (女) : 23세/영화기술학원 재학중
은성 (子) : 23세/평양기계종합대학 졸업
은범 (子) : 19세/영화연극대학 사진학 재학

♣마지막 남기는 말(에필로그)
 세계유일의 남북분단의 희귀한 현상의 대한민국, 슬프고 아픈 허망한 이산가족의 현실이다.
 *입경(군사분계선 넘어 귀환함)과 동시에 기약 없는 이산가족 신분으로 돌아가고, 다음 상봉 기약도 없는 허망한 날의 연속이다.
 *순수해야 할 동포애의 이산가족 상봉이 정권의 정략적 눈치놀음의 일환으로 이용당하고 있다는 느낌이 든다.
 *물론 그 원인의 키는 이북이 쥐고 있다.
 *2018년도 이산가족 상봉 시 생존자가 57,000명이라고 했으니 지금 과연 몇 명이 생존해 있을까?
 *통일은 과연 영구불변 허상의 무영탑일까?

4부

특집(II)

문학상 수상작
문학상 수상 소감문

서평
『내 마음자리에 그대가 머물고(제1수필집)』
『어머니 봉양 일기(제2수필집)』

〈제22회 문학세계 문학상〉 수필 부문 대상 수상작
어머니 봉양 일기 1 - 일상적인 일과표

 정년 퇴임을 당하고 나니 여가가 무한하여 어머니 봉양할 시간을 하늘이 기회를 주시네. 주야로 저리도 애절하게 울어대는 앞산 뻐꾸기 울음소리 그리움에 속 타는 마음 내 어찌 너만 못하랴만 이십전심의 법열(法悅)을 너를 통해 깨닫게 되니 미물인 네가 도(道)의 이치를 깨우쳐 주는 데는 선승(禪僧)보다 낫구나. 밤새 울어대는 개구리 울음소리는 지휘자도 없는데 한 녀석이 독창으로 시작하자마자 동시에 합창으로 이어져 자지러질 듯 울어대다가 어느 시점에서 일시에 딱 그치니 정말 그 그침의 동작이 참으로 신기하다. 관현악단처럼 지휘자가 있어 지휘봉에 의해 일시에 그 울음소리를 그친 듯 정말 신통하게 느껴진다.
 아침에 일어나면 어머니 이부자리는 어머니가 개키고 내 이부자리는 내가 개켜 장롱에 넣고, 밤새 엄마가 보신 좌변기 소변을 앞뜰 밭에 버려야 한다. 소변기 통을 들고 나가면서 반드시 소변 색깔에 변동이 있는지 자세히 살핀다. 왜냐하면 1개월여 전에 어머니가 119차로 안동병원 응급실에 실려 간 적이 있다. 그날은 휴일이라서 당직 의사가 씨티 촬영, 심전도 검사 등 과정에서 어머니에게 아침에 본 변 색깔이 어떤 색깔(황변·흑변)이었느냐고 질문했던 사실을 기억하고 있기 때문이다.
 "곡식엔 그만한 거름이 없다"고 누차 어머니께서 말씀하시며 곡식이 자라고 있는 밭에다 꼭 소변을 버리라고 하신다. 행여나 내가 귀찮게 여겨 아무 데나 쏟아 버릴까, 하시는 염려 때문이다. 이 염려는 치매가 올가 미리 앞당겨 염려하시는 기우(杞憂)와는 다른 차원의 엄마의 말씀임을 나는 새겨 짐작한다. 아침 식사 준비 쌀 앉히기 전에 어머니가 식전에 드시는 역류성 위염, 혈압 등 약을 드시게 보리차 한 컵 따스하게 데워서 드리고, 밥 조리를 시작하는데 쿠쿠 밥솥 구매한 지 오래되어 최근 압력밥솥을 사서 교체했는데 엄마는 계속 어색해하신다. 구닥다리라도 쓰시던 게 역시 편하고 좋으신 모양이다. "보온이 해지되었습니다", "백미 조리를 시작합니다", "밥이 다 되었으니 고루 저어주세요" 이렇게 순서대로 전기밥솥이 얘기하는 멘트를 못 알아 듣겠다고 하시니, 우선은 급한 김에 잠시 내가 개인적 용무로 출타할 경우에는 종전에 쓰던 밥솥으로 교체해 놓고 떠나야 한다. 불편이 전혀 없으니 밥 짓는 일로 위급한 사항은 없을 듯해서 다행한 생각이다. 아침 식사 후엔 꼭 커피를 드신다. 어머니 말씀의 지론은 "야야, TV에 의사 선생님이 나와서 얘기하는데 하루에 커피 두, 세잔은 몸에 좋다고 하더라. 작년 겨울에는 커피에 김실이(여동생)가 사다 준 꿀을 한 숟갈씩 타 먹었더니 매년 지던 병원 신세도 안 지고 잘 넘겼다"고 누차 말씀하시니 덕분에 나도 꿀커피를 마시게 돼서 이래저래 기분이 덩달아 좋게 느껴진다. 건강에도 나쁠 게 없으니. 점심은 아침 먹다가 남은 밥이 있으면 그 부족분은 라면으로 한 개 또는 한 개 반으로 끓여 보충하기로 합의 실행한다.

봄부터 반찬은 집 앞·뒤 텃밭에 돋아나는 참나물, 참취, 곰취, 미나리, 씀바귀, 머위, 비름나물로 기본 반찬은 해결한다. 가끔 달래, 도라지, 더덕도 어디서 캐오시는지 엄마 덕분에 아주 귀한 반찬으로 맛을 보게 된다. 이 충만한 행복감으로 긴장과 피로감을 동시에 해소할 수 있어 다행스레 생각한다. 채취한 나물을 삶아 마늘에 참기름 버무려서 장만하는 건 엄마의 소관이다. 나는 아직은 반찬 할 거리나 사 올 줄만 알지 조리를 제대로 못 한다. 그래도 참치찌개. 꽁치찌개 정도는 김치 송송 썰어 넣고 멸치 조금 고추장 한 숟갈해서 제법 간 맞춰 끓여낸다. 내가 맛보아도 영 맛이 아니나 엄마는 늘 "먹을 만하다."며 간단한 내 조리 솜씨에 대한 짤막한 심사평이다. 저녁 준비 전에 햇볕에 종일 소독된 좌변기를 방안에 원위치시킨다.

 저녁은 6시경에 조리해서 6시30분경이면 식사를 하도록 준비 한다. 엄마는 시간이 이르지 않느냐고 하시지만 저녁 먹고 설거지 마치면 7시 30분경 되니 이른 게 아니라 생각되어 내 소신대로 이행한다. 저녁 설거지 후에는 편안하게 TV 연속극을 함께 본다. 엄마는 보는 둥 마는 둥 하시니 〈기막힌 유산〉 프로는 재미가 있으니 보시라고 해도 반신반의 보는 척하시다가 8시 30분에서 9시 사이에 슬며시 주무신다. 그러면 나는 TV 살짝 끄고 사랑방 서재로 간다. 독서도 하고 휴대폰으로 원고 워드도 친다. 휴대폰이 얼마나 고마운지 신(神)과 같은 느낌이 든다. 떠오르는 생각을 지체없이 입력 저장할 수 있다는 게 신기(神技)가 아니고서야 해낼 수 있는 일이겠는가.

 참으로 다행스러운 것은 삼시 세끼 정량의 소식(小食)을 거의 정시에 드신다. 나도 인천 집에 있을 때 보다 식사 시간 관리가 아주 잘 되는 느낌이다. 저녁엔 반주 곁들여 본들 소주 석 잔은 넘기지 않으니, 건강에도 좋고 독서와 원고 쓰는 시간 관리, 환경도 이곳 고향 집이 정서적으로 안정이 되어 안성맞춤이다. 홀로 등산할 수 있는 코스도 야산이지만 호젓하고 멋진 왕복 서,너시간 이면 충분히 귀가할 수 있는 코스로 이미 답사 확보해 놓았으니 당분간은 부러울 게 없겠구나 하는 느낌이다. 임플란트나 어깨 통증 정도는 병원을 내 편한 시간에 다녀오면 되니까 별 불편을 못 느낀다.

 궁금해서 오는 지인들의 전화를 받아보면 "고생되겠다" "지금 그

나이에 모실 부모가 계셔서 좋겠다" 참으로 복 받으셨네요. 부모를 직접 모실 수 있다는 게 행운이지요" 이런 인사를 하는 분들이 대개 내 나이 또래 아니면 내보다 나이가 많으신 분들의 공통된 얘기이다. 나는 소싯적부터 마음속에 새긴 약속이다. 내 어머니는 요양원만큼은 절대 안 보내겠다고, 그 마음속의 서약을, 때가 되어 이행해 갈 뿐이다. 언제까지일지는 모르겠지만 끝까지이다. 엄마와 모자지간 천륜의 인연, 자식 된 자(者)로서 기본 도리와 내 자성(自性)으로서 양심의 문제이다.

참사람의 가치란 남이 알아주는 것 보다 자기의 가치를 스스로 발견해 실행에 옮겨가는 일이라 생각한다. 내 자식들이 과연 말년에 나를 어떻게 대우해 줄까, 하는 생각은 그야말로 필요 없는 과대망상으로 끝날 수 있는 일일 것이다. 자기의 가치를 자기가 사유하고 발견해서 이행하고 이승을 떠나는 게 자신을 향한 최고의 품격이 아니겠는가. 한 번 태어나는 생(生)과 한 번은 꼭 갈 수밖에 없는 사(死)의 세계, 비록 짧은 인생사이긴 해도 참삶의 품격이 어떠해야 하는지 자주 숙고해 본다.

선조의 후손으로서 종사(宗事)에 임하여 의(義)롭지 못한 누추한 자취를 어지럽게 남기고 사라지는 그 영혼이 이승을 떠나 과연 편안한 영면을 누릴 수 있을까를 생각해 본다. 근묵자흑 근주자적(近墨者黑 近朱者赤)이라 했으나, 나는 비록 문방사우(文房四友)와 벗하여 근묵자, 근주자로 살지라도 오로지 순백(純白)으로 청정하고 소박하게 그렇게 살다가 고고하게 사라지고 싶은 게 종심(從心)을 넘긴 나이에 절실하게 인식하는 내 깊은 사유(思惟)의 결론이다.

<제22회 문학세계 문학상> 수필 부문 대상 수상소감

[어머니 봉양일기.1]가 문학세계 문학상 <대상>에 당선되었다는 통보를 받는 순간, 선종하시기 전 만 2년간 자식으로서 모실 기회를 신의 은총처럼 내려주시고 소천하신 어머님께 이 눈물의 영광을 보내드려야 한다는 생각이 들었습니다. 글이란 어디까지나 침착한 자기 사유(思惟)이며, 심연의 눈으로 사물을 관조(觀照)하고, 그래서 느끼고 깨닫는 결과를 기록하는 것입니다.

그러나 <어머니 봉양일기>는 쓰지 않고는 못 견딜 어머니에 대한 평소에 못다 한 효도, 그 무한한 참회의 기록, 처연(悽然)한 나의 독백(獨白)입니다. 신을 향해 해원(解寃)의 속죄를 비는 고해성사였습니다. 절절한 참회의 글로 상을 받는다는 게 여간 부끄러운 일이 아닙니다. 다시 사람으로 환생의 삶이 주어진다면 그때는 어머니의 엄마로 태어나 이승에서 못다 한 미완(未完)의 효도를 완성하고 싶습니다.

수상을 계기로 좀 더 달관과 통찰, 깊은 이해로 더욱 침착한 사유와 심연의 눈으로 사물을 관조하며 내 문학의 지평을 개성 있게 절차탁마해 가리라 다짐합니다. 문학세계 심사위원님과 김천우 이사장님께 감사드립니다.

(2024.8.1.)

*필자의 제2창작 수필집 『어머니 봉양일기』로 <제22회 문학세계 문학상> 대상 소감문임

〈제12회 세계문학상〉 수필 부문 대상 수상작
파경(破鏡)과 족자의 운명

전 직장에 근무하던 시절의 후배에게서 참으로 오랜만에 전화가 왔다. 부산에서 한 직장에서 근무했던 후배 K였다. 만나보니 자기는 IMF 이전에 전직을 해서 ○○투자금융회사에 근무한다고 하면서 내가 다닐 때 결혼했던 친구와는 이혼했고, 지금은 공무원인 아내와 결혼해서 아이도 하나 있다고 하면서 그럭저럭 지내고 있다는 근황 설명을 하고 난 뒤에, 특별히 부탁할 일이 있다고 했다. 옛날 자기 결혼식 때 내가 선물해 준 친필 서예 작품 족자를 내놓는 것이었다. 그 족자의 내용은 [자식이 효도하면 양친이 즐거워하고 집안이 화목하면 만사가 이루어지는 법이다. 손님 접대는 풍성하게 하되 살림살이는 겸손하게 하라. 어진 이는 아내를 사랑하고 현숙한 여인은 남편을 공경한다. 일천구백○○년 ○월 ○일 K군과 J양의 결혼을 축하드리며, 명심보감 치가 편에서 가려 쓰다. 두산] 이다.

용건이란 이 작품의 내용 중 이혼한 J양의 이름을 빼고 재혼한 지금의 아내 이름으로 고쳐서 써주면 표구는 자기가 하겠다고 하면서 해 줄 수 있겠느냐는 부탁이었다.
그러고 보니 이 친구 결혼할 그 당시의 생각이 되살아났다. ○○은행 부산지점에 근무할 당시 K는 실력도 있었고, 얼굴도 탤런트 뺨칠 정도로 쌍꺼풀진 눈에 수려한 외모로 여성팬이 많이 따르는 타입이었다. 그 당시 과장인 나에게 상담한 고민의 내용은 같이 근무하는 여자 행원인 J를 사랑한다고 했다. J는 이미 모 대학 강사와 대학 시절부터 사귀고 있었다. 나는 J를 불러서 현재 K주임과 강사 중 누구를 더 사랑하느냐, 정직하게 대답하라고 했다.

"과장님, 저 솔직하게 말씀드리면 어떻게 해야 할지 모르겠습니다. K주임과 강사에 대한 감정이 오십 대 오십으로 반반입니다."

그러면 넌 나쁜 사람 아니냐. 이미 사랑하는 애인이 있다면 당연히 단호하게 네 의사를 분명히 밝혀서 거절했어야지, K주임이 결혼할 마음 먹을 만큼 마음 틈새를 열어준 것은 네 잘못이 아니냐?"

질책하고 K주임에게는 "J양의 너에 대한 애정의 감도가 50대 50이라면 실패할 확률이 100%이다. 너를 향한 마음이 51%도 아니고 49%라고 하면, 더욱 이것은 결혼을 마음먹을 정도의 시기까지 도달된 것은 아니다."라고 분명히 얘기해 주었는데도 자신 있다고 결혼하더니 결국 일 년 만에 이혼했다는 얘기였다.

잠시였지만 후배가 들려준 얘기는 나를 많은 생각에 잠기게 했다. 우선 내용이 후배 자신의 파경에 관한 얘기다. 차라리 그 당시 족자보다 거울을 선물했으면 어느 일방이 깨어 없애버리면 그만인 것을. 내가 선물한 족자의 문구에 많은 사람이 얽매어 속박당하는 느낌이 들었다. 신랑·신부 이름을 넣은 축하 문구가 화근이 된 것이다. 생각하니 너무 친절하게 괜한 짓을 했구나 하는 후회의 느낌도 들었다. 작품조차도 불태워 버리면 그만인 것을 들고 와서 사정하는 후배가 딱하고도 처량하게 느껴졌다.

나는 후배에게 "요즘 세태에 비춰볼 때 이혼을 그다지 심각하게 불행하다고만 생각할 문제는 아니다."라고 위로의 말을 해 주면서 "자네가 원하는 내용이 표구 기법상 '짜깁기'라고 하는데, 작품을 고쳐 표구는 되지마는 깨끗이 없애버리는 게 좋지 않겠느냐?"고 했더니, "제가 상사로 모셨고 인생의 가장 큰 고민을 상담했을 적에 그 명쾌한 해답을 잊을 수가 없습니다. 표구까지 해서 주신 선물인데 너무나 염치도 없고 민망해서 다시 새 작품을 부탁드리기가 면목이 없습니다."

는 얘기였다. 이제는 작품 내용대로 살아갈 자신이 있어 드리는 부탁이니 꼭 자기 청을 들어달라는 것이었다. 나는 어쩔 수 없는 상황으로 받아들이고 작품을 짜깁기하는 것은 빛바랜 벽에다 페인트칠하는 꼴이니 차라리 새 마음으로 글씨 한점을 다시 써주기로 마음먹고 허락할 수밖에 없었다. 이 친구는 양친이 일찍 돌아가시고 안 계시기 때문에 옛날의 그 족자 내용보다는 좀 더 색다른 내용의 글을 써주면 어떻겠느냐고 물어보니 좋다고 해서 '알베르 카뮈'의 글을 써주기로 했다.

'우리 생애에 저녁에 이르면, 우리는 얼마나 타인을 사랑했는가를 묻고 심판받을 것이다. 타인에 대해 따뜻한 마음을 가지고 있으면 그 타인을 행복하게 할 뿐 아니라, 내 자신의 내적인 평화도 함께 따라온다. 감정은 소유되지만 사랑은 우러난다. 감정은 인간 안에 깃들지만 인간은 사랑 안에서 자란다.'

위 내용에 연달아 이번에는 결혼식 날짜와 지금의 아내 이름은 넣지 말자고 했더니 '두 번 실패는 하지 않겠다'고 하면서 재혼한 지금의 아내 이름과 재혼한 날짜를 꼭 써 달라고 했다. 그 눈빛과 간절한 모습에 자신감이 느껴졌다. 즉석에서 후배에게 먹을 갈게 하고 일필휘지해서 써 주었더니 기뻐하는 모습이 천진하고 보기에 좋았다. 본인으로서는 참으로 쉽지 않게 부탁한, 어쩌면 난처한 내용의 일이었지만 이외로 가볍게 받아들인 내 마음이 썩 유쾌하지만은 못했다.

다음부터 써줄 결혼식 축하 휘호에는 특별히 부탁받아 쓰는 것 외에는 절대 신랑·신부 말아야겠다고 생각하며 삶의 무상함과 회의감에 갑자기 서글픔마저 겹쳐 조수처럼 밀려옴을 느꼈다.

이름 석자만 넣지 않았어도 내 작품이 두 사람 사이에서 갈등을 느끼지도, 아주 난처한 경우를 당하지도 않았을 것 아닌가. 이름만 넣지 않았으면 '파경'이 되어도 찢어서 나눠 가질 일이 없으니 재활용의 자리에라도 곱게 버려만 준다면 어떤 마음씨 고운 이가 글씨 내용이 좋다고 살짝이 되가져 가서 자기 방에 걸어놓고 애지중지 감상하며 수명을 연장해 줄 수도 있는 일 아니겠는가.

한갓 말 못 하는 무생물인 족자의 운명도 변덕스러운 인간들 마음에 따라 때로는 존귀한 대접을 받기도 하고, 애물단지가 되기도 하며, 아예 버림받는 신세가 되기도 하는구나 생각하니 인간의 변덕이 결국엔 '파경'도 불러오고 짜깁기 잘하는 표구사도 찾게 되는 일들이 서글픈 현실로 다가오게 되니 오늘 하루 종일 나는 삶의 회의와 우울과 번민 속에 침잠하는 기나긴 하루였다.

과거를 거울삼고 진솔한 반성의 바탕 위에 현재에 최선을 다하는 인간의 모습은 참으로 아름답다. 삶에서 죽음이 두려운 건 아니다.

인간은 '꿈'을 상실했을 때 죽음과 같은 삶이 되는 것이다. 맑게 갠 날의 저녁노을이 아름답듯이 인간도 고난을 이겨내면서 자기 몫을 다했을 때 자신이 걸어온 한뉘의 발자취도 노을빛처럼 곱게 빛날 것이다. "첫 단추를 잘못 끼우면 마지막 단추를 끼울 구멍이 없다."

라는 괴테의 말과 "삶다운 삶을 살아야 죽음다운 죽음을 맞이할 수 있음을 명심하라."는 법정 스님의 말씀이 경책(警責)의 죽비 소리로 뇌리에 쟁쟁하게 울려오는 듯하다.

<제12회 세계 문학상> 수필 부문 대상 수상소감

　제 문학의 숨결인 어머니께 이 상을 바칩니다.
　문학은 사람을 사람답게, 지구를 별답게, 마침내 우주를 아름답게 하는 길이라고 생각했습니다. 저에게 문학은 사람답게 사는 길을 열어주었고, 절망 속에서도 다시 일어서는 법을 알려 주었고, 문학이야말로 나를 바르게 조탁(彫琢)해 가는 방편이었습니다. 제 어머니는 줄곧 그 길만이 오로지 바르게 사는 길이요, 선비의 길이라고 채찍질해 주셨습니다.
　어머니라는 이름은 저에게는 생명의 명줄이요, 문학의 숨결이요, 제 생존의 가치였습니다. 바르게 사는 길을 일으켜 주시고 인도해 주시고 천주께서 지어주신 이름, 예수님의 어머니 마리아로서 그 신산의 고통 의미를 깨닫게 해 주시어 생을 보다 윤택하게 선비정신으로 올곧게 살아가야 한다고 무사자통(無師自通)의 혜안과 지혜로 훈육해 주셨습니다. 문학의 감성을 싹트게 하고 열매를 맺게 해 주신 그 연원인 제 어머니께 감사드립니다.
　그리고 〈세계 문학상〉 심사위원님께 감사드립니다. (사)세계문인협회 이사장, 모지인 월간 [문학세계] 대모 김천우 발행인의 평소 섬세한 고언과 격려, 문학인으로서 열정과 동행하는 도반으로서 아름다운 참사람의 향기를 오래 간직하겠습니다. 수상을 계기로 더욱 격조 있는 작품을 창작하기 위해 혼신의 힘을 다해 절차탁마하겠습니다.
　(2017.12.20.)
*필자의 제1창작 수필집 『내 마음자리에 그대가 머물고』로 제12회 〈세계 문학상〉 대상 수상 소감문임

書評(1) 『내 마음자리에 그대가 머물고』를 읽고

曉山·李鐘彬 전주이씨온녕군파 한산군종회 감사

먼저 작품집 〈내 마음자리에 그대가 머물고〉를 출간하신 임(편의상 호칭)께 존경과 경의를 표하지 않을 수 없다.
예나 지금이나 책을 낸다는 것은 그 분야에 일가를 이루어야 즉, 득도를 해야 가능한 것이다. 흔히 정치꾼들이 자기 홍보를 위한 자서전이라는 것은 개나 소나 할 수 있지만 그렇지 않은 경우에는 한 권의 책을 낸다는 것은 아무나 할 수 있는 것이 아닐 것이다. 특히 문학에 대해서는 특별한 재주와 노력이 있어야 할 것 같다. 그런 면에서는 임의 재주와 오래전부터 준비하고 노력한 결실이 오롯이 담겨있는 것이 바로 이 책인 듯하다.
퇴근해서 집 현관을 들어서면서 우체통에 꽂힌 봉투를 보는 순간 직감으로 임의 책인 줄 알았다. 우선 노란 봉투에 붓으로 쓴 달필의 한글 궁체의 주옥같은 글씨로 정성 들여 쓴 봉투는 님이 아니고는 내 주위에는 그렇게 써서 보낼 사람이 없으니까. 그리고 님의 글씨를 자주 봐 온 터라 더욱 그러했다. 금요일 저녁에 받아서 그 자리에서 표지부터 약력, 발간사, 목차 등 한자도 놓치지 않고 정독하고 이튿날 토요일은 쉬는 날이라 하루 종일 읽었다. 간간이 어려운 말(단어)도 있어 네이버에서 찾아보면서 읽었다. 다행히 내가 관심을 가졌던 불교의 용어와 내용이 많아 쉽게 읽혀 질 수 있었다. 불교에 관심이 없는 독자라면 읽는 데 다소 어려움이 있을 듯도 하다.
첫 섹터 "영혼의 탄금소리"는 그 제목부터가 예술이고 詩라는 느낌이다. 특히, "대궁의 의미"는 정말 잘 정리하였다. 첫째 자애. 둘째 건강, 셋째 인내까지는 나도 느꼈지만 넷째의 질서까지는 미처 생각지 못했던 내용이다. 전체적인 내용은 나 역시 같은 환경에서 자라왔으므로 120% 공감하는 내용이다. 내가 저자를 잘 알고 있으므로 다른 어느 독자보다도 그 내용이 진솔하다는 것을 느낄 수 있다.

특히, 지난해와 올해 들어 온 나라를 들끓게 한 탄핵정국에 대하여 준엄하게 꾸짖은 것은 문인으로서 그 기개가 돋보이는 내용이다. 사실 나는 금번 탄핵정국을 거치면서 우리나라에서 이제까지 지식인입네 하고 행세하는 자들을 완전히 경멸하게 되었다. 자신들에게 무슨 조그마한 피해라도 보지 않을까 하여 숨죽이고 있는 꼴사구니는 정말 형언할 수 없는 비겁함이다. 그런데 저자는 "탄핵 단상"과 "태극 의병"에서 시일야방성대곡으로 크게 꾸짖었다.

그리고 "천륜의 숨소리"는 작가 어머님의 구술 회고록인데 그 중 대구 채재열(이재열이 아님)의 집에서의 생활하던 그때는 나도 중학교 졸업 후 방황하던 시절로서 그 댁에서 수십 일 신세를 진 기억이 역력하다. 이 책은 처음부터 끝까지 수필 및 시를 불문하고 어머니에 대한 애틋함이 진하게 느껴진다. 어릴 때부터 홀어머니와 생활하다 보니 자연히 그렇겠지만 그렇더라도 그것은 작가의 품성이 곱지 않고서는 그럴 수 없는 것이다. 그것이 어쩌면 작가를 문학의 길로 인도하지 않았나 싶다. 그것이 또한 상대적으로 부인과는 갈등의 요인으로 작용할 수 있었겠다는 생각도 해보게 된다.

그럼에도 불구하고 나는 작가의 편에서 이해하고 싶다. 이 책의 제목 〈내 마음자리에 그대가 머물고〉에서 그대는 아마도 작가의 어머니를 칭하는 것이 아닌가 싶다.

"그대 영혼이 하늘에 머물지라도"는 추모사인데 나도 추모사를 두

어번 써 본 경험이 있어 앞으로 쓸 경우에 많은 참고가 되겠다는 느낌이다. 사실 가까운 친척이나 친우 사이에는 이런 추모 또는 축하의 글을 남기는 것이 그것을 오래도록 기억하는데 좋은 자료가 되므로 이런 전통은 널리 확산, 지속되는 것이 바람직할 것 같다.

사실 나는 수필은 좀 이해가 되나 詩는 어려워서 이해가 잘되지 않는다. 아마 시는 가장 압축된 수필이 아닌가 싶다. 수필을 최대한으로 압축해서 표현하다 보니 우리같이 문학에 수준이 낮은 사람들에게는 어렵게 느껴지는 것 같다.

책의 끝부분에 작가의 시에 대하여 평론가이신 〈이수화〉님이 해설을 해놓았는데도 오히려 그 해설이 더 어렵게 느껴지는 것은 아마도 나의 문학에 대한 소양 수준 때문일 것이다. 작가의 더 좋은 작품이 많이 나오기를 기대한다. (2017.8.9.)

書評(2) 『내 마음자리에 그대가 머물고』를 읽고

강병원 스포츠 한국 기자

내가 어렵고 힘들 때, 누가 손을 잡아줄까. 조건없는 지고 지순한 사랑, 세상에서 가장 완벽한 사랑은 모정(母情)이다. 청년, 중년, 노년 모두 버겁다는 요즘은 어머니를 그리워하는 책이 관심을 끈다. 가슴속에 간직한 어머니의 향수를 글로 되새기고 있다. 섬진강 시인 김용택도, 소설가 김주영도 어머니의 사랑을 노래했다.

최근 출간된 시인 이병준의 수필집 '내 마음자리에 그대가 머물고 (도서출판천우)'는 어머니에게 올리는 헌사다. 무심코 스쳐 갈 잔잔한 삶에서 좌우명 같은 지혜의 눈을 뜨게 하는 글은 시인의 삶 현장 중개다. 절대빈곤의 시대 가난한 집 아들의 노력과 희망, 아픔, 삶의 철학이 녹아 있다. 과거를 반추하며 생존과 의미를 찾는 반성문이며 희망의 세계를 여는 글이다.

그런데 토양은 어머니의 인생이다. 아들의 감동, 자식의 느낌표, 딸의 감탄사 곳곳에 노모(老母)의 애환이 흐르고, 피땀이 송골송골 맺혔다. 시인은 칠순을 바라보고, 어머니는 아흔셋 고령이다. 열일곱 살 꽃다운 나이에 마흔한 살 남자의 재취가 된 어머니는 14년 만에 남편을 잃는다. 네 남매를 낳았지만 제대로 먹이질 못해 둘은 아지랑이로 사라졌다. 어머니에게 남겨진 것은 두 어린 남매다. 봉화의 궁벽한 촌의 미망인에게는 가혹하게도 남겨진 재산이 없었다. 그러나 사랑이 있었다.

닭실 안동 권씨 충재공 16대손으로 태어나 전주이씨 온녕군 16대손에게 시집온 어머니는 치열한 삶을 살았다. 아이 둘을 키우기 위해 대구로 나가 온갖 힘한 일을 마다하지 않았다. 어린 남매를 위한 삶은 직업병이 되어 쇠스랑 같은 가쁜 숨을 내쉰다.

그 어머니는 이제 고향 집을 홀로 지킨다. 회혼의 세월을 고침한 등(孤寢寒燈)의 60년, 이승의 삶, 그 끝자락을 허허롭게 밟고 있다.
어머니의 낙(樂)은 아들의 글을 읽는 것이다. 아흔셋의 고령에도 아들의 글과 아들이 보내오는 책을 읽는다. 이병준의 수필집은 어머니를 위한 슬프고도 아픈 이야기다.

시인은 말한다. 내 글은 어머니의 한 생에서 사유하고 발아했다. 어머니의 삶은, 한(恨)의 혈흔 되어 겹 동백 붉은 색깔로 스며 있다." 생각만 해도 눈물이 나는 어머니와의 이별은 시시각각 다가오고 있다. 그는 어머니가 어느 날 바람 되어 자연으로 돌아가는 날, 할 말을 준비했다. "제가 다시 태어난다면 꼭 어머니의 엄마로 돌아오겠습니다. 저희 남매에게 베푸신 은산덕해(恩山德海)를 갚겠습니다."
 (2017. 6. 7)

---

*나의 제1집 수필집 〈내 마음자리에 그대가 머물고〉 스포츠 한국에 게재된 내용을 그대로 옮겨 적어 본 것이다.

書評(3) [어머니 봉양일기]를 읽고

주정자 세종대왕 신문 기자

봉양(奉養)! 봉양의 사전적 의미는 부모나 조부모와 같은 웃어른을 받들어 모시는 일이다. 바로 그런 의미가 담긴 〈어머니 봉양일기〉는 97세의 어머니를, 며느리도 딸도 아닌 고희를 훌쩍 넘긴 73세 아들이 2020년 9월부터 22년 3월끼리 2년 가까이 모신 이야기를 담은 책이다.

'말이면 다 말이 아니듯 쓰인 글이라고 모두가 글이 되는 건 아닙니다. 나의 모습이 보이고 나의 생명과 영혼이 서식할 수 있는 글이 곧 진실된 글이라 할 수 있겠습니다.

책에서만은 나를 숨기고 어머니 모습만 보이는 글을 쓰고 싶었습니다. 회한과 눈물, 참회의 통곡으로 원고지를 흠뻑 적셔낸 글이기 때문입니다.-작가의 말 중에서-

작가의 어머니 봉양은 순전히 자신의 의지였다. 평소 불교 천주교 등에서 마음의 위안을 얻던 작가는 2년 전 퇴임 후 천주님께 간절한 기도로 맹세했다. "평생 마음에 새기고 걱정했던 어머니를 봉양하게 해달라고, 그리고 어떠한 경우라도 초심불변으로 모시게 해달라고 " 하지만 봉양 2년여 만에 자기 능력의 한계치를 벗어나자 어쩔 수 없이 98세 어머니를 요양병원에 입원시키게 되었다. 그리고 작가는 곧바로 차라리 자신이 끝까지 모실 걸 하는 후회와 노심초사하는 마음으로 하루하루를 보내고 있다. 그는 이 같은 심경을 작가의 말에서 고백하고 있다.

요양병원에 모셔놓고 뒤돌아 나오는 작가의 발걸음이 얼마나 무겁고 떨어지지 않았을지 직접 경험해 보지 않은 사람은 잘 알 수 없다. 하지만 나는 작가의 글을 읽으며 무한 격하게 공감했다. 그러한 경험이 있는 자식들이라면 분명 작가의 심경을 충분히 공감했을 듯하다.

작가의 어머니가 계신 곳은 경상북도 봉화다. 영화 《워낭소리》의 무대이기도 한 봉화는 특산물로 송이가 유명하다. 그만큼 산 좋고 물 좋은 곳이다. 작가의 어머니가 100세를 바라볼 수 있는 것도 환경 덕분이 적잖음이라 여겨진다.
책에는 2020년 9월 1일부터 2022년 3월 6일까지 모두 158개의 일기가 기록돼 있다.
작가의 하루는 어머니의 이부자리 정리와 밤새 일을 보신 소변기통을 치우는 것으로 시작된다. 소변을 집 앞뜰에 버리면서 작가는 색깔을 살핀다. 소변의 색깔 변동 여부에 따라 어머니의 건강이 일차적으로 체크가 되기 때문이다. 그러고 보면 우리의 건강은 잘 먹는 것도 중요하지만 몸 밖으로 배출해 내는 것도 정말 중요하다.

이렇게 어머니 건강을 살핀 후 아침상을 차리고 아침상을 물리면 어머니 소일거리인 텃밭을 함께 일구고 거기서 나오는 수확물로 밥상을 차린다. 참으로 복 받으신 어머니라는 생각이 들었다. 책을 계속 읽다 보면 작가가 왜 어머니를 꼭 그렇게 꼭 자기 손으로 봉양하고 싶어 했는지 알게 된다. 작가의 어머니는 17살에 마흔 살인 남자의 재취로 시집오셨다. 어머니 나이 서른한 살에 청상이 되어 67년을 홀로 사시면서 재취 전 자식들은 물론이거니와 본인의 자식들까지 모두 강건하고 믿음직하게 길러내셨다.

 세상에서 가장 위대한 사람도 '어머니'요. 세상에서 가장 아름다운 말도 '어머니'이다.
 그 어머니의 자식으로 태어난 우리들은 어머니에 대한 은혜를 평생 다 갚지 못하고 산다. 그리고 어머니에게서 받은 사랑은 우리 자식들에게 대물림하게 된다. 내가 부모가 되는 순간부터 어머니에 대한 감사함은 물밀듯 일어나지만 정작 효도를 다 하지 못하고 돌아가신 후에라야 땅을 치고 통곡하며 후회하는 게 일반적이다. 작가는 어머니를 모시면서 그러한 후회를 덜 수 있었을까? 부모가 자식에게 주는 사랑이 끝이 없는 것처럼 자식이 부모에게 하는 효도 또한 다함이 없는 것 같다. 돌아가시고 나면 그 어떤 부분에서든 후회는 남는다.

 다만 내가 할 수 있는 그때를 놓치지 말고 최선을 다하는 것이 가장 중요한 것이 아닌가 한다. 어쩌면 이병준 작가가 어머니를 봉양한 것은 어머니께서 돌아가신 후 후회를 덜하기 위함이 아닐 수도 있다. 자신에게 주어진 그때 자신이 할 수 있는 최선을 다하기 위해 어머니를 봉양한 것인지도 모른다. 이병준 작가의 〈어머니 봉양일기〉는 죽을 때까지 쥐고 있는 재산을 자식들에게 모두 나누어 주지 말라는 현시대에서 우리 모두가 읽고 새겨야 할 지침서 같은 책이다.

書評(4) [어머니 봉양일기]를 읽고

이상주 세종대왕신문 발행인

이병준(태종 온녕군 16대) 종친이 최근 수필집 '어머니 봉양일기(문학세계 천우)'를 출간했다. 저자가 72세이던 2020년부터 96세 어머니를 만 2년간 봉양하며 158일의 일상을 기록한 논픽션 일기다. 2022년 현재 작가는 74세이고, 노모는 98세다.

저자는 인생 2막의 직장인 한산군 종친회(태종 손자)에서 퇴직한 2020년 어머니 봉양을 위해 경북 봉화로 내려갔다. 노모와 단둘이 살면서 희로애락 일상을 적나라하게 적었다. 하루 세 끼 밥을 짓고, 시장에서 찬거리를 사고, 때에 맞춰 노모의 입맛에 맞게 식사를 챙겨 드리는 삶이다. 이는 행복한 일상이다. 매일 눈을 뜨면서 어머니가 밤새 안녕하신가를 가슴 철렁이는 마음으로 살피는 삶이기도 했다. 안도의 숨을 내쉬며 아침에 좌변기를 비우고, 약을 챙기고, 간식을 드리고, 저녁에는 다시 잠든 노모의 코에 귀를 대고 숨소리를 들어본다. 매 순간 결별을 예감하는 안타까운 삶의 기록이다.

책은 하루 24시간을 함께 하는 90대 노모와 칠순 아들의 일거수일투족이 적나라하게 숨 쉬는 효행 실천 현장서다. 홀로 노모를 모시는 칠순 아들의 혈서이고, 고해성사이고, 어머니에게 올리는 헌사(獻詞)라 할 수 있다. 가슴 울리는 효행이 담긴 책에는 세계 문학상 대상 수상 작가의 참신한 표현력도 강물처럼 흐르고 있다. 수필가이자 서예가인 이병준 작가는 전주이씨대동종약원 문화부 수석 차장이다. (2022.9.3.)

5부

선조의 얼

松月齋 문집 국역 발간 의의
(송월재/諱·時善님은 저의 10代祖임)

  조선 후기 실학의 토대를 마련한 성호 이익(李瀷, 1681~1763)은 송월재 문집의 발문(跋文)에서 그의 학문을 두고 '함우지정(函牛之鼎)에 손가락 끝이나 한번 적시는 정도'로 비유했다. 다시 말해 송월재의 학문을 한 마리의 소를 넣을 수 있는 큰 솥이라고 하면 자기 학문의 깊이는 그저 그 큰 솥에 손가락 끝을 약간 적시는 정도로 여긴 것이다. 이익과 같은 대학자가 송월재의 학문을 이렇게 여겼으니 그의 학문이 얼마나 심원한지를 뜻하고도 남음이 있다.

  송월재는 조선 후기 대표적인 유학자인 이시선(李時善, 1625~1715)의 아호다. 이시선의 본관은 전주이며, 조선조 태종의 칠남인 온녕군(溫寧君)의 8세손으로 부친은 추만공(秋巒公) 이영기(李榮基)이다. 송월재는 진흙 수렁에서의 명리 다툼을 숙명으로 하는 벼슬길은 장부가 취할 바가 못 된다는 부친의 가르침으로 일찍이 과거를 단념하고 전국을 두루 탐방하고 돌아와 향리에 송월재라는 서재를 짓고는 두문불출한 채 독서와 학문 탐구에 전념하였다.

  송월재는 학문을 하되 육경(六經), 사서(四書)와 성리학을 최우선으로 하고 한편으로 사마천의 사기(史記), 반고의 한서(漢書)를 섭렵하여 학문의 영역을 넓혔다. 그는 당시 외면 받던 노장(老壯), 제자백가(諸子百家)의 학문을 통달해 일가견을 이뤘으며, 병서와 지리는 물론 심지어 점 법에 관한 복서(卜筮)에도 정통했다.

이익의 묘지명에 "경서는 물론 고금의 서에 박통(博通)하였다"라고 표현할 정도로 고금의 서적과 학문에 두루 해박한 지식을 갖춘 송월재는 남달리 활발한 저작 활동을 보여 수많은 저술을 남겼다. 널리 알려진 저서로는 〈송월재집(松月齋集)〉을 비롯해 〈사보략(史補略)〉 〈역대사선(歷代史選)〉〈경서훈해(經書訓解)〉〈서전참평(書傳參評)〉〈시전남과(詩傳濫課)〉〈전의병지(傳義병枝)〉 등과 손수 편집한 문집 〈하화편(荷華編)〉이 있다.

그중에서 중국의 역사를 상고시대부터 명나라까지 서술한 〈역대사선〉은 모두 70권으로 정작 본고장 중국에서도 찾아보기 드물 정도로 규모 면에서 대작으로 꼽힌다. 이와 함께 난해하기 그지없는 주역을 한글로 옮긴 주역언해본(周易諺解本)도 저술했다. 국역으로 발간된 〈하화편〉은 송월재의 해박한 지식을 폭넓게 확인할 수 있는 저술로 내(內)외(外) 잡편(雜編)으로 된 것을 국역에서는 상(上)하(下)권으로 나누고 별책으로 하화편 원문과 참고 되는 사진을 모아 실었다.

하화편 상권은 〈송월재집〉 권1~3을, 하권은 권4~7권과 보유문을 담았다. 이중 '권1'은 사서오경을 읽고 자신의 견해를 적은 글과 자기 저술의 발문인 '주역전의변지발(周易傳義騈枝跋)' 등 11편의 글이 수록돼 있다. '권2'는 천명·우주·인간을 논한 글과 우리 고대사와 관련 있는 기자에 대한 기자찬(箕子贊)' 등 6편의 글이 실려 있다. '권3'은 음덕송(陰德頌)과 농훈(農訓) 등 일반 잡저에 해당되는 내용들과 자전의 기록인 '송월자전(松月子傳)' 등 10편의 글이 수록돼 있다. '권5'는 오악지(五嶽志) 등 중국의 산천과 우리나라의 금강산 속리산의 기행문과 기문(記文)이, '권6'에는 시(詩)·편지(書)·제문(祭文)

의 글이 실려 있다.

　이번 하화편 국역 발간은 송월재 문집과 그 내용의 가치를 세상에 알린 점과 함께 정부의 도움을 받지 않고 문중 차원에서 자체적으로 제작·발간했다는 점에서 높이 평가받고 있다.

　송월재가 고서와 선인들의 사상을 독자적으로 해석한 점도 후학에게 적잖은 교훈을 시사한다. 가령 주역에서 공자는 "역에 태극이 있다"고 하고, 주자는 "무극이면서 태극이다"라 했는데 송월재는 '역유태극'의 주안점인 태극을 강조하되 도기불리(道器不離)를 전제로 현실과 유리되지 않은 태극의 나타냄에 초점을 두었다. 또한 공자가 '논어'(자한편)에서 말한 '사무(四無)'를 송월재는 인(仁)과 예(禮)를 합친 것으로 보았다.

　송월재의 방대한 저술에 대한 재평가와 국역이 요구되는 상황에서 하화편 국역 발간은 한국학 진흥에 일조하는 것은 물론 정서가 메마른 이 시대의 젊은 세대에게는 새로운 시대정신을 일깨워 주고, 사라져가는 선비정신을 재조명하는 계기를 마련했다는 점에서 의미가 매우 크다.
(2013년 4월 8일)

덕수궁 돈덕전, 1백 년 만에 새로 개관

 문화재청 궁능유적본부덕수궁관리소(소장 권점수)는 2023년 9월 25일 오후 3시 덕수궁 돈덕전 1층 기획전시실에서 돈덕전 개관 기념식을 개최하고, 9월 26일(화) 오전 9시부터 정식 개관했다.
 돈덕전은 대한제국 당시 고종이 즉위 40주년을 축하하는 칭경예식을 하고자 만든 대규모 국제행사장이다. 1902년~1903년에 걸쳐 지어져 외교를 위한 교류 공간 및 영빈관 등으로 사용되다가 1921년~1926년 훼철되었다. 문화재청은 2015년부터 덕수궁의 역사성을 회복하고 역사 문화자원으로 조성하기 위한 덕수궁 복원 정비사업을 추진해 왔다. 돈덕전은 2017년 발굴 조사, 2018년에 설계를 마친 뒤 2019년부터 공사를 시작해 지난해 12월 준공했다. 새롭게 개관하는 돈덕전은 100년 전 대한제국 외교의 중심 공간이었다. 역사성을 고려하고 현대에 맞는 활용도를 높이기 위해 대한제국 외교사 중심의 전시와 기록보관 및 도서 열람, 국내외 문화교류와 예술행사를 위한 공간으로 꾸몄다.
 1층은 고종의 칭경예식 등 당시 대한제국의 모습을 영상에 담은 상설전시실, 2층에는 한국 근대 외교의 흐름을 이해할 수 있는 상설전시실로 20세기 초 서양의 살롱을 모티브로 하여 가구와 조명등을 배치했다. 각종 도서와 영상자료 열람과 학술회의, 소규모 공연 등이 가능하다.
 사적 제124호로 지정된 덕수궁(德壽宮) 본래의 이름은 경운궁(慶運宮)이다. 경운궁이란 이름은 광해군 3년(1611) 당시 시어소(時御所) 또는 정릉동 행궁(貞陵洞行宮)이라 부르던 이곳에 처음으로 붙인 궁궐 이름이다. 그때 흥경궁(興慶宮)으로 하자는 의견도 있었으나 흥경궁은 고려 때의 궁호라는 이유로 채택되지 않았다. 한때 광해군의 계모 인목대비(仁穆大妃)가 이곳에 유폐되었다. 경운궁의 위치가 서쪽에 있어 궁궐의 이름도 서궁이라 부르게 되었다. 그러나 이 이름은 궁궐의 공식 명칭은 아니며 짧은 기간 동안 사용되었다. 따라서 경운궁이란 이름은 광해군 3년부터 고종이 양위할 때까지 297년 동안 사용되었다. 경운궁은 임진왜란 직후에 잠시 동안 궁궐로 사용되다가 창덕궁 및 창경궁이 중건된 뒤에는 더 이상 왕의 거처로 쓰이지 않았다.

20세기 초에 와서 다시 중요한 궁궐로 주목받았다.

경운궁은 전통적인 궁궐 제도에 입각한 배치 형식을 취하면서도, 정전의 주변부에 서양식 궁전 건물과 정원을 갖춘 독특한 궁궐 건축으로 만들어졌다. 경운궁에 이르러 한국의 궁궐 건축은 동양의 문화와 서양의 문화가 절충된 형식으로 급격히 변모하게 되었다. 고종황제는 이 경운궁의 이름을 〈덕수궁〉으로 바꾼 것으로 경복궁이나 창덕궁처럼 고유명사가 아니며 왕위를 물려준 상왕(上王)이 은거(隱居)하는 궁궐이란 뜻의 일반적인 이름이며 궁궐 고유의 이름은 아니다. 또한 일제 치하 때 주권을 지키려던 고종을 강제로 물러나게 하고, 그의 주거를 경운궁에 제한하였으며 경운궁을 지금의 왜소한 모습으로 변형, 축소한 것은 순전히 침략 세력의 작위라고 할 수 있다.

9월 26일 개관 일반에 공개한 덕수궁 내의 돈덕전(惇德殿)은 석조전 서북쪽에 있었던 2층 양옥이다. 외국 사신의 알현 소 또는 연회소로 사용되었다. 1901년 건축된 것이며, 내부에 6개의 큰 원주가 있는 100평 넓이의 큰 방이었다. 순종이 여기서 1907년 8월 27일 즉위식을 거행한 곳으로 석조전이 완공된 뒤 1920년대에 철거된 것으로 이번에 100년 만에 재건돼 문을 열었다. 자료 부족 때문에 원형대로 지을 수 없게 되어 '복원'이 아닌 '재건'이란 말을 사용했다.
(『李花』 2023년 9~10월호에 게재됨)
『참고 문헌』
〈덕수궁(경운궁)〉 김순일, 대원사, 2013.
〈한국의 궁궐〉 이강근, 대원사, 2010.

무풍군 이총(李摠)평전 출판의 의의

평전의 사전적 의미는 비평을 곁들인 전기를 말한다. 비평은 사물의 선악, 시비, 미추를 평가하여 그 가치를 논하는 일로서, 특히 역사적 사실은 난해하고도 중요한 일이다.

무풍군 이총(諱·摠)은 조선 태종의 증손으로서 연산군(1504년) 갑자사화 때 효수 형을 당하였고 그 2년 후인 1506년 병인 사화에 아버지 우산군과 육부자분이 유배지 절도에서 사사 참화를 당하였다. 우산군 이종과 아들 육 형제를 후인들은 '칠공자(七公子)'라 불러오고 있다. 후일 눌은 이광정이 〈칠공자 전〉을 집필하여 비참한 역사적 사건의 진실이 좀 더 세밀하게 밝혀지고 세상에 알려지게 되었다.

이런 전말을 상고(祥考)해 보면 조선 역사를 통틀어 보더라도 온녕군파(溫寧君派)만큼 혹독한 시련을 겪은 왕족은 아마도 없었을 것으로 생각되고, 500년이 지난 지금도 그 멸문지화의 한은 완전히 치유된 것은 아니라고 사료된다.

이 역사의 비극적 사실을 반추해 보며 오늘 〈무풍군 이총 평전 출판〉의 의의와 참가치, 그리고 앞으로 송조돈종의 바른길이 새로운 시각과 자각으로 다가옴을 느낀다.

특히 저자인 최영성 선생은 서문에서 두 가지 의미 있는 말을 언급했다. 집필을 시작하고 보니 자료난(資料難)이 심각해 다행히 같은 종실 출신인 사우정(四雨亭) 이식(李湜)의 문집과 신영희(辛永禧)의 [안정실기(安亭實紀)] 등에서 지금까지 알려지지 않은 사실들은 발굴할 수 있었다고 했다. 저자의 집요한 연구와 열정의 결과로써 칭송할 일이다.

그 다음으로 중요한 것은 세속의 나이 87세이신 덕산 (지장정사

주지/전 무풍군 종중회장) 스님의 필생의 소원인 〈무풍군의 현창〉을 위해 무풍군 일대기를 써서 훌륭한 조상의 진면목을 세상에 알리고 싶어 하는 간절한 염원이 이번 [무풍군 평전]을 집필하게 된 배경이라고 밝혔다. 물론 현 무풍군 종중 회장(택성)님의 노고야 새삼 말할 필요가 없겠지마는 저자와 덕산스님, 두 분의 숭조를 위한 지극한 이타심의 공덕이라 여겨진다.

  선조의 평전 출판의 새로운 지평을 열었다는 점에서 그 공로를 치하할 일이다.

  이 평전 출판을 계기로 한번 되새겨볼 일은, 대부분의 종중 후손이 숭조의 의미를 선조의 사당, 제실, 묘소의 석물 등 시각적 효과를 장엄하게 꾸미는 데만 치중하고 자칫 선조께서 남기신 유저(遺著)의 발굴 국역 및 유물, 유적에 대해서는 간과하고 지내는 것이 대부분 현상으로 안타까운 현실이다. 이제는 새로운 시각으로 선조의 유저(遺著)나 유적의 보존에만 그치지 말고 종중 차원에서 주도적으로 국역도 하고 선조 님의 흔적을 평전으로 발간하여, 그 발자취를 현실적으로 접근하기 손쉬운 방법으로 접근해서 후손들이 되새겨 볼 수 있는 환경이 된다면 경이로운 깨달음이 될 것으로 생각한다.

  우선 한산군 종중의 경우 이제 겨우 송월재 (輝·時善)님의 [하화집]과 [역대 사선]이 국역 되어 강호제현(江湖諸賢)과 영남의 타성 문중과 대학도서관 등에 배포됨으로써 우리 선조의 학문적 사상과 업적이 실증적으로 재조명되는 것이 현상(現狀)이다.

  평전과 국역사업이 병행해 이루어져 한결 새로운 차원에서 조상의 얼이 재조명되고 정신문화가 현양 되어 전승되고 숭조문화의 새로운 지평이 열려 찬란하게 꽃피우는 계기가 되기를 기대해 본다.

  (2024.3.4.)

6부

내 고향 유향(儒鄕),
청정 봉화(奉化) 이야기

목재 문화재 수리 재료 센터 건립의 의의

그동안 내가 궁금해하고 기다리던 〈대한민국 목재 문화재 수리 재료 센터〉 건립의 첫 삽질이 드디어 이루어질 모양이다. 꼬박 2년을 기다린 셈이다.

봉화군의 핵심 전략사업이자, 숙원사업으로 추진 해왔던 〈문화재 수리 재료센터〉가 국회 예산 심의를 거쳐 국비 400억 원이 2019년 정부 예산안에 반영됐다. 문화재는 우리나라 역사와 문화 우수성을 나타내는 산물로 후손들에게 온전한 형태 그대로 영구 보존해야 하는 국가적 자산이다. 이를 위해서는 지속적인 관리(수리)가 필수 요소다.

문화재를 수리할 때 과거에는 수급이 가능했던 자재가 지금은 수급이 쉽지 않은 경우가 발생하는 데 대표적으로 특대재(지름 45cm 이상, 길이 7.2m 이상의 목재를 칭하는 용어)를 예로 들 수 있다.

최근 국내산 목재의 적기 공급이 어려워 국보·보물 등 중요 문화재 수리에 수입산 목재를 사용하거나 충분히 건조되지 않은 목재 사용으로 품질에 대한 문제가 지속해서 발생하고 있다. 게다가 문화재 수리용 목재의 생산·유통을 전적으로 민간 시장에 의존하다 보니. 공급난이 더욱 심화했다. 이에 따라 국가 주도 문화재 수리용 목재 공급기관의 필요성이 꾸준히 제기돼 왔다. 특히, 2008년 숭례문 화재 사건으로 센터 건립의 필요성이 더욱 높아지게 됐다.

또 문화재 수리 현장에서 발생하는 연구가지 및 자산적 가치가 높은 부재(部材)중 상당수가 보관 장소 부족 등으로 폐기 된다. 문화재를 수리하는 데 있어 다른 건축물에서 사용됐던 부재나 건축 요소를 재활용해 사용하는 것은 널리 알려진 방법이다. 특히 현재 생산되지 않는 건축재료가 많은 서양식 근대 건축물의 경우가 대표적이라고 할 수 있다.

문화재료센터는 문화재 수리 현장에서 수급이 어려운 특대재, 자연곡재, 자연석 등 문화재 수리용 재료를 국가에서 안정적으로 공급한다.

문화재 원형 보존과 더불어 문화재 수리 때 발생하는 부재의 체계적인 보관·활용으로 전통문화 전승을 목표로 한다. 이 사업을 위해 모두 3차례에 걸친 기본구상 및 타당성에 대한 검토가 시행됐다. 정부, 경상북도, 봉화군 등 사업추진 부처 간 유기적인 업무 협의를 통해 보다 내실 있는 사업추진을 도모하고 있다.

문화재 수리 재료센터는 2019년 설계를 시작으로 2024년 준공을 목표로 하고 있다. 400여억 원의 사업비를 들여 목재건조·가공시설, 품질 시험실, 부재보관소, 전시·체험관 등 다양한 시설들을 조성한다. 문화재 수리 재료센터가 봉화에 들어서게 된 이유는 우선 전체 면적의 83%가량이 산림으로 구성돼 있음을 들 수 있다. 국립백두대간수목원 등 산림자원을 바탕으로 한 다양한 인프라가 구축돼 있기 때문이다.

예로부터 금강송 반출의 중심지로서 춘양역을 통해 전국으로 목재가 운송됐다. '춘양목'이라는 명칭이 널리 사용되었을 정도로 질 좋은 목재를 다량 보유하고 있다. 산림청에서 관리하는 문화재용 목재 생산림도 상당수 포함돼 있다. 또 지리적으로 태백산맥과 소백산맥 양맥지간에 위치해 습도 변화가 적고, 평균 해발 및 일교차 등이 목재건조에 적합하다. 문화재용 목재 가공 최적지로 평가받고 있다.

특히 경북지역은 불교 및 유교문화 발달로 179점에 달하는 국보

·보물급의 목조 건축 문화재가 존재하고 있다. 이는 전국 목조 건축 문화재의 26%에 이르는 수치다. 또 봉화군은 국토 중앙부에 위치해 전국 각지로의 목재 운송이 쉬운 이점도 지니고 있다.

 정부 관련 부처의 건립 타당성 검토 용역 결과 문화재 수리 재료 센터가 들어서게 되면 관련 산업 및 일자리 창출에 활기를 불어넣을 것으로 기대된다. 직·간접적인 고용효과를 검토한 결과 1천700여 명의 고용 창출 효과가 예상된다. 경제적 부가가치 유발효과는 연간 약 150억 원 규모로 나타났다.

 문화재 수리 재료를 활용한 다양한 프로그램 및 콘텐츠 개발을 통해 지역사회 기여 효과 또한 기대된다. 또 관광시설로의 역할 또한 수행할 수 있어 지역사회에 긍정적인 바람을 불러일으킬 것으로 예측된다. 지역 주민들은 문화재 수리 재료센터 건립으로 국립백두대간수목원, 한국산림과학고등학교, 목재 문화체험장 및 103소에 이르는 정자 등 다양한 자원과 더불어 봉화가 대한민국 대표 목재 문화 도시로의 도약의 계기가 되길 기대하고 있다. (2022. 2. 11.)

은둔과 현자의 땅, 봉화 정자문화생활관

은둔과 현자의 땅, 조선시대 예언서 정감록(鄭鑑錄)에 언급된 십승지(十勝地)가운데 두 번째로 꼽히는 봉화군, 십승지의 특징은 흉년, 전염병, 전쟁과 같은 삼재(三災)를 피할 수 있는 곳이란 뜻이다. 오지라 명명되며 숨어 있다가 이제야 그 진가의 빛을 드러내는 봉화에 〈봉화 정자문화생활관〉이 지난 7월 9일 경북 봉화군 봉성면 부랭이길 88번지에서 성대한 개관식을 계기로 그 아름다운 모습 전체를 장엄하게 드러냈다. 국내 유일의 누각과 정자에 관한 모든 것이 전시된 누정을 테마로 한 희귀한 전시관이다.

봉화군은 전국 정자 600여 개 중 103개를 소유해서 우리나라에서 정자와 누각을 가장 많이 보유한 정자 문화를 관광인프라로 구축하기 위해 2012년부터 봉성면 외삼리 일원 237,816평방미터 부지에 390여억 원을 투자해 누(樓)·정(亭) 휴(休) 문화누리 조성 사업을 추진해 왔다.

〈봉화 정자문화생활관〉의 핵심 시설인 누정전시관은 5,305평방미터(지상 1층, 지하 1층) 규모로, 봉화의 아름다운 자연풍광과 단아한 멋을 지닌 봉화 누정 모습을 보여주는 주제 영상실, 전시실 3개소, 중정 (건물 속 정원) 3개소, 세미나실, 회의실, 옥상 정원 등으로 구성되어 있다.

특히, 〈전시실〉은 누각과 정자를 이해할 수 있는 3가지 테마 별로 전시실이 이뤄져 있다. 〈제1전시실(누정세계)〉은 누정세계로 진입하여, 누정의 개념 및 특징 등 전반적인 내용을 이해하는 공간과 누정 건축의 구조 및 특징을 설명하고, 누정을 소재로 한 시·서·화 등 예술작품 소개 공간이다. 〈제2전시실(음풍농월)〉은 선비의 풍류 정신을 누정에서 바라볼 수 있게 '봄-여름-가을-겨울' 사계절을 한 폭의 동양화처럼 영상 속에서 연출한 감성 영상 공간이다.

〈제3전시실(봉화유람)〉은 봉화의 빼어난 산수를 체험해 보며 태고의 멋과 살아있는 선비의 숨결을 느껴보는 공간이다.

〈봉화 정자문화생활관〉의 하이라이트는 야외에 설치된 대한민국에서 가장 아름답고 특징 있는 대표적 누정 다섯 좌를 한곳에 재현한 누정오경(樓亭五景)이다. 건축기법뿐만 아니라 주변 자연경관까지 재현하여 누정의 문화를 직접 보고 이해할 수 있으며, 밤과 낮, 계절의 변화에 따라 다양한 누정의 변화를 감상할 수 있는 공간이다. 재현한 오경은, 서울 창덕궁 소재 *부용정을 비롯해 전남 담양에 있는 *광풍각, 충북 제천에 있는 *한벽루, 전남 완도에 있는 *세연정, 경남 함양에 있는 *거연정 등 대한민국 명승이나 보물로 지정된 누정 5개 동을 한곳에서 감상할 수 있게 재현한 것이다.

〈문화체험장〉으로 온 가족이 함께할 수 있는 푸른 녹음 속 측백나무 미로 〈도깨비정원〉과 윷놀이, 그네, 널뛰기, 솟대, 장승, 정자 등을 체험할 수 있는 〈전통 놀이마당〉이 조성돼 있으며 〈야생화정원〉은 풍부한 색감과 꽃향기를 맡으며 사계절 다양한 종류의 화초류를 감상할 수 있게 조성되어 있다. 이 외에도 음악, 노래 등 다양한 문화 공연을 할 수 있는 야외 공연장으로 〈누정 마당〉이 마련되어 있다.

〈숙박시설〉인 솔향촌은 소나무 숲에서 풍겨오는 솔 향기를 맡으며 아름다운 자연 속에서 진정한 휴식을 즐길 수 있는 숙박촌이다. 80명이 숙박할 수 있는 11실의 객실이 마련되어 있으며, 전시 문화, 체험 문화, 힐링의 공간으로서 세대를 아우르는 맞춤형 프로그램을 마련해 운영한다는 계획이다.

이 외에도 〈시설단지〉에는 소나무, 산수유, 산벚나무, 이팝나무, 실편백, 메타세콰이어 등을 심어 멋진 경관을 조성했으며, 산철쭉, 영산홍, 금낭화, 개나리, 야생화 등을 심어 계절마다 제철의 아름다운 볼거리를 제공한다.

〈봉화 정자문화생활관〉 개관을 계기로 전국 최다 누각과 정자를 보유하고 있는 전통 선비문화의 고장으로서 특색 있는 전시·문화·교육·휴식의 공간으로서, 국립백두대간수목원과 분천역 산타 마을, 청량산 도립공원 등 주변 관광자원과 연계하여 대한민국 대표 관광 명소로 발전시켜 갈 수 있는 충분한 조건을 갖추고 있다.

머지않아 그동안 은둔과 현자의 땅으로서 스스로 오지라는 이름 속에 숨어 그 진가를 숨기고 있던 내 고향, 봉화가 은둔 속을 벗어나 전통 선비 고장으로서 문화와 얼을 고양(高揚)시키고 그 맥을 이어가는 숨결이 살아 숨 쉬는 고장으로서 독특한 문화의 빛을 제대로 발(發)하게 될 것을 기대해 본다. 아울러 필자에게는 이곳 봉화가 안태본(安胎本)으로서 긍지와 자부심을 마음껏 느끼고 누리게 될 날을 기대한다.

*부용정(芙容亭): 서울 창덕궁 후원에 조성된 인공 연못과 열십자 모양의 정자(보물 제1763호로 2012년 3월 2일 지정)

*광풍각(光風閣): 전남 담양군 남면 지곡리 123번지에 위치함. 양산보가 세운 광풍각은 1597년 정유재란에 불타고 1614년 양천운(양산보의 손자)에 의해 복원됨.

*한벽루(寒碧樓): 충북 제천시 청풍면 물태리 청풍문화단지 내 소재함. 2층 누각으로 고려(1317년) 때 건축(보물 제528호로 문화재 지정됨).

*세연정(洗硯亭):전남 완도군 보길면 부황길 57번지에 소재함. 고산 윤선도(1587~ 1671)가 병자호란 때 왕이 항복했다는 소식을 듣고 울분을 참지 못해 제주도로 가는 길에 보길도의 자연경관에 반해서 머물렀다고 하며 윤선도가 인조 15년(1631년) 51세부터 13년간 기거하며 어부사시사 같은 명작의 시가 문학을 완성했다고 함(명승 제34호로 2008년 1월 8일 지정됨).

*거연정(居然亭): 경남 함양군 서하면 봉전리 2006번지에 소재함. 조선 후기 동지중추부사 전시서가 건립한 누정이다. 1640년에 건립, 1872년에 재건립함(경남 유형문화재 제433호로 2005년 10월 13일 지정됨).

그리워라, 국립백두대간수목원

봉화 버스터미널 창구에서 국립백두대간수목원 팸플릿을 한 부 가지고 고향 집에 도착해 평소에 가보고 싶었던 곳이라서 안내장을 살펴보기로 작정하고 읽어보았다. 국립 백두대간 회원모집 안내 팸플릿이 별지로 삽입돼 있었다.

〈국립백두대간수목원〉은 소재지가 경북 봉화군 춘양면 춘양로 1501번지에 소재한다. 봉화(奉化)는 조선시대 예언서 정감록(鄭鑑錄)에 언급된 십승지(十勝地) 가운데 두 번째로 꼽히는 곳이다. 십승지의 특징은 흉년, 전염병, 전쟁과 같은 삼재(三災)를 피할 수 있는 안전한 곳이라는 뜻이다. 조선시대에는 전란 등을 대비해 가장 안전한 곳에 실록을 나눠 보관하였는데, 그중 한 곳이 시드볼트(Seed Vault)와 인접한 곳에 자리 잡은 태백산 사고(史庫)이다.

국립백두대간수목원의 〈첫 번째 자랑거리〉는 종자(種子)와 시드볼트(Seed Vault)이다. 시드볼트(Seed Vault)란 후손들의 미래를 지키는 세계 최초 지하 터널형 야생식물 종자 영구 저장 시설이다. 현재 전 세계 30만 종의 식물 중 안전하게 보존되고 있는 종(種)은 30% 수준밖에 안 된다. 기후변화, 자연재해 및 핵폭발과 같은 지구 대재앙으로부터 산림생물 다양성을 보전하는 것이다. 세계 최고의 안전성 확보를 위해 지하 46m 깊이 터널에 종자를 영구적으로 보존하는 시설이다.

국립백두대간수목원은 백두산에서 지리산까지 이어지는 한반도의 가장 크고 긴 산줄기 백두대간의 중심에 조성된 아시아 최대 규모의 백두대간 산림생태계와 생물다양성을 보전하고 복원하는 곳이다.

〈두 번째 자랑거리〉는 꽃과 열매의 찬란한 향연이다. 꽃내음 가득한 31개의 주제의 전시원 이야기이다.

*암석원: 암석과 어울리는 고산식물을 자연스럽게 배치하여 조성한 대표 전시원이다.

*만병초원: 꽃이 화려하고 사계절 잎을 감상할 수 있는 만병초류와 양치식물을 함께 심어 경관을 연출한 전시원이다.

*백두대간 자생식물원: 백두대간에 자라는 우리 식물을 다양한 환경에 맞춰 전시한 전시원이다.

〈세 번째 자랑거리〉는 백두산 호랑이와 호랑이숲이다. 자연 속에 숨 쉬는 백두산 호랑이의 보금자리인 호랑이숲으로 우리 땅에서 사라진 지 100년 된 멸종위기의 종(種)인 백두산 호랑이 종을 보존시키고 있다. 백두산 호랑이의 야생성을 지키기 위해 자연 서식지와 유사한 환경조성과 종 보전과 체계적 관리를 위한 지속적인 연구를 수행하는 곳이다.

〈네 번째 자랑거리〉는 백두대간수목원 배움터이다. 자연의 가치를 느끼고 배우는 프로그램이다.

〈수목원 교육 해설 프로그램〉으로,

*해설: 기본 해설, 주제 해설, 주말 해설

*유아: 유아 숲속 교실

*학교 연계: 현장 체험, 진로 체험(자유학기제), 청소년 캠프(초·중

고), 학교 교류, 진로 특강

　*정규체류 프로그램: 백두대간 생생탐사대, 숲 아카데미, 백두대간 나무 기행, 수목원 녹색 환경 교실, 별자리 여행, 금강송 숲길 트레킹

　*체험 교실: 공예 교실, 가드닝 클래스

　*산림복지: 복지프로그램

　*연수: 수목원 전문가, 교원직무연수, 대학생 현장실습

『참여 방법』

　*프로그램 현황, 예약, 기타 문의에 관한 사항은 홈페이지(www.bdna.or.kr)를 통해 확인할 수 있으며, 현장 상황에 따라 내용과 일정이 조정될 수 있다.

　*신청 기간은 프로그램에 따라 다르며 자세한 일정은 홈페이지에서 확인하실 수 있다.

　*프로그램은 신청자 미달인 경우 일정이 취소될 수 있으며, 취소 시 개별 안내한다.

　이 글을 장황하게 쓴 첫 번째 목적은 봉화군의 귀중한 관광 문화 자산인 국립백두대간수목원에 대한 개략적 소개에 그 목적이 있다. 다음으로 소망하는 것은 국립백두대간수목원에 근무하는 직원이라면 최소한 봉화역 또는 춘양역에서 수목원을 찾아가는 교통편과 소요 시간, 택시요금 등 정도는 어느 누가 묻더라도 거침없이 기본적으로 대답할 수 있을 정도의 안내자가 되어야 한다는 생각이다.

　필자가 팸플릿에 기재된 〈방문 안내 전화〉와 〈해설 안내 전화〉로 상기 내용을 문의한 결과 받는 분이 동 내용에 대해 곧바로 안내한 분이 단 한 분도 없었다. 더구나 〈국립백두대간수목원 회원 모집안

내장〉을 보고 가입 문의를 했는데도 즉시 제대로 답변 못 하니 근무 직원의 자질과 도덕성에 대해 한심한 생각이 들었다. 전화로 회보 받은 시간도 너무 오래 걸리기에 전체 조직이 이 정도 수준이라면 개인적으로 〈국립백두대간수목원〉에 대한 앞날이 걱정되기도 해서 그 안타까움이 이 글을 쓰게 된 두 번째 동기이다. 봉화군에서 군 관광재정 수입의 확대 차원에서도 이 문제는 좀 더 신중히 검토해 특단의 홍보 대책을 마련해야 한다는 생각이 절실하게 들었다.

(2020. 8. 3 봉화일보에 게재된 내용임)

봉화(奉化)에서 신종(新種)식물발견

'봉화 현호색'이라는 신종을 발견했다는 논문이 '식물분류학회지' 최근호에 실렸다. 정확히 얘기하면 이미 있었기에 신종(新種)의 출현이 아니고 지금까지 발견이 안 된 식물 품종이 이제야 발견이 되어 이름 붙여진 것이란 뜻일 거다.

경북 봉화군에서 연노랑 꽃에 잎은 가는 신종 현호색을 발견했다는 내용이다.

전북대 생명과학과팀이 발표한 논문인데, 감사의 글에 "정보와 사진을 제공한 이재능 씨에게 깊이 감사드린다"라는 내용이 적혀 있었다.

사연을 알아보니 야생화 고수인 이재능(62) 씨가 2012년 제보해 시작된 연구였다.

이 씨는 "해마다 봉화 길가에 낯선 현호색 수백 송이가 피는 것을 보고 신종일지도 모르겠다는 의문을 가졌다"고 말했다. 이 씨가 높은 식견을 갖추지 않았다면 불가능한 일이었다. 실제로 이 씨 (닉네임 아이디카)는 야생화 계에서 최고수로 통한다. 그가 쓴 세 권짜리 '꽃들이 나에게 들려준 이야기 (꽃나들이)' 시리즈는 야생화에 관심 있는 사람들의 필독서 중 하나다. 책에서 "몇 년이 지나도록 이름을 불러주기 어렵더니 어느 날 멀리서 보아도 작고 미묘한 차이가 느껴지는 때가 내게도 왔다"는 대목을 보았을 때 그가 고수임을 직감했다.

내 고향 경북 봉화, 예부터 십승지의 고장이다. 십승지는 전쟁과 전염병을 피할 수 있는 안전한 곳이란 뜻이다. 교통이 불편해 오지(奧地:해안이나 도시에서 멀리 떨어진 대륙 내부의 땅. 두메산골)란 뜻인데 지금은 사통팔달 아스팔트 길로 소통되니 이젠 전국 어디에도 오지는 없어진 게 현실이다. 옛 전설 속 얘기 같은 그 오지라는 이름 덕분에 개발이 미루어져 미래를 내다보며 대한민국에서 아직도 개발의 여지(餘地)가 가장 많은 군(郡)으로 남아 있다고 회자되고 있는 것도 축복이다. 아직도 대한민국에서 일급 청정지로 꼽히고 있으니 이 또한 다행한 일 아닌가.

내 고향 봉화 이야기, 반가운 마음도 마음이지만 신문 기사를 보고 아주 희귀한 중요한 내용으로 〈김민철 님의 꽃이야기〉에서 발췌 전재(轉載)한다. (2018.3.15)

봉화 소태산(小太山)과 황전 마을

경북 봉화군 거촌리 도암정이 있는 황전마을에 작은 태백산이라 불리며 마을을 빙 둘러 감싸고 있는 소태산이 있다. 그곳 소태산에는 둘레길이 만들어져 있는데 왕복 2km 정도로 소요 시간은 천천히 걸으면 약 1시간 30여 분이 소요된다.

둘레길은 참나무 잎이 떨어져 양탄자를 깔아놓은 듯 폭신폭신해서 걷기에 좋다.

길을 걷다 보면 오른쪽 길 아래 1600년경이 마을에 살았던 의성 김씨 입향조 松山 김흠(金欽) 선생의 묘비가 있으며 장인 되시는 도암(陶巖) 남구수 선생의 묘비가 있으며, 우측 산등성이엔 도암정을 세운 황파(黃波) 김종걸 선생의 묘비가 서 있다.

이 마을에는 다음과 같은 이야기가 전해져오고 있다. 지금의 황전마을에 처음 들어와 의성김씨의 조상이 된 김흠(金欽)이 시종 두어 사람을 데리고 구봉산에 올라 매를 날려 꿩사냥을 하고 있었다. 극가산을 바라보니 매에 쫓긴 꿩이 황전마을 남 진사의 집으로 날아들었는데, 한참 후에 남 진사의 딸이 날아든 꿩을 숨겨두었다가 매가 사라진 뒤에 꿩을 살려 보냈다는 얘기이다.

김 도령은 남 진사 댁 규수의 착한 마음씨에 감탄하였다. 뒷날 김흠은 그 규수의 후덕함을 어여삐 여겨 남 진사댁에 청혼을 하게 되고 마침내 그는 남씨 가문에 장가들어 안동에서 황전으로 와서 처가살이하게 되었다. 남 진사가 살던 경암헌 고택은 사위 김흠에게 물려져 황전 의성김씨 종택으로 지금까지 사용되고 있다.

종택은 경상북도 민속자료로 지정되어 있으며, 마을은 2002년 5

월에 경상북도 효 시범 마을로 지정되었고, 봉화군의 전통문화체험 마을의 하나로 선정이 되었다. 소태산 정상과 오르막길, 내리막길 중간쯤에는 벤치가 설치돼 있어 휴식을 취할 수 있으며, 둘레길은 참나무·소나무 낙엽이 깔려있어 맨발 걷기도 가능한 만큼 운치 있게 둘레길을 걷고, 고택의 고졸한 멋도 즐기면서 숲속 도시 봉화의 정취를 만끽할 수 있다. 소태산 오르는 길은 도암정 앞에 있는 연못 동쪽·서쪽 가장자리에서 시작하면 된다.

(2024.2.5 봉화일보에서 기사를 발췌하다)

내 고향 봉화 사투리 말

이 글은 경북 봉화에 사는 어느 여성이 밭일 나가면서 남편에게 보낸 쪽지 내용이다. 실제로는 이렇게까지 사투리를 쓰지는 않지만 재미있게 알뜰하게 생각해서 쓴 글이라서 옮겨 본다.

뱅갑(병갑)이 아부지(아버지)요
 당신도 요세(요사이) 애빗던(바싹 말랐던)데 맥지로(쓸데없이) 냉자(나중에) 내 (날)고랑떼 (애)미기지(먹이지) 말고 정제(부엌) 가면 오봉에 밥뿌제 (밥상보) 더퍼(덮어)둔 대지비(대접)에 정구지찌짐(부추전붙임)이 이슬끼시더 (있을겁니다)
 쪼매(조금) 데파가(덥혀서) 종바리(종지)에 있는 지렁(간장)에 찌거 (찍어서) 무그소(먹으소)
 냉자 (나중에) 바테(밭에) 올찌게(올적에) 쭉띠기(쭉정이)들 태우구로(불 테우려고 하니) 다황(성냥) 쫌(좀)가오고 (가지고 오고) 갱빈여 불떼기(?) 쫌 띠지기로(?) 고바(고방)에 있는 홀찌이(?) 하고
 수군포(삽), 까꾸리(깔구리), 깨이(괭이), 울타리 치그로(칠테니) 새끼대이(새끼줄)도 마카(모두 다) 가져 오소.
 이부제(이웃집) 꼬네이(고양이) 덤빌라 생선은 단디(야물게) 치아(치워)두고, 얌생이(염소)는 큰 돌삐(돌맹이)로 공가 가 (눌러서) 매매 (야무지게) 무까(묶어) 두소.
 삽짝(사립짝)도 단디(야무치게) 지두카노코 (짓눌러놓고) 사게(빨리) 오이소.
 일 마치고 거랑(냇물)에서 몸 씩꾸로(씻을테니) 사분(비누)하고 내

가라이블(갈아입을) 꼬장주(고쟁이 옷)도 쫌(좀) 가오소(가지고 오소)

 남들 누네(눈에) 안띠거로(안들키게) 비니루(비닐봉지)에 너어가(넣어 가지고) 물 한 빙(병) 하고 다라이에 다마가(담아가지고) 단디(조심해서) 더퍼 (덮어서) 오이소.

봉화 북지리 석조반가상

　통일신라기의 반가상은 대부분 석조상인데 그 중 경상북도 봉화군 물야면 북지리에 소재하는 석조반가상은 1965년 봉화 북지리의 마애석불 부근에서 발견된 것으로 비록 상반신을 잃고 있으나 복원치(復原値) 약 2.5m로 추정되는 동양 최대의 반가 석상이다. 왼쪽 발목과 양팔이 손상되었으나 손과 팔을 받쳤던 흔적은 남아 있다.
　불신(佛身)의 조형이나 각부 조각이 웅대하고 박력이 넘쳐 불사의 뛰어난 기술과 넘치는 자신(自身)이 드러나 있다. 1966년 경북대학교 박물관의 조사에 의하여 이 반가상을 봉안하였던 법당 자리가 밝혀졌고 또 왼쪽 발을 받치고 있던 지름 70cm의 별조(別造)된 연화족좌(蓮花足座)가 발견되었다. 조성연대는 7세기 후반 통일 직후로 추정된다.(교수불자연합회 편저/불교의 현대적 조명/민족사 간, p.236에서)
　고향 봉화 북지리에 소재하는 석조반가상에 대해서 아는 지식이 전무해서 평소 매우 궁금하였는데 옛날에 읽었던 책을 다시 읽으려고 펴보다가 형광펜으로 밑줄 그어진 부분에서 이 내용을 발견하고 너무 기뻤다. 애지중지하던 물건을 잃어버렸다가 다시 찾은 듯한 기쁨이다. 외지에서 오신 분들은 물론이고 우리 고향 분들이라도 우선 내 고향 봉화에 비록 외형은 온전하지 못해도 이렇게 소중한 불교 유물 석조반가상 보물이 존재한다는 사실을 알리는 계기가 되어 기쁘다. 더구나 그 숨은 참가치를 알린다는 사실이 새삼스럽게 기쁨으로 다가온다.

어머니 비밀함의 비밀

어머니의 사물함 반짇고리함을 정리하다가 발견된 기록물이 소중한 가치가 있기에 옮겨 본다. 22년 전의 글이지만 금방 피정을 다녀온 듯 현장감이 생생하게 느껴져서 감명 깊다. 어머니가 다니시던 봉화성당 절친한 교우님 김 모니카께서 그날 피정을 함께하지 못한 어머니(권 마리아)를 생각해서 다녀온 당일 그곳의 얘기와 일정들을 소상하게 적어서 준 것인데 소중하게 22년 간직한 정성은 가상하나 글 쓰신 분을 인지기능 상실증에 의해 기억하지 못하시니 안타깝기가 그지없다. 더구나 김 모니카 님이 누구인지 지금은 생존해 계셔서 봉화성당을 아직도 다니고 계시는지 궁금하기 그지없으나 아는 분이 없어 안타까운 일이다. 요양보호사 플로라는 성당 재무 담당을 10년이나 하여서 알 수도 있을 텐데 찾을 수 없다고 한다.

*제목: 일일 피정(성주 평화계곡)기록
*필자: 김 모니카 (천주교 영세명)

1999년 11월 16일 새벽 세 시 서른 분, 일어나 1시간 30분을 기도를 바치고 일어서 집 안을 대강 정리하고 5시 50분 캄캄한 문밖을 나서 봉화의 우리 성전을 찾아가기 위하여 한 발 한 발 옮기는 순간 나는 너무나 감격하였다. 어두운 새벽길을 혼자서 걸어본 기억이 없으므로 신기한 마음으로 약 40분 걸어 성전에 도착하였다. 내가 항상 좋아하는 박 헬레나 씨의 두 손을 잡고 차에 올라 진지한 담화로 장시간을 보내고 어언간 멀고 깊고 그윽한 〈성주평화계곡〉을 도착하였다.

내 일생 처음 보는 심산 신곡 고요한 산중(山中) 수많은 돌들이 형형색색으로 생겼으나 하나같이 귀물스럽게 돋보이며, 돌로 성전을 지은 아름답고 늠름한 성전을 들어가 둥글게 자리 잡고 원장 수녀님의 씩씩하고 활발하게 성령 충만한 교육을 장시간 받으며, 나의 머릿속을 씻어 가는 마음에 너무나 존경스럽고 감격하였다. 연약한 여자의 몸으로 첩첩산중에다 이 거창한 사업을 한다는 것은 정말 놀라우나 하느님의 섭리라면 못 할 일이 없겠다는 것을 새삼 느꼈다.

밖을 나와 보니 수많은 옹기들이 즐비하다. 이 깊은 산 속까지 어떻게 다 운반했을까. 옆을 돌아보니 크고 작은 개(犬)들이 즐비하나 하나같이 온순한 모습 그것 또한 신기하였다. 미물의 짐승도 수녀님 교육과 하느님 뜻대로 행동하는 건지 이 모든 것이 신기하고 놀라웠다.

식사 시간이 되어 크나큰 식당을 들어가니 싱싱한 겉절이를 곁들여 푸짐한 식사를 서로 같이 권하는 모양이 우리 봉화성당 교우 자매님들은 끝없이 순박하고 친밀감이 넘쳐 정말 보기에 좋았다. 식사 후 돌에다 구운 고구마를 대접하니 그것도 일미였다. 평화 계곡 수녀님 자매님 여러모로 민첩하게 많은 사람들 대접하느라 너무 수고와 심려를 많이 하셔서 감사드립니다. 눈길 가는 곳마다 각색 꽃이 찬바람에 시들기는 하였으나 각각 자기 자랑하는 모양이 너무나 사랑스럽고 귀여워 낱낱이 만져보며 좋아하는 나의 모습을 보고 석고 하는 아저씨께서 "국화 한 포기 가져가세요." 한다. 나는 즉시 "이 깊은 산속에 내가 가져다드려야 어떻게 가져가겠어요." 하니 한 뿌리쯤은 뽑아도 된다며 즉시 캐주었다. 우리 집에 황국화는 있어도 백국화가 없기에 반갑게 받으며 그 아저씨를 생각해 보았다. 내가 어떤 모양으로 좋아했길래 이것을 뽑아 주었을까를 생각하며 감사히 받았다.

수녀님께서 2시까지 강당으로 모이라 하여 가보니 또 처음 모일 때처럼 둥글게 자리 잡고 굵게 긴 묵주를 둘러 잡고 일단식 바치게 하고 각자 자유 기도를 바치라 하였다. 질서정연하고 경건한 기도와 교육, 나의 역사의 한 페이지를 이룰 수 없고 경쾌하며 이 모든 것이 거룩하신 하느님, 오묘한 섭리 무궁하여 나는 꽃을 만지며, "하느님, 저의 남은 삶을 항상 금일같이 즐겁게 살게 하여 주소서." 하고 기도하였다. 사방 구경 다 못한 것 한스러우나 돌들이 너무 험하여 피로하여 다 돌아보지 못하고 꽃만은 낱낱이 다 만져보며 이야기했다. 나는 항상 꽃과 대화를 하는 사람이라 꽃을 만지며 찬바람 닥쳐오는 것을 한없이 미워하며 〈평화 계곡〉골짜기에 도란도란 속삭이는 각색 꽃들, 또다시 언제 만나 볼까 하루의 피정이 아쉬운 심정 금할 수 없었다.

떠날 시간이 되어 〈평화 계곡〉 수녀님들과 작별하고 아쉬움을 남기며 봉화로 향하여 올 때 우리 수녀님께서 차례대로 조용한 기도와 성가를 불러가며 경건한 기도로 즐겁게 진행한 후 차내에서는 전체로 유흥이 시작되었다. 각각 자기 재주대로 즐겁게 노는 모습에 정말 감사하며 즐기는 동안 지루한 줄도 모르고 순식간에 봉화 성전에 도착하니 우리 본당 훌륭하신 신부님께서 수험생들을 위한 미사를 드리신다기에 모든 수험생과 나의 외손자 시험 잘 보게 해달라고 기도를 부탁드리고 성전을 나오니 우리 신부님 수녀님 어떻게 가나 걱정하시고 박 헬니나 씨와 장 노시아 씨가 진정으로 나의 갈 길을 걱정하여 춘양가는 교우의 차를 잡아주어 안전하게 돌아와서 모든 분들에게 감사드린다.

특히 성모 회장님의 모든 수고와 심려 정말 고맙고 감사합니다. 그날의 아쉬움에서 나의 제종질부 레지나, 권 마리아, 이 루피나 님이 참석 못 한 것이 몹시 아쉬웠다.

 항상 아무 연고 없이 다 같이 참석하여 즐기게 하소서. 거성화별 우리 해저(海底) 딸네들이 유명하여 마명한 문화 세상, 편리한 전화 연락으로 시간만 맞춰지면 동서로 모여들어 명승고적 빠짐없이 1년에 춘, 하 ,추 세 차례를 방방곡곡 콘도 예약 사박 오일 음풍농월 무진 화락 한없이 즐겼으나 평화 계곡같이 감명 깊을 때는 없었다. 나는 항상 그날의 보고 느낀 것을 기록하는 습관이 있어 집에 돌아와 밤늦도록 대강 기록해 두고 숙소에 들었다.

 - 천구백구십구년 십일월 십육일 늦은 밤. 김 모니카 씀.

봉화 우곡 성지답사

아침 10시 20분이면 어김없이 도착하는 요양보호사에게 오늘은 배추 시래기와 멸치 대가리 딴 것과 된장 재료를 건네주고 된장국을 끓여달라고 부탁했다. 점심 반찬은 어머님 혼자 드실 것으로 콩조림, 깍두기, 김, 배추겉절이 등을 상위에 차려놓고 요양보호사님에게 된장국 다 끓이면 어머니 점심 드시게 상차림을 봐달라고 부탁하고 오늘 계획한 걷기운동을 위해 집을 나선다. 출발 시간은 11시 30분이다.

오늘은 〈우곡 천주교 성지〉와 〈문수산 자연휴양림〉을 답사할 계획이다. 조금은 쌀쌀한 날씨지만 햇살은 따뜻해서 땀도 별로 안 나고 걷기에 아주 좋았다. 음지의 도로를 통과할 적엔 불어오는 바람에 제법 추위가 느껴지는 날씨였다. 다덕재를 통과해 다덕약수터에 이르렀다. 좌측 도로변에 우곡 성지와 문수산 자연휴양림 4km 화살표 우회전 도로 표식이 보였다. 평소 눈여겨봐 놓은 표지판이니 거리낌 없이 발걸음도 가볍게 우회전 도로로 진입했다.

약간 경사가 진 고갯길 도로를 따라 약 15분 정도 지나니 오암이란 동네가 나왔다. 가옥들이 대도시의 단독주택 못지않게 잘 지은 집들이 지천으로 매달린 사과밭과 구름 한 점 없이 맑은 하늘이 문수산을 배경으로 앙상블의 경치를 맘껏 자랑하고 있었다. 과수원 농사를 짓는 부촌(富村)으로써 유감없는 위용을 과시하는 듯 눈이 부시는 느낌이었다. 모두가 과수원 농사를 짓고 있는 농가이니 도로 양옆 밭에 주렁주렁 매달린 사과들이 황금알처럼 보였다. 금년엔 약 3개월여의 긴 장마와 폭풍을 잘 견뎌낸 결실이 다행스러운 데다 시

장가격도 높게 유지되니 과수 농가의 주인은 금년엔 수확의 기쁨을 넉넉하게 누리겠다는 생각이 들었다.
 오암 마을을 조금 지나니 〈가재마을 사랑방〉이란 건물이 보였다. 이곳은 연전에 선조 매계공 문중 단합대회 모임이 있었던 곳이다. 일박이일 그날의 감회가 새롭게 느껴졌다. 그때는 그냥 무작정 일방적으로 따라만 왔었는데 무심결에 당도한 이곳이 그곳일 줄이야, 그날의 추억을 예고 없이 되새기게 되니 기뻤다. 15분 정도 같은 방향으로 걷다 보니 우곡 제1교를 건너기에 앞서 창평저수지 둑이 멀리 보이고 숨어 있는 비경의 베일을 벗겨 보이는 듯 낭만 있는 가을 경치가 매혹적이다. 저수지는 좌우로 긴 삼각형 방향으로 도로가 시원스레 뚫려 있었다. 문수산 자연휴양림과 우곡 천주교 성지 방향 표시판이 없는 데다 길을 물어보려고 해도 인가도 지나가는 행인도 차량도 워낙 드물어 난감했다. 집에 있는 요양보호사님께 전화해서 이 지점 위치에서 갈 방향을 물어보니 우곡 천주교 성지와 문수산 자연휴양림은 곧장 국도로 가면 되고, 창평저수지 회전 도로는 귀가 시에 걸어서 나오면 좋을 것이라 일러 주어서 확실하게 방향을 잡아 갈 길을 머뭇거림 없이 갈 수 있었다.
 우곡의 옛 이름은 우르실인데, 이는 호랑이 으르렁거리는 소리가 들렸다고 해서 우르실이라고 한다. 우곡 제1교를 건너니 도로 양옆이 모두 사과밭으로 사과가 어찌나 많이 달렸는지 농사지은 주인의 땀 흘린 정성과 보람이 진주로 맺힌 듯 지나는 길손의 마음도 풍요로워 흐뭇한 느낌을 자연스레 공감하게 된다. 타인의 풍년 농사 그 결실을 바라보는 길손이 이렇게 기쁨이 넘치게 되니 행복도 전이되는 듯하다. 도로 왼쪽 가로수엔 꾸지뽕나무 열매와 흡사한데 어찌나 조롱조롱 달렸는지 가지가 찢어질 듯하다. 의아하게 생각되는 것은 꾸지뽕나무 열매라면 저렇게 지천으로 도로에 나뒹굴어 밟혀 터지게 방치하진 않을 텐데 하는 의구심이 들었다. 건설 현장에서 수신호 등을 든 작업 인부에게 물어봐도 분명히 꾸지뽕나무가 맞다고 하는데.

30여 분을 도로길 따라 걷다 보니 반갑게도 〈문수산 자연휴양림〉 입구 표지판이 우측에 보이고 그 옆으로 나지막하게 돌에 음각으로 새긴 〈우곡 성지〉 표지석이 눈에 들어왔다.

오늘 걷기의 반환 목표 지점에 도달한 셈이다. 우선 문수산 방문객 안내소를 방문하여 안내 팜플렛을 받고 간단한 안내 설명을 들어보니 휴양림 전체를 다 돌아보는 건 시간상 무리였다. 오후 3시 30분인데 점심 식사할 수 있는 식당도 간이매점도 눈을 닦고 봐도 보이지 않았다. 슬슬 배가 고파오는데 이곳에서 식사 해결은 틀렸다. 초입의 다덕 약수터까지 되돌아가야만 허기진 배를 채울 수 있을 것 같다. 이젠 창평저수지 우측 도로를 따라 빠른 걸음으로 귀갓길을 재촉해 국도로 우선 나가야 한다.

저수지 우측 시멘트 포장도로는 공사한 지가 오래되지 않은 듯 깨끗했으나 급하게 산을 깎아 내린 뒤 마무리 공사가 제대로 안 되어 흘러내린 토사가 방축을 넘어 도로 곳곳을 점령하고 있었고 그 모래를 퍼낸 자국도 보였다. 한 농부는 아예 차를 대기시키고 흘러내린 모래를 퍼서 차에 싣고 있는데 당국에 허가 맡았느냐고 물어보려다 "별 싱겁은 놈 다 본다"고 봉변당할까 봐 그냥 지나치기로 작정했다. 어차피 내 소유의 산도 흙도 아닌데. 창평저수지에 잠긴 물이 불어오는 바람결에 윤슬을 이루며 햇빛을 받아 보석이 물 위에 더 있는 듯 반짝인다.

도로길 옆에 약 50m 간격으로 세워진 봉화, 문인협회 회원님들의 시화 작품들이 방긋 국화꽃처럼 미소 지으며 오랜 친구처럼 먼저 손

내밀어 악수를 청하니, 지나는 길손이 어찌 발걸음을 멈추지 아니하랴. 향토색 짙은 영롱한 글들이 석양의 햇빛 노을 받아 눈이 부시다. 만추의 가을 색상이 풀어내는 대자연의 황홀한 무대 한복판에 홀로선 고독한 몽상가 키에르케고르가 된 느낌이다. 하염없는 사색의 실마리를 풀어 향수에 젖어 들게 만든다. 혼자 즐기기엔 너무나 아쉬운 이 풍광을 전해줄 방법이 없으니 이런 경우는 화가가 되었으면 좋겠다는 생각을 해본다.

 전번 주에 문인협회 봉화지부 모임에 신입회원 신고식을 하며 대화를 나눈 몇 분 회원님들의 작품 위로 그때의 얼굴이 잠시 오버랩되어 스쳐 지나간다. 봉화군과 봉화 문인협회가 상생으로 자연을 소중하게 인간을 사람답게 정신문화를 일구어 가고 있다는 게 참으로 다행하게 느껴졌다.

 시화 작품을 읽으며 저수지 건너편 산야의 물들어 내리는 단풍을 감상하며 걷다 보니 수문 통제소 건축물과 창평지(昌坪池) 표지석 앞에 다다르게 되었다. 이제 국도로 나가는 길밖에 없는데 시야를 살펴보니 차량이 지나다니는 국도가 보였다. 다행한 것은 그리 멀지 않아 보였다. 약 십 분 걸어 맞닥뜨린 도로는 국도 구도로로 다덕약수터가 가까운 거리였다. 옳거니 이제 점심 식사는 해결되겠구나 싶었는데 웬걸 4시경이니 중국집, 소머리 국밥집, 〈저녁 영업 준비 중〉이라는 안내 문안이 게시돼 있고 청국장집은 상중(喪中)이라니 식사 해결이 난감한데 마지막 기대를 걸고 〈예천가든〉을 찾아들어 다짜고짜 "식사 되느냐?"고 물었더니 "예" 명쾌한 대답이 되돌아왔다. 이 집주인은 연전에 내 10대조 송월재 (諱·時善) 님의 정자 준공식 날 100여 명의 초대 손님 식사를 접대한 곳으로 인연이 되어 가끔 찾아 들어도 어찌나 친절하게 대해주는지 고마운 마음 금할 길

없다. 칠천 원짜리 된장찌개가 여덟 가지 반찬에 고등어자반 구이까지 올라왔으니 과히 진수성찬이다. 귀가하는 길손에게 오리백숙에 나오는 녹두죽 한 그릇을 별도 포장해 주며 "어머니 가져다드리라"고 한다. 휠체어에 어머니 모시고 식사하러 한번 들린 적이 있는데 그걸 기억해 내는 눈썰미도 놀랍지마는 베푸시는 그 인정이 너무도 풋풋하여 눈시울이 뜨거워졌다.

  집에 도착하니 오후 5시 30분경 햇살이 어둑어둑한데 "뭐 그리 오래 있다 오노?" 어머니께서 읽던 책을 덮으시고 힐책하듯 물으신다. 저녁 식사 준비해서 귀한 녹두죽 얻어온 사연을 말씀드리고 상 차려 드리니 맛있게 잡수신다. 한 끼 식사 기쁘게 드시는 모습에 느껴지는 작은 행복감이 오늘 하루 긴장의 무게를 한꺼번에 내려놓는다. 저녁 잠자리가 꿈속에서도 편안할 예정이다. 내 휴대폰 만보기 계기는 오늘 여정이 21.8km였음을 표기하고 있는데 별 피로함을 못 느끼는 참으로 오랜만에 별러서 작정하고 걸은 걸음으로 흡족하게 느껴지는 걷기운동〈백미의 날〉로 기억될 것이다. (2020. 10 23)

백두대간수목원에서 며느리 배꼽을 본 날의 단상

 오늘은 어머니께서 어제 지독한 목감기로 목구멍의 가래고임이 하도 심해서 봉화 해성병원에 입원시키고 내 나름의 휴가받은 기분 어떻게 내볼까 생각하다가 작년 여름에 다녀온 백두대간수목원 그 화려 찬란한 아름다운 꽃밭 정원의 모습이 기억 속에 삼삼하게 되살아난다. 오늘은 왠지 그날 반대의 모습이 보고 싶어지는 날이다. 조락의 흔적들이 쓸쓸하고 허전한 모습을 감추지 못하고 그대로다. 성주괴공(成住壞空) 자연현상의 진리를 현장에서 체득하는 기분이다. 그래도 땅속에 감춘 뿌리에 흐르고 있는 그 역동적인 생명의 소리를 들을 수 있어야 한다. 계절의 뜻에 맞춰 조락과 몰락의 모습을 결코 자연은 감추거나 위장하거나 치장하지 않는다. 사계절을 통해서 자연스레 변화에 순응하며 보여주는 그 외형의 모습은 몰골도 흔적도 없이 사라졌다.
 봄날이 되면 싹틔워 꽃피우고 열매 맺어 장엄하게 환생을 되풀이하는 삼라만상에서 인간들이 그렇게도 갈구하는 참 영생이란 과연 이런 거구나 하고 느낄 수가 있었다. 자연에서 우리는 겸손함을 본받아 마음 비움을 배우고 욕망의 낮춤을 배워야 한다.

 휴가 기분 내보려고 이곳을 찾아왔지만 내 머리통은 온통 해성병원 입원해 계시는 어머니에 대한 걱정이 떠나지 않는다. 간호사실에 전화해 보니 어머니께서 어젯밤에 잠도 안 주무시고 고함을 지르며 집에 보내달라고 했다는 전언인데 나도 어쩔 수 없는 일이다.
 자식이 자기를 버리고 갔다고 엄마는 생각할 수도 있기에 더욱 그렇다. 집에서는 좌변기에 앉아 소변보시고 대변은 하루 한 번 화장실에 기어가서도 체면 유지하며 볼일을 봤는데 그냥 기저귀에 싸라고 강요하듯 하니 평생 체면만은 어떤 경우라도 유지하며 살아오신 분인데 이 보편적 생리적 행위를 도저히 수용하지 못하는 것이다. 그래도 어머니에 대한 걱정을 잠깐이라도 다른 방향으로 돌려볼 생각으로 길옆에 꽃과 식물들이 본체의 모습은 사라진 채 황뎅그레하게 명찰만 오뚝이처럼 서 있는데 생소하고 재미있는 이름들이 하도 많아 호기심에 카메라에 담아보리라 생각하고 계속 찍다 보니 예상이 적중한 셈이다.

백두대간 수목원 오늘 산책은 수확이 상당하다. 평생 볼 수 없는 며느리 배꼽을 보게 되다니 넘새스런 일이다. 사실 명찰만 보고 실물 모습을 보지 못했으니 진짜 봤다고 하기에는 좀 뭣하나 본 것은 본 거다. 도대체 어느 시아버지 시어머니가 며느리 배꼽을 어떻게 볼 수 있었겠으며 또 얼마나 아름다웠으면 꽃 이름으로 작명까지 했을까를 생각해 보았다. 며느리 배꼽을 보고 얼마나 흡사하게 닮았으며 얼마나 이뻤으면 수많은 사람이 나다니는 곳 화원에다 버젓이 며느리 배꼽 모습을 당당하게 공개했을까 생각하고 나 홀로 속으로 고소를 금치 못했다. 며느리가 이뻐서 보지도 않은 배꼽으로 작명했을 테지만 고약스럽다는 생각보다는 한편으로 참 재미있다는 느낌으로 다가온다. 올봄에는 내 기어이 그 꽃이 어떻게 생겼는지 꼭 보러올 생각이다. 도대체 어떻게 생겼기에 하필 며느리 배꼽이라 명명했을까. 차라리 〈마누라 배꼽〉이라 이름 지었으면 이해가 조금은 될 것 같은데 도대체 어떻게 생긴 꽃이기에 하고많은 사람 중에 하필 〈며느리배꼽〉이라 이름 지었을까. 금방 다가올 꽃피는 봄날 진짜 며느리 배꼽은 죽어도 볼 수가 없으니, 꽃이라도 보며 발칙한 상상에 한 번 젖어 보리라 속으로 다짐하며 백두대간 호랑이 동산길을 내려왔다. 호랑이 동산에는 한창 공사 중으로 호랑이는 볼 수 없었으나 더 의미있는 며느리배꼽을 본 것은 다행하다는 생각이다.

〈미나리아제비꽃〉은 또 뭐야. 미나리꽃들은 자기끼리 촌수가 있는 모양이다. 그러면 미나리 조카 꽃, 삼촌 꽃, 할배 꽃, 할머니 꽃도 있어야 하는 게 아닌가. 이렇게 다양한 꽃들이 주변에 산재해 있다는 게 정말 신기하고 재미스럽다. 그동안 무수하게 산행하며 무심하게 지나친 산야에 관한 관심을 다시 가져보는 커다란 계기가 될 듯해서 기분이 좋다. 〈도깨비부채꽃〉은 또 뭘까. 누가 도깨비를 본 사람도 없을 것이고 부채 부치고 있는 도깨비를 본 사람은 더욱 없을 텐데 어떻게 공·맹(孔·孟)의 부채도 아니고 이백(李白)의 부채도 아니고 더구나 신선의 부채도 아니고 하필이면 〈도깨비부채꽃〉이라 이름을 지었을까. 부채를 부치고 있는 도깨비를 실제 본 사람이 아니면 절대 지을 수 없는 일이 아닌가. 꽃과 동식물의 이름 중에는 참으로 재미있는 이름도 많다는 걸 새삼스레 깨닫게 되는 순간이다. 〈노루궁뎅이버섯〉에서 〈개불알 꽃〉에 이르기까지 인간이 지어준 이름인데도 인간보다 몇 배나 더 아름다운 별별 이름의 동식물이 이 지구상에서 인간과 함께 공존하고 있다는 사실이 너무나 다정하게 느껴져 순간적으로 참 행복하다는 느낌에 젖어 들었다.

참고로 오늘 휴대폰에 사진으로 담아온 꽃과 식물들의 이름을 차례로 적어 본다.

장대냉이, 대극, 태안원추리, 익모초, 참취, 이고들빼기, 금낭화,

울릉미역취, 큰잎갈퀴, 윤판나물, 물괴불나무, 개암나무, 개갈퀴, 긴잎여로, 십자고사리, 뱀고사리, 줄딸기, 산딸기, 뱀딸기, 한라부추, 장군풀, 잔털벚나무, 개병풍, 노루귀, 노린재나무, 애기석위, 백운산원추리, 단양쑥부쟁이, 으아리, 바위솔, 물푸레나무, 쇠물푸레나무, 곰딸기, 쥐똥나무, 물오리나무, 묏미나리, 애기나리, 뻐꾹나리, 세잎양지꽃, 뻐꾹채, 물박달나무, 야광나무, 꼬리조팝나무, 싸리, 일월비비추, 호랑버들, 둥근털제비꽃, 털부처꽃, 스크렁, 청닭의난초, 꽃톱풀, 며느리배꼽, 도깨비부채 등이다. (2022.2.26.)

7부

서간문

형수님 전상서

※ 이 글을 미국에서 형님이 소천하시고 난 뒤에 보낸 필자의 편지이다.
  기록으로 남길 가치가 충분하기에 정리해 옮긴다.

  세월의 흐름이 참으로 무상하게 느껴집니다. 일찍 서신 올리지 못해서 죄송합니다. 형님 별세로 인한 조문(부의금) 명세는 별도로 첨부하오며 우선 고향 및 집안 소식부터 전해 드리겠습니다.

  2007.4.9 제 처(아녜스)가 직장암으로 인천길병원에서 수술받고 경과는 좋으나 변을 당분간은 옆구리로 받아내고 있으며, 복원 수술은 6개월은 지나야 할 듯합니다. 2007.4.23 아녜스는 길병원에서 퇴원해 부산 집으로 내려갔고요. 간병은 장모님께서 하고 계십니다. 2007.6.4 아녜스가 갑상선 종양 수술하고 6.14 퇴원해 부산으로 귀가했습니다. (정기건강진단 대장암 검사 실시 중 직장암과 갑상선 종양이 발견되어 수술하게 되었고 다행히 경과는 좋으나 고생이 심합니다.) 2007.6.22. 수식 누님이 별세하셔서 참석해 조문 일박하고 장례식 치르고 귀가했습니다. 2007.1.13 병완이 형이 며느리 맞이했고요, 2007.2.3. 광재(병각 형님 장남)가 결혼하였고요, 2007.5.19. 화재(병문 형님 딸)가 며느리 맞이했고요, 진우(제 장남)는 9월 중순경 출산 예정으로 저도 친손자를 보게 되었습니다.

  어머니는 고향에 건강하게 머물러 계시고, 덕재는 대구에 내외만 거주하고 종원, 종우, 진아 삼 남매는 서울 구의동에서 전셋집을 얻어 함께 기거하고 있으며, 질부가 대구에서 가끔 올라와서 밑반찬을 조리해 주곤 한답니다.

　부의금 명세는 아래와 같습니다. 정상 5, 병호 5, 인상 5, 병하 3, 병윤 10, 성재 10, 만재 10, 화재 10, 병대 10, 병건 5, 병각 10, 병준(저) 20. 합계 103.(이상 단위 : 만원임)

　2007.6.25 한국 씨티은행 종로지점에서 수수료 3만 원 공제하고, $1068.71(₩999,991)을 송금하였습니다. 2차로 안양 병건 형님이 송금한 것(20만 원)은 열촌 계모임에서 지금 회장님 명의로 보낸 것입니다. 형님께서 만드신 계모임이 벌써 십 수 년간 잘 유지가 되고 있습니다.

　형수님!
　가장 가까워야 할 형수님과 조카들을 먼 타국 하늘 아래 두고 이산가족 되어 살고 있으니 가끔은 밀려드는 외로움에 전생의 업(業)인양 체념하고 저 스스로 마음 다스려 가며 살고는 있으나 애끊는 아픔에 기가 막힌 적도 한두 번이 아닙니다. 이제는 부유한 삶 바램보다는 어떻게 건강하게 남은 시간을 가치 있게 생산적으로 소모해 가느냐가 문제일 것 같은 생각이 드네요.

　이제는 언젠가 미국을 갈수가 있겠구나 하는 희망과 형수님과 조카들 달재, 선희, 대제와 손자 종희 가족 모두가 이 땅으로 영구 귀국하는 날엔 다시 상봉할 수 있다는 소망과 기쁨으로 믿음 속에 이산가족으로서 혈육의 정을 달래야 하겠네요.

　형수님!

저는 형님의 삶처럼 존경받는 정신세계를 닮고 싶습니다. 지병인 진폐증의 아픔을 천형처럼 견디시면서도 삶은 너무나 떳떳하고 사표(師表)가 될 만한 삶이셨습니다. 저는 어머니와 함께 가장 존경하고 사랑하는 형님이셨습니다. 그러나 제가 받은 사랑 하나도 해드리지 못하고 이승의 마지막 작별을 영결식에도 참석 못 하는 아픔을 겪게 되는군요. 형제지간의 정의(情誼)를 제대로 한번 나누지도 못하고 영영 이별하게 되니 슬프기 한량없습니다. 이제 자주 볼 수는 없을지라도 언젠가는 남은 가족들이 서로 만날 수 있다는 소망을 키우며 살아야 할 것 같군요. 할 말은 여산여해(如山如海)이오나 다시 소식 드리기로 하고요, 마침 성경 말씀을 써 놓은 작품이 두 점 있어서 표구는 안 한 상태로 동봉해 보냅니다. 형수님, 건강하셔야 합니다. 가까운 장래에 가족 모두가 한자리에 모일 것을 소망하며 간절히 기도드릴게요.

  2007.8.30. 시동생 병준 올림

敍愚 아우님께 - 주정(酒情)을 얘기하다

시간은 그곳에 있습니다 / 敍愚

수십 년 전에 마신 낮술 한잔이 이제사 취한다//
푸른 시절 밤마다/ 잊어야 할 사람이 있어// 새벽별 하나 떠날까/ 그리워 하느라//
별아래 웅크리고 앉아/ 오래도록 익숙한 얼굴을 잊느라// 밤이 끝날 즈음을 기다리며/ 별을 헤였다//
밤 낮은 그대로 인데/ 오늘도 그 곳을 다녀왔다//
수십 년 전에 마신 낮술 한잔이
이제사 취한다// 잠시 꿈을 꾸었다

아우님의 詩는 매 편마다 절창일세. 술이란 놈(者)이 인간의 희로애락을 쥐락펴락하며 가끔은 슬픔을 달래주기도 하고 어떨 땐 낙(樂)의 정반대 슬픔도 주면서도 세상에서 가장 가까운 일편단심 우정의 친구로서 나와 생로병사와 희로애락을 함께 해 주니 세상의 어느 부인이 이같이 정을 줄 것이며 어느 님께서 어찌 이만한 벗이 정녕 되어 주겠는가.

그야말로 어울려 만지며 이만한 일심동체의 심기를 세상 어디에서 찾아보겠는가. 나누는 정리(情理)와 맛이 변함이 없으니 그 다정다감의 우정을 어찌 송죽의 절조에 비교할 수 있겠는가? 그래서 술맛을 도무지 모르겠다는 사람은 좀 이해가 안 될 때도 가끔은 있다네. 술이란 게 추억을 되새기게 하기도하고 낭만에 촉촉이 젖어 들게도 한다네. 떠난 님에 대해선 애상(哀傷)의 그리움으로, 가슴에 담고 있는 님은 더욱 간절하게 그리워지도록 하는 절세일미(絶世一味)의 요술쟁이 같아, 그래서 나는 술을 사랑한다네. 가끔은 님보다도 더 자주 가까이하곤 한다네. 그런데 나의 이 비밀스러운 사실은 님께서는 까마득하게 모르고 있으니 여간 다행스러운 일이 아닐세. 아우는 어떤가?

 그런데 이 술이란 친구는 절대로 한도를 정해 놓고 그 범위 내에서만 주는 일은 없다네. 사해의 바닷물이 다 제 것인 양 세상 모든 이에게 그저 무제한 주고만 있으니 이 점이 좀 탈이긴 해도 만물의 영장인 인간이기에 정다운 술친구로서 최소한의 예의는 저 스스로 지킬 줄 알아야 하는 일 아닐런가. 과유불급(過猶不及)이란 사자성어는 아마도 유추해 보건대 아주 오랜 옛날 주선(酒仙)께서 평생토록 술 즐기시며 사시다가 임종 직전에 불현듯 크게 깨달으신 돈오의 오도송으로 진리의 말씀 같은 느낌이 드네. 〈과한 것은 오히려 조금 모자람 만 못하다〉 이 말이 절묘하지 아니한가. 아무리 다정한 술친구라도 도(道)에 넘치는 행위는 용납하지 않겠다는 큰 진리를 터득하게 하니 술은 어쩌면 친구가 아니고 도통한 옛 신선의 수제자거나 청출어람의 지혜로운 제자 같은 느낌마저 드네. 아무튼 불가근불가원 (不可近 不可遠/너무 가까이할 수도 너무 멀리할 수도 없는 일)이란 생각으로 평소에 술친구를 대할 적엔 스스로 삼가고 제 마음을 정제함이 술친구에 대한 최소한의 예의란 생각이 들곤 하네.

 그러나 내 오랜만에 만나 주정(酒情)을 나눌 아우님에겐 〈불가근불가원〉의 예를 지킬 생각을 잠시 거둘 작정이니 그리 아시고 마음 단단히 새겨 먹고 누추한 우거를 방문해 주시게. 우리 봉화군 법전면사무소 앞에 있는 양조장 술이 바닥날 때까지 마셔보세나. 요즘은 두주(斗酒)불사에 날밤 새워 가면서 마실 친구도 없으니, 세상사가 더욱 서글프게 느껴지곤 한다네. 그래도 인간으로 지음받았으니 신(神)이 부여한 사명 완수는 하고 가야 할 일이 아니던가.

짧은 여정의 길, 그 끝자락에 서니 하루하루 날들의 은혜가 너무나 성(聖)스럽게 느껴지네. 부모의 은혜보다 더 성스러운 가치의 은혜는 이승에서는 그 어디에도 없다는 내 생각이 결코 잘못된 건 아니겠지? 아우님의 詩 한 수가 이만한 감흥을 불러일으킬 줄이야 정말 몰랐네. 아우님은 물론 자작한 한 편의 〈詩님〉에게 아울러 감사의 축배를 올리네. 금년 들어 첫얼음이 언 날 아침, 내 마음을 녹여주는 시 한 편이 김영한 님이 천억이 넘는 재산 (현·길상사) 전부를 법정 스님에게 증여하며 "내 이까짓 거 집 한 채의 가치가 시인(백석)의 시 한 구절의 가치보다도 못하다"는 그 유명한 말이 되새겨지는 소중한 순간일세.

아우님.

우리 사이 술향기보다는 더 감미로운 삶, 우정의 향기 서로 아낌없이 나누며 살아가도록 하세. 즉흥적으로 써 내려간 글이니 너무 허물은 마시게. 환절기에 서로 간에 몸조심하도록 하세.

(2021.10.17)

큰형님이 동생(병연)에게 보내 온 편지(1)

(朝鮮京城府永登浦區永登浦町276~3
電話永登浦{ 205番 147番 }48.11.22.

※ 東洋紡績株式會社京城工場 의 社內用 기안지에다 동생(병연 형)에게 쓴 편지임, 표구해서 보존 중으로 원문을 그대로 옮김, 철자법은 원문대로, 한문 문장 중 일부분은 한글로 표기했음. 필자가 태어나기 1년 전에 큰형님께서 작은 형에게 보낸 정겨운 내용의 편지글임

그리운 炳沿君 答書
  군의 3월 31일에 부송한 玉書 4월 22일날 잘 바다보았다. 兄은 운재(언제)나 今便 君의 편지 오기를 기다리든 次 군의 옥서를 밧고 나니 그 기쁜 感想 엊지 筆舌로 다할야. 皮封을 뜨더보니 군의 能한 筆跡 다시 그리우며 형의 수차 편지한 소원이 이재야 되었구나. 모친과 상의 결과 서울로 오기로 되였다니 멀잔어(멀지않아) 군과 형의 행복스럽고 자미(재미)스러운 생활과 장래에 多大한 희망이 기대된다.
  그러면 첫째 조건이 학교인데 어느학교를 희망하느냐? 일전에 형의 편지 바다 보았느냐. 그 편지에 학교說이 씨여있는데 잘 읽어 보았느냐. 그리고 방 한칸 어들일은 곧 될거시고 양식도 君의 쌀표와 형의 分이면 어느 정도 가능하고 또 회사에서 特配를 1개월에 조금씩 주는 게 있으니 보태고 하면 문제 없고 [간/반찬] 이라하여도 형의 식당에 있은 한 어느 정도 가능하며 사서 먹는다하여도 맷푼 들

지안으며, 형은 통근하드라도 밥은 회사에서 먹게되니 먹는 것은 문제 없을 거스로 認定한다.

그리고 君이 올라오면 어머니가 혼자 앞이 빌터인되 올라와서 학교에 입학하면 차차 觀時(관시/때를 봐서)하야 어머니도 올라와도 좋을 거시다. 그 문제는 차차 해결할 거시고 생활비는 夏절에는 多大한 금액이 드지 안치마는 동절에는 식대보다도 연료代가 더 만을 거시다. 사람이라 죽으라는 法이 있나. 웃재 (어떻게해서)라도 될거시지, 형은 그러케안다. 그리고 우선 입학금이 최소한도로 이만 원 정도 들 모양인되 그게 큰 문제다. 형이라도 객지에 나와서 오래되지 않고 일푼 餘有 없고, 입학후에야 일개월에 기백원式 드는 것은 엇재(어떻게)라도 하지마는 입학금은 형으로서는 암만(아무리) 연구해도 도리가 없다. 입학금은 시험에 합격해도 개학 때 가지고 가는 거시니 시험치러 올라올 때 안가지고 와도 될 거시다.

그리고 아버지 편지에 君이 아버지와 할머니께 효성이 지극하다하니 형은 객지에 와서 불효막심인데 군의 효성이 그다지 지극하다하니 형은 기쁨은 차치(次置)하고 君을 대하기 부끄럽다. 그리고 일간에 드르니 강원도에서 小學을 마치면 중학도 그 道에서 해야된다는 말이 있든되 正實(참말)인지 선생한테 잘 물어바라. 그리고 자취도구는 합격 후에 해도 되고 아무래도 합격이 되면 집에 갓다가 와야 될거시니, 그리고 입학원서 같은 것은 학교에서 직접 서울 학교로 청구하고 2,3차 지원하여라. 그리고 이 편지를 바드면 선생님과 잘 연락하여 상세하게 속히 회답하여라. 그리고 부탁 여부가 업지마는 시험준비 공부 많이 하여라. 안만해도 촌사람과 도회지 아이들과 다르고, 샘(井) 게고리가 하늘 넓은 줄 모른다고, 안만(아무리) 실력이 있어도 서울 오면 좀 다르니라. 그리고 어느 정도 촌아이가 실력이 낫다하여도 사소한 차이면 도회지 아이들을 넘기 어려우니 합격에 만전을 기하여라.

그렇다고 겁낼거슨 없다. 君의 실력이면 형이 **想像**컨되 문제 없을 듯하다. 그리고 **他道**에 입학 문제 선생한태 잘 물어바라.

그리고 그간에 아즉 편지 연락이 있겠지마는 올라올 적에는 전보를 **何日**(어느날) **何時**(몇시)에 **何驛**(어느역)에 도착한다는 것을 상세히 연락을 **取**하여라. 이 사회는 절대로 돈만은 사람만 위대한 사람이 될 수있고 공부할 수 있는 거시 아니다.

無一分(푼)한 사람도 자기의 구든 결심과 노력 **如下**에 될 수 있는 거시다. 너무 심녀 마러라. 이만 끝친다.

1948年 4月 22日 夜12時 서울 兄 炳周 書

*그리고 전반 父主 편지에 군이 다리를 다쳤(쳤)다고 하드니 요사이는 엇드냐. 완쾌되어 학교에 다니느냐. 궁금하며 **日常 健康**과 **身體**를 **貴重**히 여기고 조심하여라 **附託**일다.

해외에서 온 형님 편지 (제1신)

어머님 전 상서

  이곳 가족들은 다 잘 있습니다. 서울에 있는 병준이 통해서 고향 소식을 잘 듣고 있습니다. 병식이 서신에 의하면 병문형 칠순 잔치와 병식이 회갑소식도 들었습니다. 어머님도 잘 계시고 김실네와 고향 대소제절이 두루 무고하다 하니 다행이라 생각합니다.
  이제 몇 일 후면 설 명절인데, 명절만 다가오면 고향이 더욱 그리워집니다. 한두 해도 아니고 여러 해 동안 타향을 떠다니면서 고향땅을 밟지 못해서 고향 선조님의 산소를 찾아 뵈올 면목도 없고, 생존해 계시는 어른들께도 자손된 도리가 아니란 생각에 죄스런 마음입니다. 올해나 가볼까 내년에나 가볼까 생각만 하다가 여러 해를 넘기다보니 이제는 영영 고향에는 못가고 마는 게 아닌가 생각되어 눈물 겹습니다. 누구보다 어머님의 관대한 양해와 용서를 바랄 뿐입니다. 병준이가 서울에서 무슨 일을 하는지, 하는 일이 잘 되는 일인지 다소 걱정이 됩니다.
  서울이란 잘 되는 일도 없고 안 되는 일도 없는 곳이 서울이라고 하는데 아이들을 보더라도 집으로 돌아가라고 부탁은 하고 있으나 아직 못가고 있는 듯 합니다.
  제 추측으로는 병준이 내외간에 다소의 불화가 있는 것이 아닌가 생각되어 집니다마는 부부간의 일이란 시간이 흐르면 잘 해결되리라 믿습니다. 병준이 일로 어머님께서 걱정이 많으리란 생각이 듭니다마는 노인들에게 근심걱정이란 건강에 해로우니 억지로라도 참으시고 잊어버려야 합니다. 어머님이 걱정하신다고 될 일이 안되고 안될 일이 되는 것도 아닌데 무모한 근심걱정은 내려놓으시고 건강에만 유념하시길 빕니다.

요즈음 사람들은 일생에 권태기라는 것이 유행병처럼 있어 한순간이 지나면 자연 치유가 잘 되리라고 저는 믿고 있습니다. 자식들이 어머님 곁에 있어야 당연한 도리인데도 제대로 모시지 못하니 저희들의 불효를 용서해 주시길 빕니다.

모든 근심은 접어두시고 오직 옥체 보존에만 신경 쓰시길 빕니다. 저희들은 며칠 전에 이사를 옮겼습니다. 옮긴 곳 전화번호는 1-910-764-9693입니다.

어머님에게 하나님의 풍성한 은혜와 축복이 늘 충만하기를 기도하겠습니다.

병연 드림 (2002. 1. 31)

※추신) 22년 전 둘째 형 병연(炳沿)께서 미국에서 어머니(계모)에게 드린 첫 번째 글이다. 아주 편하게 어머니 옆에서 조곤조곤 간하는 듯한 효성이 지극한 형님의 친필 편지는 아직도 보관 중이다. 비록 이국땅 미국 침례교회 추모 묘원에서 영면하고 있으나 내가 이승을 떠나기 전까지는 결코 잊혀지지 못할 형님이다. 어머니는 평소 항상 내게 얘기해 주셨다. "나는 너거 형, 효자인 병주와 병연 형제 때문에 고생스러운 시집살이 견딜 수 있었다"고 수시로 회고하며 말씀하시고는 했다. 그 어머니도 작년에 99세로 선종하셨으니 인간사의 무상함을 느낀다. 이 편지는 IMF때 한국씨티은행 퇴직 후 쉬고 있을 적에 받은 편지이다.

해외에서 온 형님 편지 (제2신)

어머님 전 상서

  추석날 전화로 소식 잘 들었습니다. 무엇보다 어머님이 숨이 차서 고생하신다는 말씀을 듣고 이곳에서 도움이 되는 방법이 없을까를 찾아보았습니다.
  숨차는 병이 여러가지 이유가 있어서 생각다 못해 저의 생각대로 찾아보았습니다. 제가 숨이 차는 것은 광산병(진폐증)으로 그전에는 주로 약을 많이 복용했으나 근래에는 가슴이 아프고 숨이 매우 차서 고생만 하고 있을 뿐입니다. 병원에서는 진료비와 약값은 안 받아도 입원비와 식대는 받고 있어서 산소를 집에서 하고 있습니다.
  처음 2년간은 한달에 15만원 씩을 주고 산소 발생기를 사서 오늘 날까지 집에서 하고 있습니다. 돈도 문제이지만 한국에 이 기계가 있는지도 알 수 없고 효과를 볼 수 있을지도 의문이라서 포기했습니다. 미국에서 가정용으로 쓰는 기구를 찾았습니다. 탄소 배출로 산소 공급효과를 올리는 것이랍니다.
  플라스틱 기구를 조립해서 시간 나는 대로 불고 계속해서 할수록 좋다고 합니다.
  동봉해서 보내드리는 약은 여자 노인분들의 건강 보충 고단위 영양제로서 하루에 한 알씩만 복용하시기 바랍니다. 저가 해외에 나와 병고로 고생하고 있어 걱정하시고 병준이 가정이 화합치 못해 어머님 마음 고생이 또한 많으시리라 생각됩니다.
  어머님이 근심 걱정하신다고 저희들 문제가 풀리는 것이 아니기 때문에 마음을 편히 가지소서. 겨울이 가면 봄이 오듯이 우리들 집에도 볕들 날이 오리라 믿어 의심치 않습니다. 오늘은 이만 줄이고 항상 건강관리 잘 하소서.

병연 상서 (2001년 추석절에)

※추신) 23년 전 둘째 형 병연(炳沿)께서 미국에서 어머니(계모)에게 보내온 편지이다. 편지 소중하게 아직도 보관 중인 것은 생전에 어머니에게 지극한 효행을 실천하신 분이기 때문이다. 때로는 편지 원문을 꺼내 읽으며 그 형님을 회상할 수 있다는 건 지극한 슬픔 속에서도 느껴지는 나만의 행복 희열(喜悅)이다.

8부

독후감

권정생 님의 소설 『몽실언니』를 읽고

　오늘 292페이지의 소설책 한 권을 종로 알라딘에서 샀다. 책 제목은 〈몽실언니〉이다. 권정생의 소년소설이다. 창비아동문고 14호로 1984년에 초판 발행해서 2019년 3월 26일 개정 4판 30쇄 발행이다. 초판 발행에서 36년간을 꾸준히 몇만 부가 팔렸을지 짐작할 수 없는 베스트셀러인 건 틀림 없다. 동행한 추산 선배님께서 극찬으로 소개하길래 나도 손녀 (초등 4학년) 도연이에게 선물할까 싶어서 무작정 산 것이다. 그러나 책의 내용을 내가 읽어보지 않고는 선물 할 수가 없는 일이기에 약 5시간 만에 완독했다. 나는 어떠한 경우에도 내가 직접 완독하지 않은 책을 선물한 적은 없다. 그 책의 내용을 모르고 선물한다는 건 예(禮)에 벗어나는 행위이기 때문이다.
　책 읽는 동안 내내 6.25 전쟁의 비극과 남북분단의 지금 현실에 대한 아픔이었다. 소설 속의 주인공 〈몽실언니〉의 상상이 안 되는 비극적인 한뉘의 삶에 목맨 눈물을 쏟아야 했다.
　소설의 마지막 장면은 이 소설 전체 내용을 요약해 놓은 것이다.
　[난남(몽실이의 여동생)은 현관문 기둥에 기대서서 〈몽실〉이 걸어가는 뒷모습을 보고 있었다. 절뚝거리며 걸을 때마다 〈몽실〉은 온몸이 기우뚱기우뚱했다. 그렇게 위태로운 걸음으로 〈몽실〉은 여태까지 걸어온 것이다. 불쌍한 동생들을 등에 업고 가파르고 메마른 고갯길을 넘고 또 넘어온 〈몽실〉이었다.
　아버지가 그를 버리고, 어머니가 버리고, 이웃들이 그리고 이 세상에 있는 모든 칼과 창이 가엾은 〈몽실〉을 끊임없이 괴롭혔다. 그토록 시집을 가지 않겠다고 별러 온 〈몽실〉이 늦게야 구두 수선쟁이 꼽추 남편과 결혼을 한 것이다. 한 가지 짐을 더 짊어진 것이다. 그

래서 〈몽실〉은 기덕이와 기복이 남매의 어머니가 된 것이다.]

　- 6.25 전쟁의 비참한 참상과 너무나 극한의 비극적인 주인공 〈몽실언니〉의 일생의 사실 같은 기술 내용이 초등 4학년이 읽기에는 이해는 물론이고 소설에 전개되는 내용이 혼란을 주어 정서적으로 소화해 내기엔 버겁겠다고 생각해 손녀에게 선물하는 건 늦추기로 마음먹었다. 그러나 근래 책 한 권을 쥐고 마지막 장을 넘길 때까지 이렇게 가슴 저리는 아픈 느낌의 소설은 처음 접하는 감동이었다.

*글쓴이 : 권정생 (1937~2007)
일본 도쿄에서 태어나 해방 직후 우리나라로 돌아왔다. 경북 안동 일직면에서 마을 교회 종지기로 일했고, 빌뱅이 언덕 아래 작은 흙집에 살면서 〈몽실언니〉를 썼다. 가난 때문에 얻은 병으로 세상을 떠나면서 인세를 어린이들에게 써 달라는 유언을 남겼다. 단편동화 〈강아지 똥〉 으로 기독교아동문학상을 받았고, 〈무명 저고리와 엄마〉가 조선일보 신춘문예에 당선 되었다.

세상에서 가장 아름다웠던 한국의 풍경 (펄 벅 여사의 회상기)

아랫글은 세계적인 명작 소설 "대지"의 작가 펄 벅 여사가 1960년대 한국을 방문했을 때 감동하여 본국으로 돌아가서 쓴 글이다.

그녀가 한국에 와서 경주(慶州)를 방문했을 때 목격한 광경이다. 해 질 무렵, 지게에 볏단을 진 채 소달구지에도 볏단을 싣고 가는 농부를 보았다. 펄 벅은 지게 짐을 소달구지에 싣고, 본인도 편안하게 힘들지 않게 소달구지를 타고 가면 될텐데 라는 생각에 농부에게 물었다.

"왜 소달구지를 타지 않고 힘들게 그렇게 걸어갑니까?"

농부가 말했다.

"에이! 어떻게 타고 가요. 저도 하루 종일 일했지만, 소도 하루 종일 나와 함께 일했는데요. 그러니 짐도 나눠서 지고 가야지요."

당시 우리나라에서는 흔히 볼 수 있는 풍경이었지만, 펄 벅 여사는 고국으로 돌아가서 세상에서 본 가장 아름다운 광경이었다고 기록으로 남겼다.

"서양의 농부라면 누구나 당연하게 소달구지 위에 짐을 모두 싣고, 자신도 올라타고 편하게 집으로 향했을 것이다. 하지만 한국의 농부가 소의 짐을 덜어주려고 자신의 지게에 볏단을 한 짐 지고 소는 앞세우고 함께 걸어서 귀가하는 모습을 보며 짜릿한 마음의 전율을 느꼈다."고 술회했다.

비록 말 못 하는 동물일지라도 측은지심으로 그 심경을 헤아리는 마음이 어찌 이심전심의 자성(自性)으로서 부처님의 대자대비 보살심이 아니겠는가.

늦가을까지 달린 감나무의 감을 보고는 "따기 힘들어 저렇게 남긴 건가요?"라고 물었다. 겨울 까치들을 위해 남겨 놓은 식량으로 '까치밥'이라는 설명에 펄 벅 여사는 또 한 번 감동하였다.

"내가 한국에서 다녀 본 중에 어느 유적지나 왕릉보다도 이 감동의 현장을 목격한 하나만으로도 나는 한국에 오기를 잘했다고 자신한다"고 기록했다. 감이나 대추를 따면서도 '까치밥'은 남겨두는 마음, 기르는 소를 내 몸처럼 사랑하는 마음, 작은 배려를 몸으로 실천하며 사는 순박한 백성들이 사는 곳, 우리나라 그때는 조선이었다. 우리 선조들은 자연과 사람은 한 뿌리임을 알았다. 그래서 봄철 씨앗을 뿌릴 때도 셋을 뿌렸다. 하나는 하늘(새)에게, 하나는 땅(벌레)에게, 나머지 하나는 나에게, 서로 나눠 먹는다는 뜻이다. 소가 힘들어할까 짐을 덜어주려는 배려의 마음, 이렇게 깊고 넓은 대자비심에 펄 벅 여사는 크게 감동했고 세상에서 가장 아름다운 풍경이었다고 술회했다. 소박한 그때 그 시절이 새삼스레 그리워지는 펄 벅 여사의 감동적인 한국 방문 회상기다. 이제는 농사짓는 일도 최첨단으로 기계화되어 지금 우리나라 어디에서도 이런 순박한 진풍경을 볼 수가 없으니 펄 벅 여사의 글이 더욱 아련하게 심금을 울리며 파고듦을 느낀다.

세상 인정이 갈수록 메말라가는 세태에 따뜻한 이웃 정이 그리워지는 계절, 우리는 서로 인정(人情)을 나누는 멋진 인생 여정(旅程)을 동행하는 도반으로서 스스로 참된 벗이 되길 소망해 본다.

『무탄트 메시지(말로 모건 지음)』를 읽고

오스트레일리아 원주민 부족 중 하나인 오스틀로이드라고 불리는 인종(그들은 스스로를 '참사람 부족'이라 일컫는다)은 문명인을 가리켜 '무탄트'라고 부른다. 무탄트는 돌연변이라는 뜻이다. 돌연변이란 기본 구조에 중요한 변화가 일어나 본래의 모습을 상실한 존재를 말한다. 원주민들은 자연 속에서 함께 살아가는 생명체인 동물, 나무, 풀, 구불거리며 흐르는 샛강, 심지어 바위와 공기조차도 우리와 한 형제이며 누이라고 믿고 있었다.

그런데 문명의 돌개바람과 함께 몰려와 어머니 대지를 파헤치고, 강을 더럽히고, 나무를 잘라내는 문명인들을 보면서 원주민들은 그들을 '돌연변이'라고 볼 수밖에 없었다. 과학자들은 호주 원주민들이 적어도 5만 년 이상 그곳에서 살아왔으리라고 추측한다. 그 오랜 세월 동안 그들이 어떤 숲도 파괴하지 않고, 어떤 강물도 더럽히지 않고, 어떤 동식물도 멸종위기에 빠뜨리지 않고, 어떤 오염 물질도 자연 속에 흘려보내지 않으면서 풍부한 식량과 안식처를 얻을 수 있었다는 것은 놀라운 일이 아닐 수 없었다.

그들은 창조적이고 건강한 삶을 오래도록 산 뒤, 영적으로 충만한 상태에서 이 세상을 떠났다고 기록되어 있다. 백인들과 타협하지 않은 마지막 원주민 집단으로 알려진 '참사람 부족'은 걸어서 호주 대륙을 횡단하는 것으로도 유명하다.

자연 치료법을 전공하고 호주 〈보건사회센터〉에서 일하던 미국 출신의 백인 여의사인 말로 모건은 이 '참사람 부족'이 엄선한 무탄트 메신저로 선택되어, 이들과 함께 넉 달에 걸친 사막 보도 횡단 여행에 참여하게 되었다.

이 책은 그 여행의 기록으로서, '참사람 부족'이 자신의 탐욕을 위해 생명의 토대인 어머니, 대지를 학대하고 파괴하는 무탄트들에게 맞서는 방법으로 더 이상 결혼도 안 하고 자식도 낳지 않기로 결정한다. 그리하여 그들 중 마지막 젊은이가 죽으면 순수한 부족의 종말이 되는 이 실체적 사실의 특별한 경험을 〈무탄트 메시지 Mutant Message Down Under〉라는 책으로 써서 '참사람 부족'의 존재를 마지막으로 세상의 문명인에게 전하는 메시지다.

이 책을 통해 '참사람 부족'은 세상의 문명인에게 종족의 번식, 대(代) 이음을 중지하는 순교(殉教)의 유서 같은 처절한 마지막 메시지를 남겼다.

"신의 부족인 우리 참사람 부족은 곧 지구를 떠날 것입니다. 우리에게 남아 있는 시간 동안, 우리는 가장 높은 차원의 영적인 생활, 금욕생활을 하기로 결정했습니다. 금욕생활은 엄격한 육체의 수행을 보여주는 방법이지요. 우리는 더 이상 아이를 낳지 않을 것입니다. 우리 중 가장 젊은 사람이 죽으면, 그것이 곧 순수한 우리 인종의 마지막이 될 것입니다.

우리는 영원한 존재입니다. 우리는 최초로 지구상에 나타난 존재들의 직계 자손입니다. 시간이 시작된 이래, 우리는 생존을 위협하는 온갖 시험을 통과했으며, 원래의 가치 체계와 법을 흔들림 없이 지켜 왔습니다. 지금까지 지구를 하나로 묶어 준 것은 우리의 집단

의식이었습니다.

 이제 우리는 떠나도 좋다는 허락을 받았습니다. 세상 사람들은 달라졌고, 땅의 영혼을 배반했습니다. 우리는 하늘에 있는 그 영혼을 만나러 갈 것입니다. 만물의 어머니와 같은 대지를 당신들에게 맡기고 우리는 떠날 것입니다. 아무쪼록 당신들의 삶의 방식이 물과 동물과 공기, 그리고 당신들 자신에게 어떤 영향을 주고 있는지 깨닫기를 바랍니다. 이 세계를 파괴하지 않으면서 당신들 문제에 대한 해결책을 찾아내기를 바랍니다. 물론 무탄트들 중에는 자신의 참된 자아를 이제 막 되찾으려고 하는 이들도 있습니다. 충분히 노력과 관심을 기울인다면 지구의 파괴를 돌이킬 시간은 남아 있습니다. 하지만 우리는 더 이상 당신들을 도울 수가 없습니다.

 우리의 시대는 끝났습니다. 비 내리는 것이 이미 달라졌고, 더위는 날로 심해지고 있으며, 동식물의 번식이 줄어드는 것을 우리는 오랫동안 지켜보았습니다. 우리는 더 이상 영혼에게 인간의 모습을 주어 이곳에서 살게 할 수는 없습니다. 이 사막에는 이제 물도 식량도 남아 있지 않을 것이기 때문입니다."

 참으로 슬프고 처절한 내용이다. 신으로부터 공평하게 지음받은 인간의 한 종족이 그 대(代) 이음을 인간의 의지로 거부하고 중지시키는 집단 자해행위나 다름없는 결정을 내리고 그 흔적을 지구상에서 감춘 것이다. 계속 이런 류의 순교적 사태가 잇따라 안 일어났으니 다행인지는 모르겠으나, 종족의 자멸이 인류의 자멸로 이루어질 뻔한 참으로 상상이 안 되는 사건이란 생각이 책을 덮고도 오래도록 사유의 바다에 깊이 빠져 헤어날 수 없게 했다. 그들 종족은 뒤를 이을 세상의 인류가 자연을 보호하며 공생하기를 염원하며 종족 보존의 씨 내림을 포기하고 순절한 것이다. 이 숭고하고 장엄한 순교적 사실의 참의미를 새기고 기억하는 지금의 지구인은 과연 몇이나 될까 전율이 일어남을 느꼈다.

『원칙너머(Beyond Principle), 임종득 지음』을 읽고

내가 이 책을 습득한 것은 2024년 1월 4일, 서울 보라매 공원에 위치한 공군 호텔에서 저자 임종득 예비역 장군님의 출판기념회에 참석해서 구입한 것이다. 우선 저자인 임종득 님은 내 고향 봉화와 지근의 영주 출신으로 육군 소장으로 예편했고, 이번에 영주, 봉화, 영양 지구 국회의원에 출마 준비를 하고 있다는 얘기를 가까운 지인께서 내게 전해주었다. 궁금하기도 하고 보고 싶기도 해서 참석했다.

오늘 1월 9일 새벽 3시 30분에 이 책을 입수한 지 5일 만에 완독을 끝냈다. 처음 선입견은 정치적 야망을 키운 분들의 책들이 그야말로 부풀려서 자기선전의 뻔한 얘기들이 대부분이고, 그리고 경험하지 아니한 분석해 보지도 않은 공약(空約) 수준의 나열이 거의 대부분 사람들이 후보자로서 쓴 내용들이다. 그러나 나의 이 선입견은 망치로 뒤통수를 한 방 얻어맞은 듯한 놀라움과 경이로움이었다.

저자가 태어난 곳은 경북 영주시 이산면 운문2리 조우골(雕골)에서 태어났다. 한학자 집안에서 태어나 종증조부에게서 초등학교 때 〈천자문〉과 〈동몽선습〉을 배웠다. 그 시절 그 두 가지 책을 배웠다는 것은 삼강오상의 예(禮)를 배우고 도덕적인 바른 삶의 길, 그 기본 품성을 터득하게 되는 계기로 참사람으로서의 품성을 움트게 된 것이다. 영주에서 운문초등, 영광중학교를 졸업, 대구로 출향하여 청구고등학교를 졸업하고, 육군사관학교를 나와 장교로 임관해 소장으로 진급할 때까지 오로지 올곧은 군인의 길을 걸으며 군인으로서 기본인 '야전 형 장교'를 거쳐 '정책형 장교'로 진로를 수정해 더욱 거시적 안목에서 국가의 실질적인 국방 정책에 기여할 수 있는 길을 모색하며 성공적으로 완수해 냈다.

이 책의 마지막 편인 〈나의 꿈을 키워준 고향 '조우골'〉의 내용 중에서 태어난 '조우골'이 12개 마을로 이루어진 유래와, 예천 임씨로서 형조판서를 지낸 양양군 (임자번)의 후손이란 점, 4대가 한집에 기거한 일과 '새마을 운동'을 겪고 처음으로 전기가 들어온 일들을 회고하며 고향에 대한 애향심이 흠뻑 묻어나는 글이다.

그다음 기독교인 아내를 맞이하고 아들 형제에 관한 얘기에서 육사에 입학한 장남 한솔이와 부자지간에 동반 '자격 강하'의 추억을 담담하게 기술했는데 가슴 뭉클한 감동이었다. CH-47 헬기를 타고 1,800피트 (약 548m) 상공에서 낙하산으로 동반 강하 훈련에 한솔이가 먼저 창공에 몸을 던지고, 아들 뒤를 따라 동반 강하를 하며 느낀 그 부자간의 생사일여의 일체감이야말로, 이보다 더한 부자간의 정을 어디서 어떻게 느낄 수 있었겠는가. 저자는 아들이 육사 교육과정을 마치고 "멋진 정예 장교가 되어 아버지의 사랑에 보답하겠다"고 했을 때, 이 세상 무엇과도 바꿀 수 없는 기쁨을 느꼈다고 했다. 그 순간에 "그때는 몰랐지만, 돌이켜보니 내가 아버지께 그런 기쁨을 드린 적이 있는지 아쉽기도 하고 후회스럽기도 하다"고 고백한다. 그의 부모에 대한 효심이 우연 중에 표출되는 순간이다.

그러면서 아버지에 대한 추억을 얘기한다. 생도 시절은 물론이고 장군이 되었을 때 아버지가 계셨으면 얼마나 기뻐했을까를 생각하고, "이제와서 아버지와의 지난 추억을 끄집어내어 한 남자의 생을 이해하려 애쓰고 있다"고 토로한다. "중대한 결정의 순간마다 말없이 믿어주셨던 아버지의 눈빛이 나를 성장하게 했다"고 아버지에 대해 추억에 잠기며 무한 신뢰와 존경심을 나타낸 것은 〈된 사람〉으로서 기본 품격이다.

　저자는 해병대 출신인 아버지의 도전 정신을 물려받은 삶에 있어 정신적 유산이 되었다고 고백하며, "내가 고향을 한 번도 잊을 수 없었던 가장 큰 이유는 아버지다. 아버지의 삶을 거름으로 나의 길을 걸을 수 있었던 내가 어떻게 고향을 잊을 수 있었겠는가. 우리는 모두 누군가의 자식으로 태어나고 원하든 원하지 않든 부모님을 거름으로 해서 자랐다"고 토로한다. 이 뿌리 깊은 내면 심층의 생각이 아버지의 숨결이 살아 숨 쉬고 있는 고향을 위해 뭔가를 하고 여생을 마쳐야겠다는 의무감으로 〈국회의원〉이 되어 진충보국하는 길이 선고(先考)에 대한 도리요, 국가에 대한 본인의 마지막 책무라고 인식하고 결심한 정치입문 〈국회의원〉의 길은 다른 선택의 여지 없이 의롭다는 생각이 들었다.

　그의 〈정치입문의 출사표〉로서 마음 자세도 겸손하고 순박하다. 바둑에 비유해 1단 수졸(守拙)에서 9단 입신(入神)의 단계 경지의 예를 들어, 제일 낮은 초보 단계인 수졸을 예로 들며 "글자 그대로 졸렬하게나마 겨우 제 한 몸을 지킬 수 있게 된 단계"를 비유하여, 스스로를 지키는 게 굉장히 어려운 일이라는 생각이 든다"고 한다. 이 인식이야말로 정치에 입문하는 사람의 정신자세로서 얼마나 겸손하고 바른 생각인가. 자격을 제대로 갖춘 준비된 자가 아니면 결코 표현할 수 없는 경지의 말이다.

　자신의 정치입문 〈출사의 변〉, 그 솔직 담백한 소신과 자세를 진솔하게 들어낸다.

　"나는 '자신을 지키는 어려움'을 겪고 더욱 단단해졌다. 그래서 이제 제 한 몸은 스스로 지킬 수 있게 되었으니 더 나아가 어려움에 처한 고향을 지키는 일에 나서겠다는 것이다. 더불어 나를 지키기 위해서라도 상대방을 짓밟고 올라서야 하는 경쟁은 하지 않겠다. 내가 정치를 시작하면서 새롭게 인식한 '원칙'이다. 오직 자기와 경쟁만을 할 것이다. 상대방과 혹은 경쟁자, 나의 카운터파트가 될 수 있는 사람들과 경쟁하지 않겠다. 이유는 간단하다. 경쟁하다 보면 너무 과하게 몰입해서 상대를 거칠게 비난하게 된다. 이러다 보면, 자기를 잃어버리는 경우가 생기게 마련이다. 자기 스스로 게을러지고자 하는 자신과의 싸움, 남을 비난하고 싶어 하는 마음을 가진 자신과의 싸움, 불의와 타협하고 유혹에 굴복하려는 자신과의 싸움에서 이긴다면 결과적으로 어떠한 경쟁에서도 나는 이길 수 있다고 생각한다. 하지만, 내가 그 싸움에서 스스로 진다면 상대가 누구든지에 관계없이 절대로 이길 수 없을 것이다."

"어쩌면 지금 내가 나서는 정치가 '무한경쟁'이 벌어지는 영역이다. '무한경쟁'의 정치판을 헤쳐 나가야 하는 상황이라고 하더라도, 나는 이 경쟁에서 상대방을 싸우는 상대로 보지 않고 내 스스로를 상대로 해서 내 자신을 스스로 이겨 나가는 부분들에 더욱 집중해 나갈 것이다."

제갈공명의 출사표보다도 당당해서 좋다. 자기를 최대한 낮춘 자세가 겸손해서 좋다.

마지막으로 저자의 이력을 간단히 피력해 보면, 육군사관학교 졸업, 국제관계 석사, 정치학 박사로서 한국 최초로 나토(NATO) 국방대 졸업, 동티모르 평화유지군에 참여, 장군 진급으로 국정원 국방보좌관, 합참 전략기획 차장, 합참의장 비서실장, 17사단장, 대통령 국방비서관, 교육사 교육훈련부장을 역임했다. 군 생활의 많은 부분을 청와대, 국방부, 합참에서 정책과 전략을 기획 시행했다.

윤석열 정부 출범 후에 국가안보실 제2차장을 맡아 '방산 수출'

과 '사이버안보' 관련 정책을 입안하고 실행하는 큰 역할을 맡아 수행했다. 현재 영주 미래연구소 소장으로 전문 분야인 방위산업, 사이버안보 산업과 고향 영주의 미래 발전을 접목하기 위해 노력하고 있다고 했다.

나는 이번 선거에 저자와 같이 낡은 정치판에 오염되지 않은 내공의 실력과 청렴한 정신자세와 투철한 국가관을 지닌 참신한 분들로 대폭 물갈이해서 문재인 정부가 망쳐놓은 내 조국이 다시 일어서는 모습을 진정으로 보고 싶다. 책을 덮으며 한 인간으로서 저자의 삶이 〈된 사람, 든 사람, 난 사람〉, 그 표상을 보는 듯한 감흥으로 밤을 새워 가며 이 글을 썼다.

(2024.1.9.)

9부

이게 정말 우리나라냐?

공관병의 갑질 논란

　공관병 갑질 논란을 일으켰다가 엉뚱하게 뇌물 혐의로 재판에 넘겨진 박찬주 전 육군 대장이 1심에서 징역 4개월에 집행유예 1년을 선고받았다.
　군검찰은 당초 박 전 대장에 대해 공관병에게 골프공 줍기, 아들 빨래 시키기 등 잡일을 시켰다는 혐의로 수사를 시작했다가 여의치 않자 방향을 돌려 작년 9월 고철 업자에게서 3년간 20여 차례 760만 원 상당의 향응을 받았다는 등의 혐의로 구속했다. 박 전 대장이 수사를 받게 된 것은 〈갑질〉때문이었다. 처벌을 받아도 갑질이 처벌 대상이 돼야 한다. 만약 공관병 갑질 건이 형사 처벌이 되지 않는다면 수사는 당연히 거기서 종결돼야 한다.
　그런데 한국의 법원과 검찰은 여기서 끝내지 않았다. 특정한 행위가 아니라 사람 자체를 표적으로 해 뭔가 나올 때까지 먼지를 턴다. 그래서 털어낸 것이 네 차례 184만 원어치만 뇌물로 인정시켰다. 지금 법원과 검찰을 포함해 한국의 공직자 중에 이 기준을 들이대면 몇이나 무사할 수 있겠는가. 이것은 법이 아니고 보복 린치이고 폭력이다. 이 나라 공권력은 항공사 오너 가족이 갑질로 물의를 빚자, 수사권, 조사권을 가진 모든 국가 기관을 동원해 일가족 전원에 대해 10여 차례 압수수색을 하고 다섯 번의 구속영장을 청구했다.
　갑질은 처음에만 수사 대상이었고 나중엔 전부 먼지 털기였다. 구속영장은 모두 기각됐다. 검찰은 삼성 노조 와해 의혹과 관련해서도 열 번이나 압수수색을 했다. 이 역시 별건 수사였다. 너무도 과도하다. 겉모습만 법의 집행이지 정권과 대중의 정서에 영합해 휘두르는 살인 폭력이다.

박 전 대장은 재판에서 "적국에 포로로 잡힌 것 같은 모욕을 느꼈다"고 했다. 그에게 지금 한국은 평생을 바쳐 지켰던 조국이 아닌 생소한 다른 나라로 느껴질 것이다.

명예가 생명인 군인으로서, 평생을 살아오신 분이 추한 이 모욕을 어찌 견디고 계실까 가슴이 저려온다. (2018.9.29)

망국의 탈원전 정책에 허상

 정부가 지난해 발표한 〈재생에너지 3020 이행계획〉은 국내 발전량의 7% 수준인 태양광·풍력 등을 2030년까지 20% 늘린다는 게 골자다. 여기에 100조 원이 든다. 이명박 정부 4대강 사업 건설비의 5배 수준이다.
 이 〈100조 프로젝트〉를 위해 정부는
 *7,000억 원을 들여 보수한 월성 원전 1호기 가동을 중지시키고
 *노후 원전 10기를 동시에 수명 연장 조치를 중단시키고,
 *신규 원전 6기마저 건설 취소 조치를 내렸다.
 *확대재생산 에너지의 주축은 태양광이다.
 정부 계획대로라면 작년 5.7GW(기가와트) 규모인 태양광 설비가 2030년까지 5.4배인 30.8GW 로 늘어난다. 경제성, 효율성이 월등하게 높은 원전은 홀대하고, 막대한 자금을 퍼부어 태양광을 속도전으로 밀어붙이고 있다.
 *사달은 벌써부터 나고 있다. 마구잡이 허가에 부실 공사, 환경오염과 무작위의 자연환경 훼손 등으로 주민 반발만 키워가고 있다.
 준비 안 된 정책을 밀어붙인 결과다.

도를 넘은 역사 왜곡의 이적행위

평양공항에서 종이꽃을 흔들며 능라도 체육관에 붙박이처럼 앉아 있던 15만 명 평양시민들의 환호에 "감격했다"고 한 정부 인사들에게 묻겠다. 광화문에서 행진하는 장병들에게 박수 친 이들이 동원된 시민들이냐고?

사기충천해야 할 우리 군 창설 70주년 행사를 왜 저녁 위문 쇼로 꼭 만들어야 했는지 누구를 의식해서 한 비열한 짓인지? 남북 정상의 대형 걸개 사진이 걸린 서울 시청 광장, 여기가 평양 인민군 광장이라도 되는지. 9.28 서울 수복 68주년 기념 전시판이 서 있기는 한데, "우리 국군과 미군은 1950년 9월18일 작전 11일 만에 서울을 탈환했다."로 시작되는 전시물 어디에도, 시청 광장 어느 구석에도 언제, 누가 서울을 침략했는지는 전혀 한 마디의 언급도 찾아볼 수 없다. 그냥 적을 격퇴했단다.

최근 전교조 성향 교육감들이 일선 학교에〈자유민주주의〉와〈남침 사실〉이 빠진 역사 부교재를 돌렸다. 국군의 날을 임시 정부 광복군 설립일인 9월 17일로 바꾸려는 시도도 있었다.〈김일성의 남침〉이란 역사적 사실이 우리 정부 수립 후 70년 성취의 역사와 얼버무려 버렸다.

평양 선언에서 합의한 3.1운동 100주년 행사 공동 개최도 오버랩 된다. 오늘은 북한의 침략, 도발에 맞서 대한민국을 70년간 지켜온 국군 창설 70주년인데, 이 땅, 내 조국에 태어나서 가장 서글픈 국군의 날을 가슴에 새긴다. (2018.10.2)

국회의 역할을 다시 생각하다

국회의 역할을 다시 생각한다.

가장 중요한 권한은 입법과 예·결산이다.

정부가 국민 세금을 제대로 쓰는지 감시하고, 집행한 씀씀이를 고려해 예산을 조정해 주는 게 국회다. 국민 세금을 어디에 썼는지 확인하는 것은 기본 의무다.

깜깜이 예산은 독재정권의 유산이고 적폐다. 〈특수활동비〉를 비난하는 것도 볼 수 없게 감춰 놓았기 때문이다. 회의비를 부당하게 지급한 의심이 가거나, 규정에 어긋나게 업무추진비를 쓴 의혹이 있다면 당연하게 확인하는 게 국회가 할 일이 아닌가.

그런데 이런 상식적인 내용을 국회의원이 접근할 수 없는 기밀로 분류해 놓은 것부터가 도무지 이해할 수가 없다. 기자재 사무관은 볼 수 있는데 이를 감시해야 할 국민의 대표는 보는 것마저 불법이라고?

기재부가 업무추진비를 그렇게 썼어도 기밀이라고 덮어 놓아야 맞는 일인가. 자의적인 기밀 분류가 국회의 감시 회피용 방탄복이 돼서야 말이 되는가?

의문을 제기하고 세금 누수를 막는 것이 국회의원의 의무다. 해명하고 떳떳이 밝혀주면 될 일을 가지고 명예훼손으로 고소하겠다니 적반하장일 뿐만 아니라 도둑이 제 발 저린 게 아니냐는 의심을 사게 된다. 이런 기준이라면 국회 질의는 모두 명예훼손 감이다. 야당의 입을 틀어막을 의도가 아니라면 이런 발상을 감히 할 수 있는가.

이 정부 들어 정치는 찾아보기 어렵다. 집권당은 아예 없고, 청와대만 있다. 정치력으로 풀어야 할 일을 사법절차에 맡긴다는 그 꿍꿍이속이 심히 의심스럽다. 변호사 천국인 미국도 이렇지는 않다. 정치력을 회복하지 않고는 국회가 제 역할을 찾기 어렵고, 사회 통합도 결코 기대할 수가 없다.

아! 이 나라에 과연 법이 존재하는 나라인가?

정의 또한 살아 있는 건가? 아, 시일야방성대곡의 야속한 밤이여! (2018.10.2)

김정은을 위한 문재인의 역할

문재인이 김정은의 이미지 개선에 절대적인 역할 기여를 해 준거다. 그는 고모부 장성택과 형 김정남을 죽였고 고급관료 354명을 처형했다. 그 잔인함과 양면성을 왜 잊어야 하나? 정상회담 이벤트로 몹시 위태로웠던 김정은 체제는 안정을 찾게 되었고, 40% 내려 갔던 문 정권의 지지율도 되살아났다. 하지만 현실적으로 이런 쇼로 한반도 위기를 극복할 수는 절대 없는 것이다. 북한은 이미 수십 개의 핵무기를 숨겨 놓았다. 핵·미사일 실험장 폐쇄는 실질적 비핵화와는 거리가 멀고, 고정발사대도 필요 없는 이동식 탄도 미사일도 다량 보유하고 있다.

북핵 문제를 오래 연구해 온 부르스베넷랜드연구소 선임연구원은 "북한 핵은 이스라엘처럼 파괴하든지, 핵 포기 안 하면 죽든지, 혼이 나든지, 겁이라도 나게 해야지 그 외에는 방법이 없다"고 했다. 리비아의 카다피도 미군의 폭격에 혼이 난 다음 핵을 포기했고, 1994년 김일성도 미국이 영변을 공격하겠다니까 제네바 회담장으로 나온 것이다. 트럼프의 〈최대 압박〉이 계속됐다면 벌써 북핵 문제 해결의 결정적 기회가 왔었을 것이다.

한국이 앞장서서 〈전쟁 난다〉고 국민에게 겁을 주고 호들갑을 떤 것이다.

작년 말 주한미군은 워게임을 했는데, 처음으로 한국군을 빼고 영국군과 호주군을 대신 넣었다. 한국군과 같이하면 정보가 새 나간다고 본 것이다. 매티스 국방장관은 〈한국에 전혀 영향을 안 주고 북한을 때릴 수 있다〉고 했다. 북핵의 화근을 그때 제거했어야 했던 것이다.

"결국 문재인이 트럼프와 김정은에게 대화하라고 붙여주면서 기회를 놓친 것이다."

이게 CIA 자료다. 지난 5월 말까지 유류를 적재한 북한 선박이 남포·원산항 등에 들어간 기록이다. 미국은 이 정도로 다 들여다보고 있다. 북한 석탄이 한전 계열사인 남동발전으로 들어온 것 이상 다 알고 있다.

여기에 보면 북한과 거래한 공기업·대기업과 금융기관이 실명으로 다 나온다.

한·미동맹이 굳건하면 북한이 전쟁할 엄두를 못 낸다. 오히려 앞날이 더 걱정된다. 이번 군사적 합의서는 북한의 남침을 유혹하는 합의서이다. 평화는 힘의 균형으로 이루어지는 것이지, 말로 약속한다고 지켜지는 게 절대 아니다.

-살맛이 사라진 내 나라, 위대한 대한민국이 지금 가고 있는 게 정녕 바른길인가?

(2018.10.3)

좌파의 본능적 자본 정서

 지금 좌파 진영의 〈본능적 자본〉정서에 막혀 한 발짝도 못 나가고 있는 신산업 분야가 한둘이 아니다. AI·드론·빅데이터·핀테크·공유서비스 같은 4차 산업 분야는 물론이고 한국의 인재가 가장 많이 몰려 있다는 의료 서비스 산업마저 진영논리와 하향 평등주의의 벽에 부딪혀 수십 년째 규제에 묶여 있다.
 반면 싱가포르와 미국 등의 의료·헬스케어 산업은 유럽·중동·러시아를 비롯한 세계 각지의 환자들이 몰려들면서 성장 엔진으로 커가고 있다. AI·드론 등 4차 산업 역시 미국, 중국, 유럽 등이 선두그룹을 형성하며 치열한 경쟁을 펼치고 있다.
 우리나라는 작년 10월 출범한 대통령 직속 4차 산업혁명위원회가 지난달 말 1기 마지막 회의를 가졌지만 별다른 규제 혁신 성과를 발표하지 못하고 막을 내렸다.
 1980년대 운동권 사고에 갇혀 있는 여권과 귀족 강성 노조 등 기득권 세력이 변하지 않으면 4차 산업은 둘째치고 그나마 버티고 있는 반도체·자동차 등 기존 주력 산업마저도 지키기 어렵게 될 것이다.
 - 도대체 가야 할 앞길이 보이지 않으니, 국민의 절망의 한숨소리만 아름다운 조국 금수강산에 귀곡수성(鬼哭獸聲)으로 맴돈다.
 (2018.10.9)

탈원전 정책이 끌고 온 재앙

정부의 탈원전으로 작년 상반기 1조 2,590억 원 순이익을 냈던 한국전력은 올 상반기 1조 1,690억 원의 적자로 돌아섰다. 한수원도 올 상반기 5,500억 원의 순손실을 기록했다. 결코 오래 버틸 수 없다. 결국 LNG 세금 인하로 이 기업들 비용을 줄여주거나 전기요금을 인상할 수밖에 없다.

정부는 〈한전 전력구입비가 9조 원 늘면서 전기요금은 10.9% 인상될 것〉이라고 했지만, 실제 인상률은 정부가 말하는 것의 몇 배는 된다. 그뿐 아니라
*온실가스는 더 나오고,
*공기는 더 나빠지고,
*에너지 안보는 허약해지고,
*원전 수출은 희미해지고,
*원전산업 토대는 붕괴되고,
*고급 일자리가 사라지고,
*4차 산업에 필수인 전력공급이 불안해지고,
*원전 후속 세대 육성이 어려워지고,
*기술 인력 붕괴로 기존 원전의 안전마저 더욱 취약해질 것은 불 보듯 뻔하다.

현 정부는 과거 정부가 4대강 사업에 22조 원을 넣었다고 비난해 왔지만, 탈원전으로 인한 국가적 자해행위는 어떤 평가를 받을 것이며 그로 인한 천문학적인 손해는 누가 부담하는가? (2018.10.9)

금시일야방성대곡(今是日也放聲大哭) [제1곡]

국가 망징(亡徵)의 패조(敗兆)여 세상엔 두 종류의 사람이 있다. 자기를 의롭다고 믿는 죄인과 자기를 죄인으로 고백하는 성자이다-파스칼-프로히센의 프리드리히 대왕(Friendrich,1657~1713)이 감옥을 방문했을 때의 실화적 예기이다. 감옥의 감방을 대왕이 지나갈 적마다 죄수들은 하나같이 얼굴을 내밀어 자신의 무죄를 호소하였다.

"폐하, 저는 아무런 죄가 없는데 억울하게 잡혀 왔습니다."

"폐하, 저는 누명을 쓰고 옥살이하고 있습니다."

자기가 잘못해서 감옥에 들어왔다는 사람은 아무도 없었다.

그런데 단 한 사람만이 고개를 깊이 숙이고 참회하듯 비통하게 눈물만 흘리고 있었다. 순시하면서 좀 특이한 상황에 접하여 이를 눈여겨서 본 왕이 물었다.

"너는 어찌하여 감옥에 들어왔느냐?"

"예, 저는 너무 배가 고파서 칼을 들고 다른 사람의 돈을 강탈했습니다."

"그렇다면 너는 아주 큰 죄인이구나."

"그렇습니다. 폐하, 저는 벌을 받아 마땅한 인간이 옵니다."

잠시 생각에 잠긴듯하던 왕이 시종한 신하에게 즉석에서 명령을 내리는 것이었다.

"여봐라, 이 고약한 죄인을 당장 감옥에서 내보내도록 하라. 죄가 없는 다른 사람이 이 죄인과 함께 있으면 나쁘게 물들어 전부 다 죄인이 될 염려가 있으니 즉시 석방하도록 하라."

왕 앞에서 정직했던 죄수는 즉시 석방되어 면죄받는 은전을 누리게 된 것이다. 성경 말씀에 나오는 예화, 한 아기에 두 어머니가 서로 제 아들이라고 하니, 둘 중 하나는 분명히 가짜인데 이 절체절명의 위기에서 천명(天命)의 혜안으로 두 어머니 중 진실의 어머니를 찾아내서 엄정중립(嚴正中立)으로 판결을 내린 지혜로운 솔로몬 왕의 심판이 명쾌한 장면이 오버랩 되면서 스릴같은 전율이 느껴졌다.

간음한 사마리아 여인을 둘러싼 민중을 향해 "너희 중에 죄지은 적 없는 자가 먼저 돌로 쳐라"고 하신 예수님의 공평하고 자비로운 얼굴이 떠올랐다.

김수환 추기경께서는 평소 강론 중에 "모든 것이 제 탓이 옵니다"라는 유명한 말을 남기셨다. 신 앞에서 자신을 낮추어 기도함으로써 인간이 스스로 존귀해짐을 느끼셨을 것이다.

지금 세상, 청천백일하에 헤아릴 수 없는 종류의 죄를 짓고도 뻔뻔한 조국스런 인간, 정신대 할머니 이름을 팔아 입신양명의 도구로 삼아서 사악하고 파렴치한 짓을 해 더불어민주당 비례대표로 국회의원이 된 윤미향 같은 금수의 인간, 유유상종 희희낙락 영혼이 외출한 더불어민주당 국회의원 나리들, 이런 부류의 인간들은 창조될 때부터 아예 정(正)과 사(邪), 정의(正義)와 불의(不義), 선(善)과 악(惡), 미(美)와 추(醜)를 인식하는 기능이 원천적으로 제거되어 태어난 기형의 변종 인간이 아닌가 하는 생각이 든다.

최근 드루킹 여론 조작의 외형상 주범으로 김경수가 실형을 선고받아 구속되었다. 그렇다면 정당하지 못한 불법 부정 여론 조작에 의해 당선된 문 대통령은 물론이고 더불어민주당 180명의 국회의원도 그 자격이 원천적으로 무효가 되어야 마땅한 것 아닌가. 부부가 심하게 말다툼할 적에 "아빠, 제가 잘못했어요. 엄마, 제가 잘못했어요. 그러니 싸우지 마세요" 아무 저지른 죄도 없이 제 잘못으로 돌리며 매달려 아빠 엄마의 싸움을 말리려고 울며 달려드는 그 순수한 아이의 천진 모습에서 인간 본래의 자성(自性·神性)을 발견한다.

죄지은 자가 당당하게 큰소리치고 그 모습을 지켜보는 국민이 오히려 주눅 들어 심리적 혐오감을 느껴야 하는 세상, 오늘 대한민국에서 일어나고 있는 이 기이한 편 가르기 현상, 이 국가 패망의 징조는 과연 누가, 어느 사악한 정권이 왜 무슨 이면의 목적을 감추고 이를 이루기 위해 이전투구하며 불러온 저주받을 죄악의 씨앗인가. 어느 패악의 정권이 만들어 낸 사악한 국가 망징(亡徵)의 패조(兆)인가.

정말로 정직한 지도자를 보고 싶다. 원활한 소통으로 국민을 하나로 통합하고 거시안적 안목으로 1세기 이후까지의 국가의 미래 비전과 방책을 제시하는 혜안을 지닌 참 애국 지도자가 보고 싶다. 국제 무대에서 3개 국어 정도의 외국어로 연설할 수 있는 머리가 총명한 지도자도 보고 싶다. 최소한 삶은 소대가리, 특등 머저리라는 소리는 안 듣는 지도자를 보고 싶다. 한발 물러서서 그 소리를 들었다면 한마디 반박이라도 제대로 할 수 있는 결기를 지닌 지도자가 보고 싶다. 그리하여 일세기에 한 번 나올까말까 한 인물이라는 평을 들을 수 있는 그런 존경받는 지도자를 우리는 간절히 바라고 있다. 아! 오늘도 나의 今是日也放聲大哭은 끝낼 수가 없구나!

(2020.8.20)

금시일야방성대곡(今是日也放聲大哭) [제2곡]
– 북괴보다 못한 문재인 정권

국가보훈처가 북한의 목함지뢰 도발로 두 다리를 잃은 하재헌 중사에 대해 전상이 아닌 공상 판정을 내린 것을〈재심의〉하겠다고 밝혔다. 하 중사는 2015년 북이 군사분계선을 넘어와 매설한 지뢰 폭발로〈몸이 공중에 떴다가 피투성이가 된 두 다리가 철조망에 걸린 채 부상을 당하는〉참사를 겪었다.

그런데도 보훈처가〈전 정권 영웅〉운운하며 훈련 중 부상자처럼 취급한 데 대해 "이제 북괴와 싸우다 죽으면 戰死가 아닌 公死가 되느냐" "어떤 군인이 몸 바쳐 나라를 지키겠느냐"는 비판이 쏟아졌다.

이 문제는 재심(再審)으로만 덮고 넘길 소홀한 사안이 절대 아닐뿐만 아니라,〈망국 주사파 보훈처〉를 엄중 징계 처벌해야 할 위중한 사안이다.

2006년 이라크戰에서 두 다리를 심하게 다친 미군 중사가 치료를 마치고 아내와 함께 귀국 비행기를 탔다. 기장이 마이크를 들고 "우리 비행기에 영웅이 한 분 타셨다"며 중사의 이름과 사연을 소개했다.

"우리의 영웅과 그의 부인을 잊지 마세요"라는 마지막 말이 끝나자마자 승객 전원이 일어나 박수를 보냈다. 아내는 눈물을 멈추지 못했다. 도착한 집은 중사가 휠체어를 타고 생활하는데 불편이 없도록 수리가 돼 있었고〈환영합니다〉라는 플래카드까지 걸려 있었다. 미국 식당에선 군인이란 이유만으로 음식값을 대신 지불 하는 일이 빈번 하다고 한다.

미국의 진짜 힘은 항공모함이 아니라 나라를 위해 희생한 사람들을 진심으로 존경하고 존중하는 마음가짐에서 나온다. 나라라고 할 수도 없는 북한도 부상 당한 군인에게는 〈특급대우〉를 해 준다. 북에서 돈벌이가 좋은 택시 사업권까지 준다고 한다. 세계 모든 국가가 〈보훈〉을 국민통합의 터전으로 삼고 있다.

  문재인 정권의〈보훈처〉는 자진 월북해서 6·25전쟁에 공을 세워 김일성에게 훈장까지 받은 김원봉에게 대한민국 훈장을 주지 못해서 안달하는가 하면 역대 정권에서 간첩 활동 전력 때문에 계속 탈락한 여당의 손 모 의원 부친의 국가 유공자 지정도 밀어붙였다.

  赤와대는 천안함 폭침, 연평해전 희생자 유가족을 불러놓고 문재인과 김정은이가 악수하는 사진이 실린 책자를 나눠줬다. 참석자들이 큰 충격을 받았다고 한다.

  문재인은 3년 연속 현충일에 〈6·25〉를 언급하지 않았고, 6·25남침 공로자인 〈김원봉〉을 국군의 뿌리라고 추켜세웠다.

  그러더니 이제는 북괴의 공격으로 다리를 잃은 청년을 두 번 죽이는 일도 서슴없이 해치웠다. 이들 〈문재인 주사파 정권〉이 대한민국을 목숨 걸고 지켜야 할 나라로 진정으로 생각했다면 이런 해괴하고 잔인한 만행을 서슴없이 저지르진 않았을 것이다. 今是日也放聲大哭하노라. (2019.9.18)

금시일야방성대곡(今是日也放聲大哭) [제3곡]
– 감각과 인식이 마비된 나라 걱정에

  우리 영혼은 종북 주사파 손바닥에서 놀아나고, 육신은 무자비한 김정은이 기쁨조인 이 종북 주사파 문재인 무골당의 손바닥에서 떨고 있고, 나라는 삶은 소 대가리 혓바닥 밑에 부복해 있는 형국이다.
  정의의 칼은 녹슬었고 창끝은 이미 부러졌으며 양심의 방패에는 이끼가 끼었구나. 왜 우리는 불의를 보고 일어설 줄도 모르고 수수방관만 하고 정의를 위해 순교할 기개조차 망각해 가고 있는가.
  위선이 우리들의 종교가 돼 버렸고, 허세가 우리의 삶이 돼 버렸고, 불의가 정의로 둔갑해 버렸고, 역사는 굴종과 비굴의 사대주의 외교로 망국의 길로 그 끝조차 가늠하지 못할 정도로 추락했고 우리 국민은 정신적 타락에 중독되어 망국의 종말을 왜 스스로 자청하여 재촉하고 있는가.
  우리는 왜 이렇게 나약하고 비굴하게 언제까지 누추한 생명을 연장해 살아가야만 할까. 김정은의 김정은에 의한 김정은만을 위한 기쁨조, 종북 매국 이적들의 비열한 무리에게는 죽음만이 그들의 유일한 안식이 될 것이다.
  우리의 삶이 젊었을 때는 정의에 의한 결기이고 장년이 되었을 때는 목숨 건 불의에 대한 투쟁이며 노년기에는 삶을 관조하고 성찰하는 지혜가 필요한 시기이다.
  자유민주주의 애국 국민이여!
  우리는 정녕 늙고 약하게 태어나 머리를 움츠리고 자조하여 생기를 상실하고 진흙탕 물속에 놀면서 서로 돌팔매질을 해대고 있는 철부지 어린애들 꼴로 언제까지 비굴하게 생을 영위 해가야 하나요?

지금 이 나라는 종북 좌빨의 무리 속에 맹독의 주사파 바이러스가 온 국민의 정신세계를 집요하게 파괴 세뇌해 가고 있고, 그 둑에는 완장 찬 살모사가 오호담당제 반장처럼 숨어 기어다니는 늪과 같은 세작들의 천국이 돼버렸습니다.

나는 주사파를 죽어서도 증오할 겁니다. 그들은 우리 민족 영광의 역사를 왜곡하고 우리 국민의 위대한 국민성을 식민사관으로 사대주의 역사관으로 자조(自嘲)하고 폄훼하고 비웃으며 주적의 수괴인 김정은만을 위한 짓을 스스럼 없이 자행하여 우리 민족의 미래를 여지 없이 짓밟는 만행을 자행하고 있기 때문입니다. 나는 그들을 배척합니다. 왜냐하면 그들은 자신들이 주사파의 불사조인 양 안하무인으로 법을 짓밟아 뭉개고 잔인하게 종북 주사파으로서의 임무만을 국가의 기본 방침인 양 매국 이적행위를 스스로 비열하게 자행하고 있기 때문입니다. 주사파는 나의 영원한 적이자 위대한 대한민국의 적이기 때문입니다.

왜냐하면 그들은 정의를 지향하는 신들의 적이면서도 그것을 인식하지 못하기 때문입니다. 주사파끼리는 주사파만의 인민민주의공화국이 있겠고, 나에겐 건국의 아버지 이승만 대통령, 번영과 영광의 산업보국 기적의 역사를 창조한 박정희 대통령이 영원히 존경받는 위대한 조국 대한민국이 따로 존재하기 때문입니다.

우리 민족은 정의의 자유민주주의와 사회주의 인민민주주의의 십자로에서 능지처참의 능멸을 당하는 중입니다. 국민의 눈은 혼돈과 어둠 속에서 구원의 빛, 정의로운 신(神)의 자비를 갈망하면서도 서서히 나약하게 정녕 숨이 죽어가야 하는 길, 그 길밖에 없는 걸까요?

우리 국민은 서서히 정의와 자유민주주의를 주창하는 외침에 귀머거리 행세를 하며 침묵하다가 소리 없이 청맹과니처럼 죽어가는 길, 과연 그 길이 의로운 순국 애국의 길일까요? 죽어도 자유민주주의 국가에서 살다가 죽고 싶은 것이 나만의 생각일까요? 내 자식과 후손들은 결코 골수 종북 좌빨 주사파 세작들의 수괴와 그 주구들이 꿈꾸고 추진하고 있는 연방제 사회주의 국가에서 살지 않게 하고 싶은 것이 나만의 생각일까요?

이 아름다운 조국 금수강산, 세계사에 위대한 대한민국에 태어나서 이렇게 자존심 상해가며 누추한 삶, 가치 없는 삶을 산다고 자학하며 산 적이 이 정권(문재인)이 아니고는 어찌 경험할 수 있는 일이던가요? 국조 단군 이후 한 번도 경험하지 못한 그야말로 가치가 함몰된 전도몽상이 된 혼돈의 삶, 그 국민적 수치심은 어디 가서 보상받을 수 있을까요?

삼권을 장악하여 기고만장하게 썩어 문드러져 가는 이 나라의 사법부와 언론, 진정한 애국의 정의와 자유와 신념이 송두리째 매몰된 머저리 국회의원들이 이전투구하는 난장판 국회의사당, 속수무책 망국의 나락으로 끝없이 추락하는 꼴들을 언제까지 가위눌림 잠을 자며 우매한 국민은 하염없이 지켜봐야만 하나요?

사천만 국민이 한강 물에 티끌만 한 미련도 여한도 없이 빠져 죽을지언정 이 나라가 통째로 김정은이 아가리에 갖다 바치는 일은 목숨 걸어 저항하고 막아내야 할 일이 정녕 아니던가요? 이 일에 피아(彼.我)를 어찌 구분할 수가 있는 일인가요?

-시일야방성대곡하며 단장의 아픔으로 이 나라에 태어나서 이 시대를 함께 동행하는 무지렁이 죄인, 민초로서 삼가 비통한 심경으로 이 글을 삼가 올립니다. (2021.7.30)

금시일야방성대곡(今是日也放聲大哭) [제4곡]
사드 배치 반대하는 중국을 향해(2017.3.5)

  믿음은 태산도 움직인다. 순천자는 흥하고 역천자의 말로는 패망입니다. 전체주의의 처참한 말로는 역사가 증명하고 있다. 외환위기, IMF 위기, 다 이겨낸 지혜롭고 순수한 국조 단군의 홍익인간으로서 위대한 후손들이여! 일찍이 타골이 내다본 동방에 빛나는 샛별 대한민국이여! 지금이 어둠의 빛은 새벽 별빛을 더욱 빛내기 위한 잠시간의 혼돈이요. 어둠일 뿐이다.
  중국의 비례와 불법적 내치의 간섭, 경제적 압박 쯤은 내 금 이빨을 뽑아서라도 기꺼이 나라에 바치고, 그까짓 것 하루살이의 반나절 같은 우리의 삶, 사드 배치 흔쾌히 받아들여 국방을 튼튼히 하고 평화로운 내 조국 강토를 보존하여 우리 후손에게 떳떳하게 물려주고 장렬하게 순국한들 무애 그리 아까워할 목숨이랴!
  기왕에 높이 쳐든 태극 깃발 사필귀정은 만고불변의 진리로서, 탄핵이 무효가 될 때까지 팔에 쥐가 나고 목소리는 정의의 함성으로 성대의 기능을 비록 잃어버릴지라도 동양 평화, 세계평화를 외치다가 순국하신 안중근 의사의 후손답게 장렬하게 순교한들 무엇이 아까우랴! 중국이란 나라는 우리의 가장 가까운 이웃 나라이지만 역사상 한반도를 한 번도 지배하지 못했을 뿐만 아니라, 자국을 위한 이기심 없는 순수한 마음으로 내 나라를 도와준 적이 단 한 번도 없는 불가근불가원(不可近不可遠)의 나라로서 말 그대로 우방이다. 우방인 것은 분명하나 덩칫값도 못 하는 전족의 근성에다 대국답지 못하게 우리와는 견원지간으로 이웃해서 그들은 신성한 이 나라 대한민국의 내정을 간섭하고 있다.

지나간 역사를 잠시 되돌아보면 이여송, 소정방 같은 이를 장군이라고 파견하여 무례한 횡포에 심지어 노략질도 일삼게 했지마는 우리는 끝까지 인내하고 예로써 대접해 돌려보낸 그야말로 〈동방예의지국〉이다.

우리가 그들을 해코지 한 적이 역사에 단 한 번도 없었다. 지금 우리가 겪는 일은 중국으로서는 이웃 나라의 호국 방책으로 기본적이고 정당한 내치의 일을 트집 잡아 세계사에 유래가 없는 무례와 횡포 망동으로 만행을 저지르고 있다. 더군다나 북한의 저 애송이 김정은의 핵실험 불장난에 럭비공 같은 정신이상자로서 그의 정신세계 내막을 누구보다도 잘 인식하고 있으면서도 불난 집을 다독여 불을 끌 생각은 전혀 하지 않고 불을 끄려고 동원되는 소방차 역할의 호국 방책인 사드 배치를 자국의 이해에만 몰입하여 한국상품 불매운동, 한국 관광 금지 등 참으로 개도 자다가 웃을 코미디 같은 짓을 정책이라고 자국의 국민을 선동질하여 책동하고 있으니 한심하다. 좀팽이보다 못한 자칭 대국이여! 대국이라면 대국답게 품위 좀 지켜라.

옛날 역사의 한 페이지 일처럼 이 또한 순리대로 지나갈 것이나, 지혜롭게 인내하고 견뎌내야 하는 일은 슬기로운 우리 궁민(窮民)의 몫이니 우리는 그저 서로 손에 손잡고 88올림픽 응원하던 그때의 순수한 한마음으로 똘똘 뭉쳐 천심을 움직여 민심을 감동케 하리라. 사즉필생의 각오로 이기리라.

위대한 대한민국, 위대한 조국, 슬기로운 민족의 이름으로, 우리 다 함께. - 즉흥 감흥으로 민초의 한을, 한시를 적어 달래 본다.

(2017. 3. 5.)

진원 수필선 37

님 떠나신 자리 맴도는 그리움

이병준 제3작품집

1쇄 발행　2024년 11월 20일
2쇄 발행　2025년 2월 17일
저　　자　이병준
펴 낸 곳　도서출판 진원
주　　소　인천광역시 남동구 인주대로 754(구월동)
전　　화　032-467-4544~5
팩　　스　032-467-4543
이 메 일　j4674545@nate.com
출판등록　제25100-1998-000008호
인쇄·제본　진원디자인프린텍

님 떠나신 자리 맴도는 그리움
저작권자 ⓒ 이병준
본 도서의 저작권은 저자에게 있습니다.
서면에 의한 저자의 허락 없이 내용의
일부를 인용하거나 발췌하는 것을 금합니다.
※저자와 협의, 인지는 생략합니다.
※잘못된 책은 바꿔 드립니다.

ISBN 979-11-93046-19-7 (03810)
값 18,000원

본 도서는 남동구 남동문화재단 지원사업으로 제작되었습니다.